달리기, 몰입의 즐거움

RUNNING FLOW

RUNNING FLOW

달리기, 몰입의 즐거움

미하이 칙센트미하이,
크리스틴 웨인코프 듀란소, 필립 래터 지음

제효영 옮김

샘터

추천의 글

과학기술이 눈부시게 발전한 현대 사회에서 해결해야 할 패러독스는, 몇 백 년 전의 왕보다 풍요로운 삶을 누리고 있음에도 우리는 왜 그다지 행복하지 못하느냐이다. 이 문제를 해결하기 위해 미하이 칙센트미하이와 마틴 셀리그먼은 긍정심리학을 태동시켰다. 긍정심리학의 핵심 주제인 몰입은 행복에 있어 대단히 중요한 비중을 차지한다. 자신이 좋아하는 일을 하면서 행복을 추구하면 누릴 수 있는 행복의 양이 지극히 한정되지만, 자신이 해야 할 일에 몰입해 행복을 추구하면 누릴 수 있는 행복의 양이 무한히 늘어날 뿐 아니라 기량이 향상되고 궁극적으로 커다란 성취로 이어지기 때문이다.

자신의 시간과 에너지를 중요한 한 가지에 쏟아붓는 것이 몰입이다. 자신이 하는 일에 흠뻑 빠져 시간의 흐름도 잊고 일상의 근심도 잊고 오로지 그 일과 나만 존재하는 상태 말이다. 이때 평소 숨어 있던 능력의 날개를 마음껏 펼치게 된다. 숨어 있던 능력을 끄집어내는 과정은 고통스럽지만 뒤돌아보면 삶에서 느낄 수 있는 몇 안 되는 소중하고 빛나는 순간이다.

몰입 현상을 연구한 수백 명의 학자들의 결론은 "자주 몰입하는 사람일수록 더 많이 행복하고 더 큰 성취감을 느끼면서 살아간다"는 것이다. 자신이 죽고 나서도 기억될 만한 업적을 남긴 사람들은 한결같이 몰입했고 자신의 삶을 불태웠다.

이 책은 몰입 이론의 창시자인 칙센트미하이의 최근 작품으로, 몰입에 관한 혜안과 원숙함이 묻어날 뿐 아니라 달리기 중에 몰입을 체험한 사람들의 생생한 증언이 담겨 있어, 읽는 것만으로도 전염이 되어 몰입하고 싶은 충동이 생긴다. 몰입을 보다 잘 경험하기 위해서는 몰입에 대해 깊이 이해하고 적절한 연습을 해야 한다. 이 책은 이를 위한 소중한 길잡이가 될 것이다.

_황농문(《몰입》 저자, 서울대학교 교수)

머릿속이 복잡할 때는 운동화를 신고 뛰쳐나간다. 칙칙폭폭 호흡에 집중하는 동안 현실의 걱정거리는 저만큼 멀어진다. 내 몸의 리듬에만 오롯이 정신을 맡기는 시간. 달릴 때 생긴 긍정적인 에너지는 금세 사라지지 않고 꽤 오래 유지된다.

마라톤을 뛸 때는 어떤가. 이번엔 '온전한 나'가 된다. 온몸으로 심장 박동을 느끼고 뻐근한 종아리의 고통을 즐긴다. 어른, 여성, 엄마, 아내라는 모든 족쇄가 사라진다. 목표 시간 안에 들어가고야 말겠다는 '마라토너 이영미'만 존재할 뿐이다.

동네를 달리고 마라톤을 뛰면서 만끽해온 달리기의 마법, 이 책은 그것을 '몰입'이라고 부른다. 이 강력한 몰입의 경험이 일과 삶에서도 발휘된다는데, 어찌 달리지 않을 수 있을까.

_이영미(《마녀체력》 저자)

뛰고 나면 주의집중력이 좋아진다는 것을 알고 있었기 때문에, 의과대학에 다니던 시절부터 잡념이 많아지면 이어폰으로 음악을 들으며 대학병원 주변 공터를 달렸다. 그때까지 달리기는 즐거움의 대상이 아니었다.

조금 우습지만, 달리기를 본격적으로 시작한 계기는 하루키였다. 달리기는 소설을 쓰는 것과 떼려야 뗄 수 없다고 한 그의 에세이를 읽고, 나도 따라 하기 시작했다. 뛴다고 바로 글이 잘 써지지 않았지만, 스트레스는 풀렸다. 이후 안 풀리던 과제가 있어도 달리고, 직장 상사가 괴롭혀도 달리고, 아침 컨디션이 좋지 않아도 달렸다. 달리는 동안 내 일상을 방해하는 것에 당당하게 맞설 수 있는 힘을 얻었다.

솔직히 말하면, 여전히 달리기는 귀찮고, 힘들다. 하지만 어느덧 습관이 붙었는지 아무리 진료가 힘든 날이었어도 그날 저녁에 30~40분은 쉽게 뛸 수 있다. 그러고 나면 기분도 좋아지고, 잠도 잘 온다. 울적한 기분을 날리는 데 이만한 게 없다.

몰입은 자꾸 할수록 더 쉽게 하게 되고, 잘하게 되고, 행복해진다. 거기에 자연을 보면 몰입이 잘되고, 방해 요소나 위험 요소가 없을수록 좋다. 그래야 자의식이 일시적으로 사라지는 현상이 일어나면서, 지금 현재의 일에만 집중할 수 있다.

과거와 미래로 생각이 흩어지면서 몰입이 잘 되지 않을 때도 있다. 이럴 때에는 "난 안 돼"라고 부정적 혼잣말에 빠지지 말고, '몰입하다가 잠시 옆길로 새는 건 누구에게나 있는 일이야'라고 재귀인 훈련을 하면 된다.

이 책은 몰입을 습관화하기 위한 루틴을 설정하는 것부터, 목표를 세우고 실천하기 위한 기법들이 심리학적 연구 결과에 근거해 체계적으로 기술되어 있다. 마음을 움직이는 행동주의적인 요소뿐만 아니라, 더 몰입하고 잘 달리기 위한 인지치료적 기법과 뇌신경 생물학적 연구 결과를 토대로 몰입과 달리기가 어떻게 상호작용하는지를 친절하게 설명해준다. 달리기와 몰입뿐만 아니라, 심리와 마음과 뇌의 작동 방식 들이 담겨 있다. 몰입 매뉴얼이면서, 달리기를 위한 안내서, 충만한 삶을 위한 지침서 역할도 한다.

마치 내가 달리기를 하고 있는 듯한 체험 속으로 빨려들게 만드는 생생한 경험담을 읽다 보면, 지금 당장 책장을 덮고 밖으로 나가 달려야만 할 것 같은 압박이 느껴진다. 이 책의 부작용이라면 부작용이라고 할 수도 있겠지만……. 뭐 어쩌랴, 달리기에 전념할 수만 있다면, 완독이 대수겠는가.

_김병수(《감정은 언제나 옳다》 저자, 정신건강의학과 전문의)

차례

1부   몰입의 핵심

들어가는 글

당신의 기억 속에서 달리기와 관련된 소중한 순간을 떠올려보라.

경기에 출전해 난관에 부딪혔지만, 몸과 마음이 완전히 하나가 되어 힘들이지 않고도 평생 가장 빠른 속도로 달렸던 날을 떠올리는 사람이 있는가 하면, 멋진 풍경 속에서 조깅을 하던 중 주변이 너무나 평온해 어수선하던 마음이 차분하게 가라앉아 자연 속을 헤치듯 앞으로 나아가며 단순한 즐거움을 만끽했던 기억을 떠올리는 사람도 있을 것이다. 친구들과 수다를 떨며 꽤 긴 거리를 함께 달리는 동안 2시간이 20분처럼 훌쩍 지나간 적이 있다면 마찬가지로 그 순간에 푹 빠진 기분을 느꼈을 것이다.

그와 같은 순간을 우리는 '몰입'이라고 부른다. 이렇게 무언가에 몰입했던 경험은 대부분 우리의 인생에서 가장 기억에 남는 순간, 가장 큰 성취감을 느낀 순간으로 남는다. 몰입은 어떤 일을 열심히 하는 동안 몸과 마음이 조화롭게 작용하면서 경험하는 최상의 상태다. 따라서 몰입은 최고의 성과로 이어지는 경우가 많다. 무언가에 몰입한 순간에는 그 어떤 것에도 정신이 흐트러지지 않는다. 반드시 지켜야 하는 마감 기한도, 계속 투덜대며 업무를 재촉하는 상사의 요구도, 기대치에 부응하기를 바라는 외부의 압력도 느껴지지 않는다. 그저 현재를 느낄 뿐이다. 그리고 그 순간에 하고 있는 일 자체에서 큰 즐거움을 느낀다.

몰입은 자칫 신비롭고 순식간에 지나가는 경험으로 느껴질 수 있지만, 사실 많은 연구가 이루어진 일종의 심리학적 현상이다. 이 책의 공저자인 미하이 칙센트미하이가 1970년대에 몰입 현상을 처음으로 규명했고, 이후 40여 년간 수백 명의 학자들이 이 현상을 연구했다. 결과는 다음과 같다: "자주 몰입하는 사람일수록 더 행복하게, 더 큰 성취감을 느끼면서 살아간다."

누구든 우연히 몰입을 경험할 수 있다. 그러나 몰입의 순간을 더 발전시키고 몰입의 장점을 누리려면 지식과 연습이 필요하다. 달리기를 하면 몰입을 경험할 기회가 매우 많다. 달리기를 하는 사람들은 그런 점에서 아주 운이 좋다고 할 수 있다. 승부욕이 강한 선수들은 달리기 대회에 출전하기 위해 목표를 세우고 자신의 기량을 향상시키는 동시에 매일 전날보다 발전할 수 있도록 끊임없이 자신을 채찍질한다. 일상생활의 한 부분으로 달리기를 하는 경우에도 상당히 많은 도전과 마주하게 되므로, 취미 또는 건강 관리를 위해 달리는 사람들 역시 몰입을 자주 경험한다. 숲속을 달리다가 이전에 가본 적 없는 곳까지 더 멀리 갈 때, 교통 체증이 심한 도시에서 조깅을 할 때도 몰입을 경험할 확률은 크게 높아진다.

이 책의 목표는 일상적으로 몰입을 경험하려면 꼭 알아야 하는 지식을 제공하는 것이다. 어떤 요소가 몰입에 영향을 주는지 알면 몰입을 경험할 수 있는 확률을 높일 수 있고, 좀 더 행복하게 더 큰 성취감을 느끼며 살아갈 수 있다. 몰입은 개인이 획득할 수 있는 최고의 결과나 중대한 성취로 이어지는 경우가 많아 성과를 향상시키는 훌륭한(게다가 합법적인!) 도구로 활용할 수 있다.

　이는 곧 몰입의 순간을 만들어내는 비법 같은 건 없다는 뜻이기도 하다. 정해진 순서를 따르거나 순서대로 나열된 단계를 엄격히 따른다고 해서 마술처럼 '짠' 하고 몰입할 수는 없다. 몰입하려면 분명 특정한 조건을 갖추어야 하지만, 이 조건이 다 마련되었다고 해서 반드시 몰입한다는 보장은 없다. 몸과 마음을 몰입할 수 있는 적절한 상태로 이끌기 위해서는 충분한 시간과 노력이 필요하다. 몰입 현상이 또 하나의 유행처럼 사라지지 않는 이유도 바로 이런 점 때문이다. 예측 불가능성이야말로 몰입의 특징이며, 그 때문에 특효약이나 단계별 프로그램을 찾는 사람들에게 상품처럼 팔기 어렵다.

　몰입을 만들어낼 수는 없지만 몰입하는 능력을 키우는 것은 가능하다. 지난 10년간 이루어진 방대한 양의 연구 덕분에 우리는 몰입으로 이어지는 선행 과정과 몰입의 경험, 그리고 몰입한 이후에 발생하는 효과를 알게 되었다. 또한 기본적인 설문 조사, 성격 평가 도구와 함께 기능적 자기공명영상과 CT 스캔 기술을 활용하여 어떤 사람이 몰입을 자주 경험하는지, 몰입 시 뇌가 어떻게 기능하는지, 몰입이 삶의 질을 어떻게 향상시키는지에 관한 지식도 늘어났다.

　그럼에도 몰입이 추상적인 일이라 여기는 사람에게는 이 모든 정보가 입에 발린 거짓말처럼 들릴 수 있다. 그러므로 1부에서는 몰입 경험에 관하여 중점적으로 설명한다. 1장에서는 몰입과 관련된 달리기 사례를 통해 몰입을 심층적으로 들여다보고, 몰입이 왜 그토록 독특하고 강력한 경험인지 알아본다. 2장에서는 몰입을 구성하는 아홉 가지 요소를 통해 몰입의 개념을 더욱 공고히 다진다. 스스로 인지하는 기술 수준을 눈앞에 놓인 해결 과제와 일치시키는 과제와 기술의 균형, 명확한 목표, 외적인 보상을 기대하기보다 달리기 자체를 즐기는 자기 목적적인 경험 등이 포함된다. 3장에서는 몰입의 순간을 자주 경험하는 사람들의 특징과 뇌의 화학적 기능, 개개인의 성향이 몰입에 어떤 영향을 미치는지 살펴본다. 이어 4장에서 운동선수는 물론 일반인 모두에게 몰입이 중요한 이유가 무엇인지 논의하는 것으로 1부를 마무리한다.

2부에서는 앞서 설명한 정보를 달리기에 좀 더 구체적으로 적용한다. 이 책에서 가장 많은 분량을 차지하는 5장에서는 몰입하기 위해 반드시 필요한 요소를 전부 하나하나 설명한다. 이어 6장에서는 지금까지 획득한 지식을 경쟁 없는 일상적인 달리기에 어떻게 적용할 수 있는지 살펴본다. 몰입은 훈련에 더 큰 즐거움을 느끼게 하고, 이는 경쟁 상황에서 몰입할 수 있는 확률을 높이므로 7장에서는 경쟁에 초점을 맞춰 몰입이 달리기 속도를 높이는 데 어떤 도움을 주는지 알아보고 지극히 개인적인 목적으로 달리는 경우에도 몰입이 도움이 되는 이유를 함께 제시한다. 8장에서는 몰입이 결코 보장할 수 없는 경험임을 감안하여 몰입의 한계와 아무리 노력해도 몰입하지 못할 경우의 대처 방법을 설명한다. 마지막 장인 9장에서는 달리기를 통해 경험한 몰입을 인생의 다른 측면까지 어떻게 확장할 수 있는지 살펴본다.

이 책은 기본적으로 과학적인 연구 결과를 바탕으로 삼지만, 몰입은 개인적으로 느낄 수 있는 강력한 경험인 만큼 우리 세 저자는 달리기에 몰두해온 다양한 사람들을 만나 가장 인상적인 몰입 경험에 관한 이야기를 들었다. 독자들은 어떤 분들이 도움을 주었는지 프로필을 통해 확인할 수 있다. 이들의 이야기는 몰입에 관해 신선한 관점을 더해주었다. 이 책은 몰입이라는 개념을 학계의 연구 주제로만 보지 않고, 전문 선수와 일반인 구분 없이 달리기를 하는 모든 사람들이 경험할 수 있는 영역으로 끄집어낸다. 사진과 표 등 몰입을 쉽게 이해할 수 있는 시각적인 자료와 더불어 여러분이 직접 몰입의 순간을 찾을 수 있도록 도와줄 실용적인 연습 방법도 함께 제공한다.

미하이 칙센트미하이 박사가 지난 40여 년간 몰입을 연구하면서 세운 목표는 단순하면서도 고귀하다. 바로 사람들이 좀 더 행복하게, 좀 더 즐겁게 인생을 살아갈 수 있도록 돕는 것이다. 이 책은 미하이 칙센트미하이 박사의 목표를 달리기라는 영역으로 발전시킨 결과물이다.

여러분 모두가 멋진 결과를 얻기를 소망한다.

감사의 글

책을 쓰는 일은 달리기와 많이 닮았다. 충분한 시간을 들여야 하고 직업윤리가 필수적이며 일이 순탄하게 풀리지 않을 때는 굳세게 밀고 나갈 줄도 알아야 한다. 베테랑 중에 베테랑으로 꼽히는 작가들도 가끔 난관에 부딪혀 길을 잃는다. 그렇지만 두 눈으로 모니터 화면을 응시하다 보면, 곧 하고 싶은 말이 폭발하듯 흘러넘치고 시간이 쏜살같이 흘러간다. 자신감, 그리고 글쓰기가 주는 즐거움에서 얻은 힘은 집중력을 흐트러뜨리는 모든 장애물을 차단한다. 그래서 글쓰기 역시 달리기처럼 몰입을 경험할 수 있는 훌륭한 수단인 것 같다.

훌륭한 예견력을 발휘하며 각자 몰입과 육상에 열정을 쏟던 세계적인 심리학자와 전문 저술가, 그리고 박사과정 학생이 한 자리에 모일 수 있었던 것은 휴먼 카이네틱스 출판사의 편집자 톰 하인과 저스틴 클럭 덕분이다. 두 사람이 아니었다면 우리 세 저자는 글을 쓰며 그와 같은 몰입을 결코 경험할 수 없었을 것이다. 〈러닝 타임스 Running Times〉의 전 편집장 조너선 비벌리의 몰입에 관한 기사가 이 책의 씨앗이 되었고, 우리 모두를 모이게 만든 계기가 되었다는 점에서 그에게도 감사 인사를 전한다. 그리고 우리가 함께 모여 이 모든 과정을 헤쳐나가는 동안 기다려준 각자의 가족에게도 감사한다.

이들 덕분에 우리는 연구를 이어나가고 몰입이라는 멋진 현상을 더 자세히 이해하는 길을 찾을 수 있었다. 가족들이 보내준 든든한 응원은 말로 다 표현할 수 없을 만큼 고마운 힘이 되었다.

몰입 경험은 사람마다 제각기 다를 수 있다. 그럼에도 이 책의 각 장마다 소개된 프로와 아마추어 선수, 그리고 취미로 달리기를 즐기는 모든 사람이 기꺼이 들려준 경험담 덕분에 우리는 누구나 달리기를 통해 몰입의 순간과 만날 수 있다고 믿게 되었다. 특히 브라질 올림픽을 준비하느라 바쁜 일정 속에서도 시간을 쪼개서 인터뷰에 응해준 미국의 올림픽 대표 선수들께 더욱 감사드린다.

연구 자료를 아무리 많이 뒤져도 이 분야의 천재들이 내밀어준 따뜻한 도움의 손길에 비할 만한 결과는 얻지 못할 것이다. 아르네 디트리히, 신드라 캠포프, 그리고 공저자 미하이 칙센트미하이까지, 깊은 지혜와 전문 지식을 제공해준 분들께 감사 인사를 전한다. 이들이 밝힌 이론과 연구 결과는 세상을 더욱 행복하고 긍정적으로 만들고 있다. 우리 모두가 이분들에게 빚을 진 셈이다.

1부
몰입의 핵심

영어에서 '흐르다, 흐름'이라는 뜻의 'flow'라는 단어가 '몰입'이라는 뜻으로도 사용되는 이유 중 하나는, 몰입 현상에 관한 초창기 연구에서 사람들이 자신의 경험을 바로 이 단어로 묘사하는 경우가 많았기 때문이다. 모든 것이 그저 '흘러가는' 것이다. 달리기 선수뿐만 아니라 작가나 화가, 암벽등반가 들도 몰입 현상을 설명하면서 같은 표현을 종종 사용한다.

1장
달리기와 몰입 경험

셀비 하얏트는 일생일대 결전의 날 아침에 숨이 막혀 잠에서 깨어났다. 미국 노스캐롤라이나주 브리슨시에 사는 이 열여덟 살 고등학생은 흡입기를 찾으려 침대 옆 스탠드 주변을 양손으로 이리저리 더듬었지만, 칠흑같이 어둡고 낯선 모텔 방에서는 부질없는 시도였다. 셀비는 일단 침대에서 몸을 일으키고 앉아 침착해지려고 애썼다. 그러나 벽에 설치된 난방기에서 뿜어져 나오는 답답하고 퀴퀴한 공기는 전혀 도움이 되지 않았다. 상태가 더 나빠지지 않으려면 방에서 나가야 했다.

"가슴이 세게 조이는 기분이었어요. 숨은 쉴 수 있었지만 심호흡을 할 수 없었죠. 크게 난리를 치진 않았어요. 동료 선수들까지 깨우고 싶지 않았거든요. 그냥 상태를 가라앉히고 몸을 추스르려고 노력했어요."

밖으로 나가니 전혀 다른 세상이 펼쳐진 느낌이었다. 맹렬히 쏟아지는 폭풍우가 모텔 지붕을 때리고 주차장은 높이 차오른 물에 잠겨 있었다. 셸비가 사는 피어몬트 고원 지역도 주변을 빙 둘러싼 산 때문에 늘 눈이 내리는데, 이곳 역시 만만치 않게 바람이 거세고 날씨가 우중충했다. 셸비는 벽에 기댄 채 웅크리고 앉아 차갑고 신선한 공기를 마셨다. 호흡이 조금씩 가라앉았다. 새벽 5시 반이었다.

그날은 셸비가 일 년 넘게 기대에 부풀어 준비해온, 노스캐롤라이나주 크로스컨트리 챔피언십 대회가 열리는 날이었다. 셸비는 달리기를 시작한 첫 해인 작년 1A 저학년 부문에 참가하여 11위를 차지했다. 주 대표 자격에서 딱 한 자리 밀려난 성적이었다. 이후 일 년 동안 달리기는 열정을 쏟는 목표가 되었고, 셸비는 달리기를 통해 세상에 당당히 자리 잡은 기분을 느꼈다. 이 자신감은 다른 분야에서도 발휘되었다. 동창회 대표로 선발되었을 뿐만 아니라 동급생들 사이에서 인기가 많은 같은 반 친구와 연애도 시작했다. 기분 좋은 일들이 이어지자, 잔뜩 들뜬 셸비는 이제 크로스컨트리 챔피언십에서 주 대표로 선발되는 꿈이 한층 더 가까워졌다고 생각했다.

하지만 폐렴에 걸리면서 상황은 완전히 바뀌었다. 6주 집중훈련 기간 동안 셸비는 간단한 훈련조차 제대로 소화하지 못했다. 상태가 괜찮은 날도 있었지만 눈물이 쏟아질 것 같은 고통을 견뎌야하는 날도 있었다. 천성적으로 말수가 적은 편이라 몸에 나타난 증상이 정신 건강에 영향을 준다는 것을 느끼면서도 거의 내색하지 않았다. 그럼에도 괜찮은 날보다 힘든 날이 많아지자, 그 영향은 뚜렷하게 드러나기 시작했다. 팀 동료와 코치 들은 거의 아무런 소득도 없이 훈련에 어마어마한 노력을 기울이는 셸비를 지켜보며 격려해주었다. 의사들이 온갖 항생제며 흡입기, 코르티코스테로이드를 동원해 치료하려 했지만, 차도는 없었다. 중요한 경기에 나갈 때마다 성적은 앞서 출전한 경기보다 조금씩 더 나빠졌으니, 잘될 거라는 막연한 믿음 하나로 훈련을 이어갈 수밖에 없었다.

스와인 카운티 고등학교에 함께 재학 중인 동료 선수이자 친구 셋이 곤히 잠든 모텔의 현관에 기대앉은 채, 셸비는 자기 연민에 빠지지 않으려 애를 썼다. 그리고 몸 상태가 100퍼센트 좋지 않아도 그날 반드시 달성해야 하는 중요한 목표를 떠올렸다. 팀 동료들이 든든히 받쳐줄 거란 생각을 하자 마음이 편안해지면서도 한편으로는 더욱 걱정스러웠다.

'경기를 뛰다가 이런 증상이 또 나타나면 어쩌지? 최선을 다하지 못하거나, 팀에 도움이 안 되면 어떻게 하지?'

마침내 방에 들어가도 될 정도로 호흡이 가라앉았다. 하지만 셸비는 다시 잠들지 못하고 뜬눈으로 누워 있었다. 밖에는 내내 비가 내렸다.

몇 시간 후 아침식사를 하면서 셸비는 코치들에게 호흡에 이상증상이 나타났다고 전했다. 하지만 그즈음엔 이미 셸비 스스로도 새벽에 일어난 일을 가볍게 여기기 시작했다. 남은 시간은 팀의 유대감을 다지고 경기를 준비하며 정신없이 흘러갔다. 축축하게 젖은 출발선에 서서 같은 팀 선수들과 함께 출발을 기다리는 순간에도 셸비는 평온하고 침착했다. 불안한 기색은 찾아볼 수 없었다. 워밍업 달리기warm-up run도 원만하게 마쳤다. 다리도 가볍고 무엇보다 공기를 들이마실 때 폐에 아무런 증상이 나타나지 않았다. 당혹스러운 호흡 이상이 일종의 정화작용을 한 건지 폭풍전야였는지는 알

길이 없었다. 그래서 셸비는 그 문제에 대해서 그만 생각하기로 마음먹었다.

셸비는 이렇게 말했다. "자신감이 솟았어요. 그 모든 일을 겪고 나니, 유리한 상황이 아니라는 걸 알고 있었지만 예감이 좋았습니다. 그런 마음이 압박을 느끼는 순간에는 도움이 됐어요. 경기에서 잘 해내지 못할 거라는 사실을 스스로가 알고 있었으니까요."

출발 1분 전을 알리는 신호가 울렸다. 셸비는 팀 동료들과 나란히 서서 눈앞에 펼쳐진 커다란 물웅덩이며 진창이 된 풀밭을 살펴보았다. 숨을 깊게 들이마시고, 다시 뱉었다. 비가 그쳤다는 사실도 미처 알아채지 못했다. 결의에 찬 두 눈을 한곳에 집중했다. 딴 생각을 할 틈도 없었다.

탕!

사방에 진흙이 튀는 혼잡한 출발선을 지난 후, 셸비는 다른 선수들과 멀찍이 거리를 유지했다. 선두 팀은 진흙탕을 헤치며 코스를 따라 시속 32킬로미터로 전력 질주하면서 꾸준히 불어대는 북풍에 정면으로 맞섰다. 셸비는 같은 팀 선수 둘과 앞서거니 뒤서거니 달렸다. 이것이 최상의 전략이라는 확신이 있었다. 선수들이 진흙탕을 헤치며 제각기 자리를 잡기 위해 거친 몸싸움을 벌이는 동안 7분이 흘렀다. 1.6킬로미터 지점을 통과할 때 셸비의 성적은 40위였다. 몸 상태를 감안해 적당한 속도로 시작해서 상태를 지켜보며 계속 속도를 올린 것이 현명한 선택이었다. 호흡도 별 탈 없이 일정하게 유지됐다.

"첫 번째 지점을 통과할 때 상태가 아주 좋다는 느낌이 들었어요. 그래서 '좋아, 이제 속력을 높여야겠군' 하고 생각했죠. 결과가 좋을지 나쁠지 확신할 수는 없었어요. 최대한 속도를 높여보고 어떻게 되는지 지켜보자는 마음이었습니다."

다음 지점까지 가는 동안 셸비의 의구심은 사라졌다. 한 발 내디딜 때마다 컨디션은 점점 더 좋아졌다. 호흡에 문제가 생길까봐 걱정하던 마음을 전부 내려놓은 셸비는 공격적으로 돌진하기 시작했다. 20위, 15위를 지나 10위 선수에게 바짝 붙어서 3.2킬로미터 지점을 지났다. 일 년 내내 꿈꾸던 목표가 눈앞에 다가왔음을 깨달은 셸비는 더욱 박차를 가했다. 바로 앞에는 팀 동료이자 재능 넘치는 신입생 엠마가 달리고 있었다. 셸비가 폐렴과 고투를 벌이는 동안 조용히 팀 내에서 가장 뛰어난 주자로 떠오른 후배였다. 이뤄야 할 목표가 마음에 선명하게 떠오르고 앞을 가로막던 건강 문제도 사라진 만큼, 셸비는 후배이자 동료인 엠마를 따라잡기 위해 힘껏 달렸다.

마지막 구간은 흡사 영화 속 한 장면 같았다. 셸비는 10위권에 진입했고 이어 8위까지 올라갔다. 결승선을 800미터 남겨두고 탁 트인 목초지로 이어진 굽은 길에서 엠마도 따라잡았다. 코치와 관중 들이 쏟아내는 열렬한 응원을 들으며 동료를 따라잡은 셸비는 한층 더 탄력을 받아 6위에 이르고, 이어 5위 선수 뒤를 바짝 쫓았다.

폐렴을 앓고 있던 선수, 열심히 훈련했지만 아무도 성과를 거둘 거라 예상하지 못한 선수가 평생 그 어느 때보다 빠른 속도로 달린 것이다. 나지막한 언덕을 전속력으로 오른 셸비의 뒤로 늦가을 태양이 만든 그림자가 멋지게 드리워졌다. 점점 더 속도를 높인 셸

셀비 하얏트는 몰입을 통해 그녀 인생 최고의 경주를 경험했다.

비는 결승점을 겨우 200미터 남겨두고 또 한 명의 선수를 따라잡아 4위에 올랐다. 마지막 직선 구간을 달리며 조금씩 주변이 눈에 들어오기 시작한 셸비의 얼굴에는 그제야 무슨 일이 벌어졌는지 깨달은 듯 옅은 미소가 피어올랐다.

그날 아침까지만 해도 누구도 기대하지 않았던 선수, 셸비 하얏트는 태어나 가장 우수한 성적인 4위로 골인하고 주 대표선수가 되었다. 대표로 선발되고 싶다는 꿈을 이룬 것에 그치지 않고 소속 학교의 성적도 3위로 끌어올렸다. 거센 비바람이 몰아치는 진흙탕 속을 달리고도 개인 최고기록을 경신하는 쾌거도 이루었다.

"사실 저도 이해가 안 가지만, 이번 경기는 그동안 출전했던 그 어떤 경기보다 수월했어요. 호흡과 몸 상태, 다리가 마치 그대로 영원히 달릴 수 있을 것처럼 느껴졌거든요."

경기가 끝나고 잔뜩 지친 선수들이 부모와 코치를 찾을 때 셸비는 동료들 틈에서 혼자 빠져나왔다. 마침내 마주한 셸비와 코치는 충격과 놀라움 속에 서로를 따뜻하게 부둥켜안았다. 셸비는 한 발짝 물러나 미소 지으며 코치에게 말했다. "전 오늘 완전히 몰입해서 달린 것 같아요."

몰입 현상

셸비의 말은 옳았다. 그녀는 사람들이 흔히 **무아지경**in the zone에 빠졌다고 표현하는 몰입을 경험한 것이다. 살면서 무언가에 몰입했던 순간보다 강렬한 기억은 거의 없다. 몰입의 순간은 인생을 살만

하다고 느끼게 한다. 목표를 이루고자 열정을 다해 노력하는 사람이라면 누구나 다 이와 같은 상태를 경험할 수 있다는 것이 바로 몰입의 큰 장점이다.

달리기를 하면 다양한 상황에서 몰입을 경험할 수 있는 기회가 생기고 몰입을 경험하는 빈도가 높아진다. 달리기 대회에서는 경쟁심 높은 선수들이 체계적으로 구성된 험난한 환경에서 자신의 기량을 시험한다. 산길이나 시골길을 달릴 경우 기술적으로 넘어서야 할 과제들과 맞닥뜨리지만, 동시에 눈앞에 펼쳐진 풍경은 불안한 마음을 가라앉혀주고 생각을 가다듬게 한다. 해변에서 달리면 파도 소리 때문에 명상하듯 생각에 열중하게 된다. 평지를 달릴 때도 한발 한발 내딛는 리듬과 함께 찾아오는 가뿐한 기분에 푹 빠지면 큰 즐거움을 느낄 수 있다.

이 책은 달리기를 하는 사람들과 그들이 경험하는 몰입 현상에 주로 초점을 맞추고 있지만, 까다로운 일을 해내기 위해 모든 정신을 집중할 때 우리는 언제든 몰입이 주는 최상의 효과를 경험할 수 있다. 학계에서는 체스나 암벽등반, 사이클, 수영, 농구, 춤, 정원 가꾸기, 글쓰기, 연기와 같은 일을 하는 사람을 연구하고 이들이 몰입을 경험한다는 사실을 입증했다. 열정적으로 임한 일이 무엇인가에 따라 세부적인 차이가 있지만 몰입을 일으키는 요소, 그리고 몰입할 때 드는 느낌은 동일하다.

일반적으로, 까다로운 상황에서는 그 상황을 이겨낼 수 있는 필수 기술을 보유하고 있다고 믿을 때 몰입하게 된다. 당장 처리해야 할 일에 집중하다 보면 시간의 흐름이 달라진 것처럼 느껴진다. 해야 할 일에 정신이 날카롭게 쏠리면 다른 부차적인 생각과 걱정은 전부 사라진다. 뚜렷한 목표가 행동을 촉진하고, 동시에 내적, 외적 피드백을 통해 목표를 충분히 달성할 수 있다는 확신을 갖게 된다. '아무도 날 막을 수 없다!'는 기분이 들고 남들의 시선에 초연해진다. 자의식이 수면 아래로 가라앉은 상태가 되는 것이다. 지금 이 순간을 오롯이 자신의 것으로 만드는 것, 그 외에는 아무것도 중요하지 않다는 기분이 든다.

이와 같은 경험은 자신감과 의욕을 높이고, 무엇보다 즐거움을 선사한다. 이 즐거움은 물리적, 정서적, 경제적으로 투자한 만큼 돌려받을 수 있다는 보장이 없더라도 손해를 무릅쓰고 일부러 찾아서 할 만큼 크다. 몰입의 경험을 **자기 목적적**autotelic이라고 부르는 이유도 바로 이 때문이다. 바꿔 말해 활동 그 자체가 보상이 된다는 의미다. 몰입해서 달리는 사람은 달리기가 좋아서 달린다. 그렇다고 몰입 경험에 외적 보상이 아예 없다는 뜻은 아니다. 이 책에서도 경기 중에 몰입해서 달린 여러 선수들의 이야기를 소개하는데, 이들 중에는 올림픽 메달을 따거나 전국 선수권 대회에서 상을 받은 사람도 있다. 그럼에도 이런 세계적인 선수들이 가장 강렬하게 기억에 남는다고 털어놓은 것은 외적인 보상이 아닌 몰입의 순간이다.

노트북과 스마트폰만 있으면 집 안에서도 못할 일이 없는 시대가 되었음에도 불구하고 여전히 힘들고 까다로운 활동에서 많은 것을 얻게 되는 이유는 몰입에서 얻는 엄청난 즐거움에서 찾을 수 있다. 이 책의 공저자이자 저명한 심리학자인 미하이 칙센트미하이 박사(앞으로는 그가 좋아하는 별명인 '마이크 박사'로 부르기로 한다)가

1990년에 발표한 베스트셀러《몰입 flow》에서 지적한 바와 같이 즐거움은 어떤 일에 열정을 다해 적극적으로 참여할 때 따라오는 결과다. "사람들이 대부분 생각하는 것과 달리 생애 최고의 순간들은 수동적이거나 수용성이 크지 않을 때, 혹은 편안할 때 찾아오지 않는다. (중략) 최고의 순간은 까다롭고 노력할 만한 가치가 있는 무언가를 성취하기 위해 자발적으로 자신의 신체 혹은 마음을 한계 수준까지 확장시킬 때 찾아온다." 그래서 우리는 아침에 침대에 누운 채로 식사를 할 때보다 자리에서 일어나 10여 킬로미터를 달릴 때 더 큰 즐거움을 느끼는 것이다.

몰입의 경험은 우리의 의식에도 영향을 준다. 몰입을 경험하면 또 다시 몰입할 수 있는 일을 찾아서 하려는 욕구가 더욱 강해진다. 이러한 본질적이 의욕은 기술을 더 향상시키겠다는 욕구로 이어지고, 자연히 자신이 보유한 능력에 관한 자신감도 커진다. 기술이 향상될수록 더 큰 문제를 수월하게 해결할 수 있고 몰입을 경험할 가능성도 높아진다. 매우 긍정적인 순환이 일어나는 것이다.

셸비 역시 몰입에 대해 이렇게 말했다. "몰입 덕분에 정말로 신이 나서 달리게 됐어요. 제 태도를 바꿔놓았다고 할까요. 폐렴에 걸렸을 때만 해도 제 자신이 안쓰러웠지만 몰입을 경험한 후에는 그런 생각이 싹 사라졌어요. 달리기 전에 수시로 그때의 기억을 되살려보면 큰 도움이 돼요."

달리기를 하는 사람들은 누구나 셸비처럼 최상의 경험을 할 기회를 얻는다. 그러나 몰입은 워낙 변동이 심한 현상이라 원한다고 해서 곧바로 자기 것으로 만들 수 없다. 몰입을 경험할 가능성을 키우기 위해 꾸준히 노력하고 싶다면 먼저 몰입에 관하여 현재까지 밝혀진 사실을 짚고 넘어갈 필요가 있다.

몰입의 역사

행복을 찾으려는 노력은 전혀 새로운 일이 아니다. 농업혁명이 일어나기 전 이 땅에 살았던 인류의 조상이 정확히 어떤 동기와 욕구로 살아갔는지는 알 수 없지만, 인간은 늘 다양한 방식으로 즐거움을 갈구해왔다. 즐거움을 그저 스치고 지나가는 감정이 아닌 더 큰 무언가로 만들기 위해서는 기술이 필요하다. 이에 철학자들은 진정한 행복이란 무엇이며, 우리의 삶을 충만하게 하는 것이 무엇인지 수 세기 동안 숙고해왔다. 예를 들어 아리스토텔레스는 행복은 행복 자체를 위해 추구해야 한다고 믿었고, 이러한 생각이 행복학을 탄생시킨 밑거름이 된 것으로 여겨진다. 반면 니체는 '초인'이 고통으로부터 배움을 얻고, 행복 자체를 위해 행복을 추구하는 것은 "터무니없고 비난받아 마땅한 일이며, (인간의) 파괴성을 바람직한 것으로 만드는 것"이라고 주장했다Gudrun von Tevenar, 2007.

상업화된 현대 사회에서는 행복의 개념을 돈과 따로 떼어놓기가 거의 불가능하다. 가장 본질적인 차원에서 보면 돈 자체는 그리 흥미로운 대상이 아니다. 명문화되지 않은 문화적 합의로 특정 가치가 부여된 종이 쪼가리 혹은 금속 조각일 뿐이다. 이것으로 물건, 권력, 심지어는 마음의 평화까지 살 수 있다는 사실 때문에 사람들은 돈으로 행복을 살 수 있다고 생각한다. 그러면서도 상투적인 문구처럼 행복은 돈으로 살 수 없다고도 이야기한다.

하버드 대학교의 대니얼 길버트 교수는 최근 수십 년간 이 주제를 놓고 많은 연구를 실시한 인물로 널리 알려졌다. 그는 수많은 연구 결과를 종합해 사람들이 기본적인 욕구를 충족하기 위해 안간힘을 써야 하는 경우에만 돈이 중요한 의미를 가진다고 결론지었다 Dunn, Gilbert & Wilson, 2011. 그와 같은 욕구가 충족된 이후에는 경험이 행복에 중대한 영향을 주고, 경험의 질 또한 행복의 중요한 요소로 작용한다. 목적의식이 높아지고 타인과의 관계가 개선된 사람들은 장기적으로 더 큰 행복을 느낀다. 적극적인 참여가 행복의 핵심임을 명확히 알 수 있는 대목이다.

한편 서구 사회와 멀리 떨어진 동양에서는 행복이 오랫동안 지속되지 못하는 문제를 해결하고자 불교와 같은 종교를 활용했다. 수백 년 동안 사람들은 실제로 이와 같은 종교 활동에 참여해왔다. 불교 사상은 기본적으로 행복이 그 자체를 위해 추구할 만한 가치가 있다는 아리스토텔레스의 생각에 동의하지만, 행복을 추구하는 방법에는 차이가 있다. 선종에서는 현재의 순간에 머무르는 것에 집중한다. 서구 사회에서 **마음챙김**mindfulness이라 불리는 개념이다(단, 현재 '마음챙김'이라 불리는 개념은 미국의 심리학자 존 카밧진이 종교와 무관하게 만든 것임을 유념하기 바란다). 선종에서 이야기하는 개념 중 가장 많이 알려진 몇 가지를 꼽아보면 아래와 같다Allan, 2014.

- 깨달음을 얻기 전에 나무를 자르고 물을 길어오라.
  깨달음을 얻은 후에도 나무를 자르고 물을 길어오라.

- 걷고 있을 때는 그냥 걸어라. 앉아 있을 때는 그냥 앉아 있어라.

  무엇을 하든 동요하지 마라.
- 배가 고프면 밥을 먹고 피곤하면 눈을 감아라.
- 멍청한 자들은 나를 보고 비웃겠지만 현명한 자들은 무슨 의미인지 알 것이다.

이와 같은 철학에 담긴 핵심은 현재의 순간에 머물러 삶에 일어나는 사건들을 비판 없는 눈으로 바라봐야 한다는 것이다. 따라서 명상 등의 훈련을 통해 수련자가 자신의 사고 패턴을 파악하고 스스로 제어하여 마음을 고요하게 가라앉힐 수 있도록 가르친다. 정신수양도 중요한 요소다. 불교에서는 긍정적인 사고 패턴을 강화하고 즐거움을 주는 일에 의존하지 않아야 진정한 행복이 찾아온다고 본다.Gunaratana, 2002.

인본주의 심리학의 아버지라 불리는 에이브러햄 매슬로는 1950년대 미국에 제각기 흩어져 있던 이 같은 생각들을 하나로 통합해 심리학 이론을 만들고자 노력했다. 같은 시기에 함께 연구하던 대부분의 학자와 달리 매슬로는 건강한 사람을 대상으로 어떻게 해야 개인의 잠재력을 모두 발휘할 수 있는지 그 방법을 찾는 데 가장 큰 관심을 기울였다. 그 결과 사람들은 기본적인 욕구가 충족되면, 즉 생리학적 욕구와 안전, 사랑, 자존심의 욕구가 채워지면 비로소 자신의 진짜 잠재력을 발휘하는 일에 집중할 수 있다는 것을 밝혀냈다. 매슬로는 이것이 가장 높은 단계의 욕구인 **자아실현**이라고 설명했다.Maslow, 1954.

자아를 실현한 사람들은 대체로 자기 자신과 삶의 여러 가지 상황을 수용하고 개인적인 문제보다 사회적인 문제를 더 염려한다. 사생활과 자율성을 중시하지만 타인의 의견에 개방적이다. 무엇보다 살면서 얻는 경험을 소중하게 여긴다. 매슬로는 나이와 상관 없이 이와 같은 삶을 살아가는 사람은 전체 인구의 1퍼센트에도 못 미친다고 보았다.

절정 경험peak experience도 자아실현과 관련된 현상이다. 절정 경험은 흥분, 환희와 함께 주변 세상과의 강렬한 유대감을 느끼는 것이 특징인데, 자의식이 사라지고 일부러 애쓰지 않아도 일이 수월하게 이루어지는 기분이 든다는 점, 현재의 순간에 완전히 빠져들고 시간 개념이 왜곡된다는 점에서 몰입과 일치하는 측면이 많다. 그러나 절정 경험은 몰입과 달리 에너지가 분출되고, 외부 사건에 의해 촉발된다는 차이가 있다. 사람들은 절정 경험 후에 자신과 세상을 보다 긍정적인 시선으로 바라보게 되며, 그와 같은 순간을 다시 경험하기 위해 적극적으로 노력한다. 매슬로는 절정 경험이 우리가 경험할 수 있는 또 하나의 강렬한 순간이자 자아실현의 증거라고 보았다Maslow, 1962.

인본주의 심리학의 몰락은 실증적인 근거가 부족했다는 점에서 원인을 찾을 수 있을 것이다. 이론이 이론으로만 머무른 경우가 대부분이었기 때문이다. 그러나 인본주의 심리학에서 나온 아이디어는 매우 강력해서 현대에 들어 마이크 박사가 주축이 된 긍정심리학의 탄생으로 이어졌다. 마이크 박사는 시카고 대학교에 교수로 재직 중이던 1970년대 초부터 아이들이 놀이를 할 때 나타나는 행동 패턴을 연구하기 시작했다. 아이들이 어른의 행동을 모방한 놀이, 일종의 모형화를 통해 성인기에 꼭 필요한 기술을 익힌다는 생각이 널리 받아들여지던 시기였다. 마이크 박사는 아이들이 설사 습득하는 것이 없어도 놀이 자체의 본질적인 즐거움을 위해 놀이를 하는 경우가 있다는 사실을 발견했다Csikszentmihalyi, 2003.

　몰입의 개념은 철학적인 측면에서 이 내용을 발전시킨 것이다. 마이크 박사는 성인들도 열정을 쏟아 완전히 푹 빠질 수 있는 일을 적극적으로 추구한다는 공통점을 찾아냈고, 이는 몰입 개념의 시초가 되었다. 초창기 그의 연구는 재능이 우수한 십대 청소년이나 전문 음악가, 노벨상 수상 과학자, 우수한 운동선수 등 크게 성공한 사람들에 초점이 맞추어졌으나 마이크 박사의 뒤를 이은 심리학자들은 일반인의 경험도 연구했다. 마이크 박사는 수년간의 관찰과 인터뷰, 실험을 거쳐 특정한 과제가 주어지고 자신이 그것을 이겨낼 수 있다고 느낄 때 사람들이 몰입을 경험한다고 밝혔다Csikszentmihalyi, 1975; 1988. 그의 연구는 서던 캘리포니아에 위치한 클레어몬트 대학원에서도 이어졌고, 이후 그곳에는 '삶의 질 연구센터Quality of Life Research Center'가 설립됐다.

　1970년대부터 학계에서는 몰입 현상을 좀 더 상세히 파악하기 위해 수백 건의 연구가 수천 명을 대상으로 실시되었다. 참가자들이 직접 밝힌 경험은 몰입 경험의 유사성과 다양성을 깊이 이해하는 데 도움이 되었다. 기능적 자기공명영상fMRI을 활용하여 몰입을 유도하는 특정 활동을 할 때 활성화되거나 불활성화되는 뇌의 영역을 추적하는 야심찬 연구도 이어졌다. 몰입하면 시간 개념을 잊고 자의식과 타인에 대한 인식도 사라진다고 밝힌 많은 사람들의 경험은 주로 전전두피질prefrontal cortex과 편도체의 활성 변화와 관련이 있는 것으로 추정된다. 몰입을 경험할 때 긍정적인 감정이 치솟고 부정적인 감정은 가라앉는다고 이야기하는 사람이 많은데, 이 역시 편도체의 신경활성도 감소와 관련이 있다. 비디오게임과 전문적인 수학 문제의 난이도를 높여 몰입을 유도하는 방식으로 실시한 연구에서 실제로 이와 같은 결과가 도출되었다Dietrich, 2004; 2011.

달리기를 즐기는 사람이라면 전전두피질이 불활성화되었을 때 어떤 결과가 나타나는지 아마 잘 알 것이다. 달리는 행위 자체에 푹 빠지는 경험이 바로 그 변화에서 나오기 때문이다. 몰입하면 긍정적인 감정은 더 강렬해지고 좌절처럼 부정적인 감정은 희미해진다. 그리고 일상생활에서 수시로 스멀스멀 고개를 드는 스트레스 요인도 잊게 된다. 몰입 경험 그 자체에 완전히 빠져들면서 주변 사람들도 전혀 인식하지 못한다. 그와 같은 상태에 이르면 뇌가 무의식적으로 문제를 해결한다고 밝힌 연구 결과도 있다. 글을 쓰다가 막히거나 그 외에 정신적으로 일종의 교착 상태에 빠졌을 때 한바탕 시원하게 달리고 나면 장애물을 훌쩍 뛰어넘은 것 같은 쾌감을 느낄 수 있는데, 이 역시 몰입의 결과다. 정신적으로나 육체적으로 다른 일을 처리하는 사이에 문제가 무의식적으로 계속 다루어지다 새로운 해결책이 떠오를 수 있다.

과학적으로 밝혀진 결과가 모두 그렇듯이, 몰입과 관련하여 밝혀진 과학적 결과도 불완전하며 지금도 계속 발전 중이다. 예를 들어 기능적 자기공명영상 연구 결과는 분명 흥미롭지만 육체적으로 별로 힘들지 않은 과제가 주어진 상황만 조사했다는 점에서 범위가 한정적이다. 달리기를 하면서 몰입을 경험할 때 뇌에 어떤 일이 벌어지는지(즉 뇌의 어떤 영역이 크게 활성화되거나 불활성화되는지), 그 결과가 체스나 비디오게임에 관한 실험 결과와 차이가 있는지도 연구해볼 만하다. 그러나 기능적 자기공명영상은 장치 내부에 가만히 누워 있어야 측정이 가능하므로 달리는 동안에는 스캐닝이 불가능해 그와 같은 연구가 단기간에 이루어질 가능성이 희박하다.

현시점에서는 달리면서 몰입할 때 뇌가 어떻게 변화하는지 수수께끼로 남아 있다. 그러나 미래에 기술이 더욱 발전하면 언젠가 머리띠나 모자에 특별한 장치를 장착해 달리는 동안 뇌파 변화를 측정할 수 있을지도 모른다. 심박 수를 모니터링하는 기술과 GPS가 달리기에 큰 변화를 가져온 것과 매우 흡사한 기술 발전이 일어나 그리 멀지 않은 미래에 달리기와 몰입 시 뇌의 반응을 모니터링해 이를 토대로 해당 경험을 더 깊이 이해할 수 있게 될 것으로 전망한다.

뇌 연구와 별도로 교실에서 함께 공부를 할 때나 춤을 출 때 팀원들 간에 나타나는 **집단 몰입**group flow처럼 다양한 상황에서 나타나는 몰입 경험에 관한 연구도 꾸준히 진행됐다. 리드미컬한 움직임이 동반되는 모든 팀 스포츠는 구성원들의 몰입 경험을 유발할 수 있는 것으로 나타났다Jackson & Csikszentmihalyi, 1999. 축구나 농구 경기를 보면 대화를 나누지 않고도 팀 전체가 공을 언제 어느 위치에 두어야 하는지 단번에 아는 것처럼 움직이는 모습을 볼 수 있는데, 집단 몰입이 이와 같은 모습의 원천일 수도 있다.

셸비가 경기를 뛰던 날 함께 달린 같은 팀 선수들이라면 집단 몰입 이론에 동의할지도 모른다. 셸비와 엠마가 선두 그룹에서 달릴 때 다른 팀원들도 코치들의 외침과 관중의 반응을 통해 두 사람의 순위가 점점 앞서나가고 있다는 사실을 알아차렸다. 마찬가지로 경기 내내 공격적으로 치고 나가며 최상위 그룹에서 달리던 여섯 명의 주자들은 눈앞에서 벌어진 상황을 보고 긍정적인 동력을 잃어버린 듯한 반응을 보였다. 그날의 코스가 전반적으로 선수들이 속도를 내기 힘든 환경이었음에도 불구하고 스와인 카운티 고등학교의 대표 선수 여섯 명 중 셋이 개인 최고기록을 갱신했다. 팀의 평균 성적도 대회에 참가한 전 시즌을 통틀어 최고기록을 세웠다.

셸비와 같은 팀 선수들은 팀이 좋은 성적을 거두었으면 좋겠다는 바람으로 의식적으로 개인보다 팀을 우선했기에 몰입을 더 쉽게 경험할 수 있었다. 이와 같은 신택은 몰입의 중요한 요소이며, 몰입과 개인 성격의 관계를 중점적으로 연구한 결과도 있다. 가령 **자기 목적적 성격**은 다른 사람들에 비해 몰입을 자주 경험할 가능성이 훨씬 크고, 훨씬 쉽게 몰입한다. 뒷부분에서 자기 목적적 성격과 달리기 외의 다른 상황에서 경험하는 몰입에 관한 내용을 자세히 다룰 예정이다.

몰입에 관한 연구는 지금도 계속 진행되고 있다. 어떤 연구 분야든 알면 알수록 모르겠다고 느끼게 마련이다. 달리기를 즐기는 사람이라면 현재까지 밝혀진 정보를 활용하여 최대한 자주 몰입할 수 있는 방법을 마련할 수 있다. 언젠가는 새로이 밝혀진 결과를 바탕으로 절정 경험을 그 어느 때보다 쉽게 체험할 수 있는 날이 올지도 모른다.

몰입과 노력

사람마다 제각기 즐기는 활동이 다르다. 달리기, 등산, 정원 가꾸기처럼 신체 활동에 관심이 많은 사람도 있고, 그림 그리기, 음악 감상 등 주로 앉아서 하는 활동을 좋아하는 사람도 있다. 독서, 글쓰기 등 지적 노력이 필요한 활동을 즐기는 사람도 있다. 그리고 대부분의 사람은 이러한 활동을 골고루 즐긴다. 마이크 박사는 사람들이 열정적으로 어떤 활동이나 여가 등을 즐길 경우 목표를 세우고 적극적으로 참여하는 경우가 많고, 그런 사람들은 수동적인 사람들보다 그 일에 푹 빠져들어 자기 자신과 인생에 더 큰 만족감을 느낀다고 밝혔다.

이런 결론은 우리의 직관적인 생각과 다소 상반된다. 대다수는 휴식을 취하고 쉴 때 더 행복하다고 '생각'하는데, 언제 가장 행복하냐는 질문이 주어지면 무언가에 푹 빠져 있거나 어떤 과제를 해결하느라 몰두했을 때라고 '응답'하는 경우가 더 많다. 마이크 박사가 성공한 사람들의 몰입 경험을 연구한 결과에서도 자신이 보유한 기술을 대폭 활용하거나 일에 깊이 관여할 때 몰입을 경험하며 그와 같은 경험이 다시 같은 일을 하게 만드는 것으로 나타났다. 조사 대상자 중 다수는 온전히 몰두하고 집중한 순간에 가장 큰 성취를 이루었으며, 그럴 때 주변에 대한 인식이 전부 사라지고 시간 개념도 사라졌다고 밝혔다. 한 과학자는 어떤 공식에 몰두하면 암벽등반가가 발을 놓을 자리를 찾기 위해 집중하는 동안 시간이 훌쩍 지나가는 것처럼 시간 개념을 잃는다고 전했다. 또 음악가들은 손가락으로 피아노 건반을 두드릴 때 연주 중인 곡과 자신이 완전히 하나가 된 것 같은 기분이 든다고 묘사했다. 프로 수영 선수와 달리기 선수들을 세밀하게 조사한 연구에서도 경기에서 전례 없이 어려운 상황을 맞이했을 때 오히려 몸이 더 강해진 느낌을 받았다고 회상했다. 이와 같은 사례에서 우리는 몰입의 핵심을 짚을 수 있다. 몸과 마음이 모두 특정한 일에 완전히 몰두한 절정의 순간에는 그 일 외에 다른 건 전혀 신경이 쓰이지 않는 상태가 된다는 사실이다.

어려운 문제를 해결하려고 전념하면 큰 만족감을 느낀다는 것이 왜 이토록 특별한 일로 여겨질까? 우리는 직업, 커리어 등 전문적으로 하는 일을 반드시 해야 하는 무언가로 여기는 문화적 환경에서 살아왔다. 살면서 "일하러 가야 해"라는 말을 몇 번쯤 했는지 생각해보라. 그냥 "일하러 갈게"라고 말한 횟수와 비교해보면 얼마나 큰 차이가 나는지 알 수 있다. 그러니 까다로운 프로젝트를 맡거나 마감기한을 지켜야 할 때 가장 큰 행복을 느낀다는 이야기는 직관과 어긋나는 소리처럼 들릴 법도 하다.

책임감 있는 성인은 대부분 먹고살기 위해 일자리를 찾지만, 어떤 방식으로 생계를 유지하는지는 각자의 선택에 달려 있다. 자신이 가진 강점을 살릴 수 있는 일, 자신에게 잘 맞고 의미 있다는 만족감을 느끼면 몰입해서 일할 수 있고 그 결과 성취감을 얻을 수 있다. 변변찮은 일에서도 자신만의 재능이나 장점을 활용하고 자신이 맡은 역할을 얼마나 새로운 시각으로 받아들이느냐에 따라 성취감을 느낄 수 있다.

반드시 혼을 쏙 뺄 정도로 힘든 일을 해야만 만족감을 느낀다는 뜻이 아니다. 사무실에서 힘든 하루를 보내고 나면 가만히 앉아서

TV 등 전자기기 화면만 몇 시간이고 들여다보면서 쉬고 싶은 마음이 들 때가 많다. 그러나 실제로는 텔레비전 시청으로 만족감을 얻는 경우는 별로 없다 ^{Csikszentmihalyi, 1990}. 운 좋게 볼 만한 프로그램을 찾는다 하더라도 금세 지루해지고 좀 더 정신을 빼앗길 만한 게 없나 찾게 된다. 퀴즈 프로그램이나 미스터리, 스포츠 경기는 예외인데, 이런 프로그램은 비록 몸은 의자에 앉아 있지만 함께 참여하는 기분을 느낄 수 있다. 시청자가 내용에 적극적으로 참여한다는 점이 이와 같은 프로그램과 다른 프로그램의 중요한 차이점이다.

강점을 발휘하고 유의미한 여가 활동을 찾는 것은 개개인의 선택에 달려 있다. 여가 시간을 그저 아무것도 하지 않고 보낼 수도 있고, 개인적인 성장 기회로 삼을 목표 지향적인 일을 하면서 현명하게 보낼 수도 있다. 지금 이 책을 집어든 독자들은 열정적인 달리기 애호가일 텐데, 그렇다면 여러분은 정말 행운아다. 달리기만큼 개인의 성장과 몰입 기회가 큰 스포츠는 거의 없다.

실력을 제대로 발휘하지 못하거나 성과를 내지 못하고 있다는 기분이 들 때도, 다시 한 번 몰입을 경험하고 싶다는 소망에 참고 노력하면 나아질 수 있으리라는 희망이 더해져 동력이 될 수 있다. 희망이 현실로 바뀔 가능성이 열리는 것이다. 셸비는 불안감을 흘려보내고 열정을 다해 노력할 목표를 변경했다. 그 결과 몰입으로 향하는 길을 찾았다. 그저 최선을 다하자는 마음으로 자신이 처한 상황을 기꺼이 받아들인 덕분에 편안한 마음으로 새로운 목표를 수립했고, 그 목표대로 코스를 천천히 달리기 시작해 반환점을 지날 때마다 호흡과 속도가 어떤 상태인지 주시했다. 이것은 그날 셸비의 몸과 마음에 꼭 필요한 변화였다. 그렇게 첫 번째 지점에 이어 두 번째 지점까지 점점 더 나은 결과를 얻는 데 성공한 후에는 자신감을 얻어 더 높은 목표에 도전했고, 셸비의 몸도 긍정적으로 반응했다.

셸비의 이야기에 주목해야 할 이유를 바로 이 점에서 찾을 수 있다. 경기에 나가 내적, 외적 난관을 극복해낸 셸비는 눈물을 흘리며 시상대에 올랐다. 그날 대회장을 떠나는 셸비는 경기장에 들어설 때와 다른 사람이 되어 있었다. 7개월 후 800미터 4인 릴레이 경기에 엠마와 한 팀으로 출전해 나란히 다시 한 번 시상대에 오른 것은 그리 놀라운 일이 아닐지도 모른다. 두 번째 시상식에서 달라진 것이 있다면 두 사람 목에 걸린 메달이 금메달이었다는 사실이다. 달리기 선수들이 매번 또 다시 출발선에 서는 이유는 이와 같은 만족감과 개인의 성장 때문이다.

러너스 하이^{runner's high}와 몰입

일단 시작되면 얼마나 좋은지 말도 못한다. 장거리달리기나 험한 길을 규칙적으로 한참 뛰다 보면 달리기가 끝날 무렵에 찾아오는 이 현상은 때때로 인터벌 트레이닝 중에 찾아오기도 한다. 희열이 물밀듯이 몰려오고, 훈련의 고통은 녹아내리기 시작한다. 갑자기 생각이 조금 더 맑아지고 깊어진다. 다리에 느껴지던 고통도 사라지고 영원히 달릴 수 있을 것만 같은 기분이 든다. 마치 그 순간을 위해 존재하는 듯한 기분에 사로잡힌다. 이 기분은 달리기를 멈춘 후에도 지속된다. 몇 시간씩 이어질 때도 있다. 이러니 '러너스 하이'보다 더 좋은 게 있을까?

최근 연구에서 러너스 하이라는 명칭과 꼭 어울리는 사실이 밝혀졌다. 이 현상을 일으키는 두 가지 주된 화학물질이 엔도르핀(모르핀과 유사한 오피오이드[아편제]의 일종으로, 중추신경계에서 생성된다)과 엔도카나비노이드(마리화나를 이용하는 사람들이 희열감을 느끼는 이유는 THC라는 성분 때문인데, 엔도카나비노이드는 인체에서 만들어지는 THC에 해당한다)라는 사실이다. 이와 같은 화학물질은 인위적으로 합성된 물질과 달리 정신 건강 측면에서 나타나는 긍정적인 결과와 관계가 있으며 생리학적인 중독이나 의존성을 유발하지 않는다^{Fetters, 2014}.

엔도르핀이 천연 진통제라는 사실을 감안하면 전전두피질 등 우리 몸의 특정 부위에서 분비되어 혈류로 유입되는 것은 장거리 달리기 중에 발생할 수 있는 외상에 대처하기 위한 당연한 반응임을 알 수 있다. 엔도르핀이 아편제 수용체의 결합 부위와 만나 결합하면 통증이 사그라들며 다른 모든 마약성 진통제와 마찬가지로 행복감을 증대시키고 스트레스가 신체에 끼치는 영향도 약화시킨다.

달리기를 할 때 엔도카나비노이드가 만들어지는 이유에 대해서는 수많은 이론이 제기되어왔다. 가장 유명한 이론은 인류가 수렵과 채집 활동으로 생존하던 시절부터 전해 내려온 진화적 부산물이라는 주장이다. 식량을 구하려면 열량을 추가로 태우고 다칠 위험도 감수해야 하므로 이에 대한 보상 차원에서 생성된 것이라는 설이다Gleiser, 2016. 개를 비롯해 장거리를 이동하며 먹이를 구하는 다른 동물에게서도 인간이 장거리달리기를 할 때 나타나는 것과 비슷한 화학적 반응이 나타난다. 또한 이와 같은 반응은 격렬한 유산소 운동을 할 때만 나타난다는 특징이 있다. 예를 들어 걸을 때에는 엔도카나비노이드의 생성량이 증가하지 않는다.

러너스 하이를 모두가 똑같이 느끼는 것은 아니다. 위와 같은 화학물질은 그날그날의 훈련 수준에 따라 좌우되며 다른 수많은 생리학적 요소의 영향도 받는다. 때로는 달리면서 날아다니는 것 같은 기분을 느끼지만, 몸이 축축 처져서 얼른 끝내고 싶을 때도 있다.

러너스 하이와 몰입은 다른 개념이라는 사실도 유념해야 한다. 뇌의 화학반응에 일부 동일한 점이 있는 것은 분명하지만 몰입은 심리사회적 요인에 더 큰 영향을 받고, 더 오랜 시간 한 가지 특정 목표에 집중할 때 나타나는 결과와 직접적인 관련이 있다. 러너스 하이는 화학반응에 해당하며 별다른 노력 없이 효과가 지속되는 경우는 별로 없다.

이런 차이와 별개로 러너스 하이는 중요한 현상이다. 몰입은 수개월, 심지어 수년간의 훈련을 거쳐야 느낄 수 있는, 손에 잘 잡히지 않는 경험인 경우가 많다. 반면 러너스 하이는 문을 열고 밖으로 나가 조금만 노력하면 보상으로 얻을 수 있다. 또한 러너스 하이를 꾸준히, 충분히 오랜 시간 느끼다 보면 궁극적으로 러너스 하이가 최고조에 이르렀을 때 몰입을 경험할 가능성이 크다.

크리스 솔린스키 Chris Solinsky

전(前) 미국 신기록 보유자,
비아프리카계 선수 최초로 10,000미터 27분 미만 기록 달성
몰입의 순간: 2010년 스탠포드 초청 10,000미터 경기

약체 크리스 솔린스키가 자신을 향한 고정관념과 한때 불가능하다고 여겨지던 기록을 깨며 승리자가 된 일화는 미국에서 열린 가장 위대한 경기 가운데 하나이다. 큰 키에 건장한 체격의 신인 선수는 맹렬한 속도를 고집스레 유지하며 경기를 극적으로 이어가더니, 26분 59.60초로 결승선을 통과하며 비아프리카계 선수 최초로 10,000미터 경기의 27분 기록을 깨는 엄청난 일을 해냈다. 그러나 회자되는 이야기에는 솔린스키가 당시 경기에서 경험했던 중요한 부분이 빠져 있다.

2010년 스탠포드 초청 10,000미터 경기가 열리던 날, 사람들의 시선은 모두(얼마 후 런던 올림픽에서 은메달을 딴) 갤런 럽에게 쏠려 있었다. 장거리 부문의 전설적인 선수에서 코치로 변신한 알베르토 살라자르의 제자인 갤런 럽이 출전한 만큼, 그날 경기는 당시 미국 신기록이었던 27분 13초를 깨기 위해 마련된 행사나 다름없었다. 럽의 후원사는 기록 갱신을 예견하고 배너와 광고판까지 미리 준비해두었다.

그에 비해 솔린스키는 어떤 선수였을까. 5,000미터 미국 대표 선수였던 솔린스키는 눈에 확 띄는 큰 키와 근육질 몸매와 더불어 벽이라도 부술 것처럼 돌진하는 강인한 정신력의 소유자로 알려져 있었다. 첫 출전이기도 해서(이날 솔린스키는 10,000미터 경기에 처음 나섰다) 그를 주목해야 할 이유는 전혀 없었다. 그러나 솔린스키의 컨디션은 아주 좋았고 자신감과 함께 호기심도 넘쳤다.

"갤런이 미국 신기록을 갈아치울 것이라는 이야기가 들리더군요. 그날은 제가 10,000미터 경기에 처음 나간 날이었죠. 과연 잘 해낼 수 있을지, 확신이 안 선 것도 사실입니다. 하지만 이전에도 갤런과 같은 경기에 출전해서 여러 번 함께 달렸고, (거리가 더 짧은 경기에서) 제가 이긴 적도 있었기 때문에 갤런만큼 나도 달릴 수 있을 거라고 생각했습니다. 경기 전 훈련도 굉장히 순탄하게 진행됐어요. 그래서 일생일대의 기회가 왔다는 생각이 들었죠."

경기 초반부터 솔린스키는 선수들의 달리기 속도를 조절해주는 페이서pacer 그룹을 바짝 쫓으며 선두 그룹에 속해 있었다. 솔린스키의 표현을 빌자면, 그때 그는 "푹 잠든" 것 같은 상태였다. 그동안 수만 마일을 달리고 훈련하면서 축적된 기량이 발휘되어 빛처럼 빠른 속도를 내면서도 자동 운전 장치를 켜놓은 것처럼 편안하게 몸을 내맡긴 기분이었다. 그는 스탠포드에 모인 관중과 방송으로 지켜보는 시청자들의 눈에 전혀 힘들지 않은 것처럼 보였지만, 절반 가까이 달렸을 때부터 옆구리에 통증이 느껴지기 시작했다. 주의가 흐트러지고 통증이 심해서 잠시 속도를 줄일 수밖에 없었다. 그러나 옆구리를 쿡쿡 찌르던 고통이 약해지자, 솔린스키는 자신이 생전 처음 경기에 깊이 몰두하고 있음을 깨달았다. 몰입 상태가 된 것이다.

솔린스키는 당시 상황을 이렇게 회상했다. "누가 갑자기 돌진할 때마다 얼른 반응할 수 있었어요. 간격이 생겨도 전부 따라잡을 수 있었죠. 갤런을 이길 수만 있다면 무엇이든 다 하겠다는 생각에 집중하다 보니 그렇게 되더군요. 다른 때였다면 겁이 나서 속도를 늦췄을 테지만 몰입 상태라 아무 생각이 없었어요."

솔린스키는 경기 종료까지 네 바퀴 남겨두고 우승을 예감했다. 갤런 럽을 포함한 네 명의 주자가 여전히 아무 이상 없이 앞에서 잘 달리고 있었다. 솔린스키의 두 다리는 아직 달려야 할 거리가 훨씬 더 많이 남은 것마냥 쉴 새 없이 움직였다. 압박 양말을 신은 두 다리로 나는 듯이 트랙을 한 바퀴 돈 솔린스키는 결승 지점을 딱 두 바퀴 남겨두고 미지막 질주를 시작했다. 럽의 미국 신기록 생신을 숙하하는 문구로 채워진 광고판들은 소용없어졌다. 그날 저녁은 오롯이 솔린스키의 것이었다.

마지막 바퀴를 알리는 종소리에 시계를 보니 26분 2초를 가리키고 있었다. 솔린스키가 미국 최고기록인 27분 13초를 깨뜨릴 것임을 확신할 수 있는 상황이었다.

이제 모든 결과는 오직 신만이 알 수 있었다. 사람들은 궁금해했다. 과연 그는 마지막 남은 한 바퀴에서도 질주하여 종전 기록을 깨는 동시에 비아프리카계 선수로는 최초로, 그토록 넘어서기 힘들었던 27분 기록을 깨고 결승선을 통과할 수 있을까?

반 바퀴가 남았을 때 솔린스키의 기록은 26분 32초였다. 머릿속으로 재빨리 계산을 해본 솔린스키는 자신이 역사를 새로 쓰기 직전임을 깨달았다. 남은 27초 동안 솔린스키는 온 힘을 다해 앞으로 나아갔다. 경기장 전체가 기대감으로 들끓었다. 아무 생각도 할 수 없었다. 결승선을 통과하는 순간까지 확신은 들지 않았다. 지난 몇 년간 국가 대표 자격을 코앞에서 놓치곤 했었기에, 자신이 신기록을 달성할 수 있을지 의문이 남아 있었다. 그럼에도 솔린스키는 생애 처음 도전한 종목에서 가장 빨리 달린 미국인이 되었다. "26분 59.60초"의 기록을 세운 것이다. 마지막 800미터를 1분 56초 만에 달렸다는 사실만으로도 놀라운 일이지만, 이런 속도가 무려 23바퀴를 달린 후에 나왔다는 건 엄청난 사건이었다. 오로지 목표에만 집중한 덕분에 얻은 결과였다.

"제가 몰입 상태였음을 보여주는 또 한 가지 증거는 나중에 신발을 벗고 옷을 갈아입을 때 비로소 발에 소프트볼만 한 물집이 잡힌 걸 발견했다는 겁니다. 그때까지 물집이 잡힌 줄도 몰랐어요."

어딜 가나 들릴 만큼 유명해진 솔린스키의 이름도 이제는 희미해졌다. 그는 2011년에 다리 힘줄 부상으로 수술을 받았지만 수 개월간 다리를 절었다. 다리는 완전히 회복하지 못했고, 결국 2016년에 은퇴했다. 지금은 버지니아주 윌리엄스버그에 위치한 윌리엄 앤 메리 대학교에서 장거리 선수팀 헤드 코치를 맡고 있다. 그러나 솔린스키가 10,000미터 경기에서 거둔 결과는 궁극적인 몰입의 순간을 잘 보여주는 빛나는 예로 남을 것이다. 훌륭한 선수가 자신의 위대함을 깨닫고, 한계를 다시 쓴 사례로 말이다.

핵심 요약

■ '몰입'이란 한 가지 일에 몰두하는 동안 몸과 마음이 연동하면서 나타나는
  최상의 경험이며, 절정 경험과 함께 나타나는 경우가 많다.

■ 심리학자 미하이 칙센트미하이 박사는 몰입 현상을 최초로 연구하고
  1970년대 중반에 '몰입'이라는 용어를 처음 제시했다.

■ 몰입은 가만히 쉴 때보다 어떤 활동에 완전히 몰두하여 해결하려고 노력할 때
  경험할 확률이 더 크다.

■ 몰입은 자기 목적적인 경험이다. 즉 몰입 경험 자체가 보상이 된다.

■ 몰입 상태가 되면 뇌 활성이 변한다. 여러 연구를 통해 몰입 상태에서는
  전전두피질과 편도체가 불활성화되어, 시간 개념과 자의식이 사라지고
  부정적인 감정이 약화되며 긍정적인 감정은 증대하는 것으로 밝혀졌다.

■ 러너스 하이와 몰입은 매우 비슷하지만 다른 현상이다.
  러너스 하이는 뇌의 화학적인 변화로 희열을 느끼게 되는 반면
  몰입은 뇌의 활성 변화로 현재 하고 있는 일에 더욱 집중하게 만든다.

■ 자기 목적적 성격의 소유자일수록 몰입을 경험할 가능성이 크고
  다른 사람보다 몰입을 더 수시로 경험한다.

■ 노력이 중요하다. 사람들은 몸을 많이 움직이지 않거나 수동적인 활동과
  정반대 활동을 하면서 시간을 보낼 때 더 큰 만족감을 느낀다.
  수동적인 삶은 장기적으로 좌절감과 불안을 유발한다.

2장
몰입의 아홉 가지 구성요소

몰입을 경험하는 것과 몰입을 이해하는 것은 별개의 문제다. 수많은 운동선수가 모든 조건이 딱 맞아떨어질 때 몰입을 경험하면서도 어쩌다 우연히 일어난 일로 생각한다. 몰입하면 통제력과 자신감이 쉽게 향상된다고 느끼므로 이를 추구하는 건 요행을 바라는 것과 같다고 여긴다. 최선을 다하지 않으면 제대로 노력하는 것이 아니라는 믿음 때문이다.

몰입의 역설적인 특징 중에서도 단연 최고는 몸과 마음의 잠재력이 거의 최대한 발휘되면서도 굉장히 즐겁다는 점이다. 이론적으로 최고의 성과는 최선을 다했을 때 따라야 한다. 몰입에서 나타나는 이 모순된 상황은 우리의 의식과 무의식 수준에서 이루어지는 복잡하고 연속적인 단계에서 비롯된다. 무조건 몰입할 수 있다고 보장할 수는 없지만 심리적·생리적 상태가 완전히 일체화되어 기능할 경우, 몰입이 가장 절실한 순간 실제로 몰입을 경험하게 될 확률이 가장 높아지는 이례적인 일이 벌어진다.

앞서 살펴본 셸비의 사례는 몰입의 가능성을 보여주는 증거이다. 스와인 카운티 고등학교는 중요한 대회가 예정된 주에 크로스컨트리 출전 선수들이 모두 한자리에 모여 저녁 식사를 함께하는 전통이 있다. 지역 예선전이 열리기 전에도 그러한 자리가 마련됐고, 그날 셸비를 비롯한 출전 선수들은 이 책의 공동 저자인 필립 래터로부터 몰입 경험에 관한 이야기를 생생히 전해 들었다(당시 필립은 팀의 헤드 코치였다). 그는 몰입을 구성하는 아홉 가지 요소도 함께 설명했다. 셸비의 표현을 빌자면 예선전 결과는 "큰 실망감"을 안겨주었지만, 필의 열띤 강의를 떠올리며 셸비는 조심스럽게 희망을 품었다.

"폐렴에 걸린 후에 벌어진 모든 일들을 생각하니, 주 대표 선발전에서 어쩌면 몰입이 아주 큰 도움이 될지도 모른다고 느꼈어요."

셸비는 달리기에 완전히 푹 빠져서 가장 강력한 몰입 상태가 될 수 있기를 기대했다. 1970년대에 몰입이라는 개념이 처음 구체화된 후 학계에서는 완전한 몰입 경험을 구성하는 아홉 가지 구성요소를 밝혀냈다. 지금도 이 아홉 가지 요소는 몰입이 절정에 이르렀을 때 나타나는 특성들로 여겨진다. 단, 최근 새롭게 정의된 개념에서는 몰입이 순차적으로 이루어진다는 점에 주목한다. 다시 말해 몰입은 명확한 목표, 해결 과제와 기술의 균형, 정확한 피드백이란 선행 단계가 갖춰져야 시작하며, 이 세 가지 선행 단계가 없으면 몰입의 나머지 여섯 가지 특징(다음 4.~9.까지의 처리 결과)은 나타나지 않는다.

다음 페이지의 표를 통해 각 요소 간의 관계를 좀 더 명확하게 이해할 수 있다.

[표 2.1] 현재 활용되는 몰입 모형

심리학의 다른 여러 개념과 마찬가지로 몰입에 관하여 잘 모른다고 해서 몰입하지 못하는 것도 아니고, 몰입을 잘 안다고 해서 적시에 무조건 몰입할 수 있는 것도 아니다. 이와 같은 한계에도 불구하고, 몰입에 관한 지식이 늘어나면 몸과 마음이 몰입을 경험할 수 있는 적정 상태로 만들 수 있는 가능성도 커진다.

몰입의 선행 단계

앞서 설명했듯이 몰입의 아홉 가지 구성요소는 무작위로 아무렇게나 나타나지 않는다. 거의 모든 경우 세 가지 **선행 단계**가 먼저 갖추어져야 **처리 결과**가 뒤따라온다. 오랜 훈련과 숙면, 적절한 수분 공급이 경기에서 좋은 결과를 얻을 수 있는 발판이 되는 것처럼 몰입을 경험하기 위해서는 명확한 목표와 성취 가능한 도전 과제, 그리고 정확한 피드백이 반드시 필요하다.

몰입을 경험하기 위한 준비는 사실 선행 단계보다 훨씬 전부터 시작된다. 이번 장의 내용을 읽고 어떤 마음의 준비를 해야 하는지 추정한다고 해서, 신체적인 준비가 미흡했던 것이 마법처럼 전부 해결되거나 개개인의 힘든 상황을 금방 극복할 수 있는 건 아니다. 달리기와 같은 운동을 완전히 숙달하려면 수년이 걸린다. 몰입 경험에서 가장 중요한 요건은 숙련되기까지 필요한 노력과 그 노력을 통해 얻고자 하는 것이 무엇인지 명확하게 아는 것이다.

명확한 목표　　　　　무엇을 성취하고 싶은지 아는 것은 몰입을 경험하기 위한 첫 번째 열쇠다. 달리기를 생각해보자. 때로는 달리기 자체를 즐기는 것 외에 다른 목표가 없는 경우도 있다. 달리기 자체에서 가치와 즐거움을 찾는 것이다. 이 경우 호흡과 심장이 뛰는 소리, 내딛는 발걸음의 리듬에 귀를 기울이는 것으로 엄청난 보상과 평화를 얻는다. 이와 달리 구체적인 목표를 세우고 그 목표가 달성되게끔 몸과 마음을 밀어붙이며 도전할 때도 있다. 그러한 운동과 경기는 자신의 한계를 시험하게 한다.

　첫 번째 경우도 충분히 즐거울 수 있지만, 두 번째 경우가 몰입으로 이어질 확률이 더 높다. 편안한 마음으로 뛰는 것과 몰입으로 이어지는 달리기의 중요한 차이는 목표의 유형이다. 첫 번째 경우는 추상적인 목표의 전형적인 예로, 달리기 그 자체를 위해 달리므로 목표가 덜 뚜렷하다. 몰입으로 이어지는 달리기는 사전에 생각해둔 거리를 특정 속도로 달린다는 구체적인 목표와 함께 시작된다. 구체적인 목표는 특성상 정량적이고, 따라서 성과를 보다 수월하게 측정할 수 있다. 목표를 달성하기 위해 노력하는 중이라는 사실을 스스로 알아채면 몰입의 다른 구성요소가 모두 뒤따를 수 있는 발판이 마련된다.

다시 셸비의 경험을 떠올려보자. 셸비는 수개월 전부터 챔피언십 대회에서 상위 10위권에 들었고, 가능하면 5,000미터를 20분 안팎으로 완주하고 싶다는 희망을 품었다. 이와 같은 장기적인 목표를 토대로 1년 동안 훈련 목표를 정해 건강이 악화된 후에도 지속했다. 경기 당일 아침에 호흡 곤란 증상이 나타나는 당혹스러운 일이 생기자, 셸비는 과연 이 목표가 아직도 실현 가능한지 의구심이 들었다.

셸비의 설명은 다음과 같다. "솔직히 그날 아침에는 제가 10위권에 들 수 있다고 생각하지 않았어요. 잘 뛸 수 있다는 자신감은 있었지만, 몸 상태를 고려하면 어디까지 기대할 수 있을지 알 수 없었거든요. 그날 경기를 위해 저는 훈련 기간이 끝난 후에도 꾸준히 개인 훈련을 해서 목표를 달성할 수 있을 거라는 생각은 들었지만, 과연 폐가 견뎌낼 수 있을지 확신할 수 없었어요."

이런 우려에도 불구하고 출발선에 발끝을 대고 준비할 때의 컨디션이 좋았다. 목표를 보수적으로 잡고 경기를 시작하자 몸도 당장 해결해야 할 과제를 모두 해내며 잘 따라왔다. 셸비는 기대치를 조금씩 높이기 시작했고 시즌 내내 생각했던 최종 목표까지 끌어올렸다. 이처럼 기준치를 계속 높여나가면서 마련한 도전 과제는 셸비가 몰입해서 달리고 주 대표로 선발될 정도로 훌륭한 기량을 발휘하기 위해 꼭 필요한 요소였다.

셸비의 이야기는 장기 목표와 단기 목표, 매 순간의 목표를 각각 어떻게 세우면 되는지 잘 보여준다. 장기적인 목표는 기나긴 여정에서 나아가야 할 방향을 제시한다. 몸 상태가 힘든 날과 좋은 날에 바꿔가며 선택할 수 있는 시즌 전체의 훈련 계획과 식단, 보충 훈련, 그리고 경기 당일 좋은 컨디션으로 출발선에 설 수 있는 몸 상태로 만드는 테이퍼링tapering 기간을 설정하는 것도 모두 그러한 방향에 포함된다. 훈련의 방향을 잡아줄 장기적인 비전이 없다면 부상을 당하거나 컨디션이 나빠질 확률이 크게 높아진다. 장기적인 목표는 수개월 또는 수년에 걸쳐 이루어지는 발전 과정에서 현실적으로 어떤 결과를 기대할 수 있는지 파악하는 데에도 도움을 준다. 5,000미터를 20분 만에 달리면서 한 시즌 만에 같은 거리를 16분대 기록으로 달린다는 목표를 세운다면 비현실적이지만, 5년 동안 열심히 훈련하면 실현 가능한 목표가 될 수도 있다. 장기적인 목표는 긴 시간 동안 꾸준히 훈련을 이어나가는 데 꼭 필요한 동기를 부여한다.

단기 목표는 일상 훈련에서 보다 손쉽게 제외하거나 추가할 수 있다. 동기부여에 관한 연구를 통해 인간은 한 단계 높은 목표가 계속해서 주어질 때, 꾸준히 노력할 가능성이 더 큰 것으로 나타났다 Dweck, 1986; Emmons, 1992. 보스턴 마라톤 대회 출전 자격을 얻는 것이 꿈인 사람은 훈련을 성공적으로 마칠 때마다 대회에 출전할 수 있게끔 열심히 훈련해야겠다는 의욕도 커질 것이다. 마음속에 구체적인 목표가 있으면 일주일 내내 훈련이 제대로 안 풀리더라도 장기 목표가 무산될 가능성이 크게 줄어든다.

매순간 목표가 무엇인지 떠올리면 달성할 수 있다는 확신도 생기고 의욕도 한층 더 강해진다. 이와 같은 순간순간의 목표는 가파른 언덕 위로 달려가면서 호흡을 조절하는 것 등의 중요한 단기 목표나 보스턴 마라톤 대회 출전 자격을 얻기 위해 3시간 10분대 기록을 만드는 것 등의 장기 목표를 달성하기 위한 노력을 즉각적으로 강화하는 효과를 발휘한다. 이번 장 뒷부분에서 다시 설명하겠지만, 몰입은 집중 범위를 좁혀 지금 하고 있는 일에 거의 모든 정신이 쏠리도록 한다. 목표를 최우선으로 계속 상기함으로써 목표를 이룰 수 있는 확률을 높이는 것이다. 동시에 상황에 따라, 즉 현재 자신의 기량이 넘치거나 부족할 때 또는 해결해야 할 과제가 예상보다 어렵거나 쉬울 때, 그에 맞게 목표를 조정할 수 있게 되면 그날그날의 상황에 맞춰 자신의 잠재력을 최대치로 발휘할 수 있다.

어떤 유형이든 모든 목표에는 반드시 그에 맞는 활동이 있어야 한다. 몰입을 경험하기 위한 목표를 수립하면 실망스러운 결과에도 대비할 수 있다. 이와 같은 목표 수립을 통해 어떠한 결과에도 실망하지 않게 된다는 연구 결과도 있다Csikszentmihalyi, 1990. 셸비가 주대표 선발전에서 몰입을 경험했으면 좋겠다고 바란 것은 사실이나 세부적인 목표는 경기 내용에 관한 것이었다. 몰입은 더 이상 나빠질 수 없는 상황에서 부차적으로 따라온 결과였을 뿐 우연히 찾아온 것이 아니었다.

해결 과제와 기술의 균형

자신이 가진 기술과 당장 해결해야 하는 과제 사이에서 적절한 균형을 찾는 것은 가장 중요한 선행 단계다. 스스로 목표를 수립해본 경험이 많을수록 이 균형도 수월하게 찾을 수 있으니 참 다행스러운 일이다. 마이크 박사는 연구 초기에 해결 과제와 기술의 균형에 주목하고 시각적인 모형으로 표현했다[표 2.2]. 해당 모형에는 자신이 인지하는 기술 수준과 지금 해결해야 하는 과제에 따라 얼마나 다양한 결과가 나타날 수 있는지 나와 있다.

몰입을 경험하기 위해서는 노력을 해야만 달성할 수 있는 해결 과제를 찾아야 한다. [표 2.2]에서 기술과 해결 과제의 난이도가 모두 높은 쪽의 사분면이 이에 해당한다. 이 두 가지의 균형은 각자의 기술 수준에 따라 상대적으로 결정된다. 올림픽 선수가 세운 까다로운 도전 과제는 취미 삼아 운동하는 사람에게는 잔뜩 겁을 집어먹을 만한 수준이고, 운동을 생전 처음 시작한 사람에게는 취미로 달리는 사람의 목표도 엄청나게 높다고 느껴질 수 있다.

한 사람의 몸과 마음도 결코 늘 같은 상태로 머물러 있지 않다. 오늘 꽤 괜찮은 도전이었던 일도 한 주가 지나면 기분이나 건강 상태, 신체 단련의 수준에 따라 부담스럽거나 시시하게 느껴질 수 있다. 스스로 인지하는 기술 수준이 급변하는 경우도 흔해서 달리는 도중에 유난히 컨디션이 좋거나 나쁜 것처럼 느낄 수 있다. 그러므로 현재 자신의 기술 수준과 해결 과제에 대한 인식은 끊임없이 바뀐다.

셸비의 이야기를 들어보자. "출발선에 섰을 때 제 머릿속에는 10위권에 진입해야 한다는 뚜렷한 목표가 있었어요. 하지만 무슨 일이 벌어질지는 알 수 없었죠. 경기가 진행되고 컨디션이 계속 괜찮다는 생각이 들자 계속해서 목표를 바꿔나갔어요. '아실린(다른 학교의 라이벌 선수)을 따라잡자', '10위권에 들어보자', '엠마를 따라잡아야 해' 같은 목표였죠. 이런 목표를 계속 떠올리니 경기를 이어나

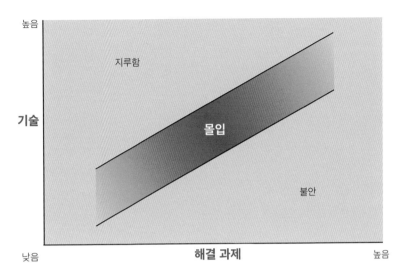

[표 2.2] 해결 과제와 기술의 균형에 따른 결과

가는 것 외에 다른 생각을 할 틈이 거의 없었습니다. 제가 편안하다고 느끼는 속도로 시작해서 눈앞에 보이는 선수들을 하나하나 따라 잡았어요."

성과와 불안에 관한 역U가설에 따르면, 일반적으로 인간은 성공해야 한다는 압박이 강해질수록 성과가 개선되지만 이와 같은 양상은 일정 지점까지만 나타난다Yerkes & Dodson, 1908. 해결 과제가 그 지점을 넘어 과도해지면 불안을 느끼고 성과는 악화된다. 마찬가지로 성공해야 한다는 압박이 너무 약하면 지루함을 느끼거나 흥미를 잃기도 한다[표 2.3]. **인간의 의욕에 관한 자극 이론**에서 자극(해결 과제)은 필수 요건이자 선천적 욕구이며, 주변 환경으로부터 충분한 자극

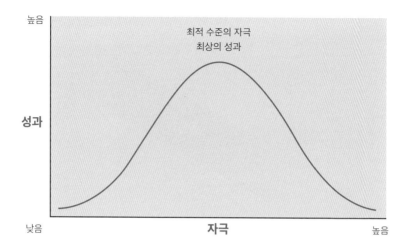

[표 2.3] 성과와 불안에 관한 역U가설

이 주어지지 않으면 지루함과 불안뿐만 아니라 혼란을 느낄 수 있다고 설명한다. 그러므로 달리기를 할 때는 현재 자신의 기량을 토대로 해결 과제의 난이도와 그 목표를 이룰 수 있는 가능성이 얼마나 되는지 반드시 고려해야 한다. 목표가 너무 높으면 불안감이 더 커지고 목표가 너무 낮으면 지루해지는 동시에 달리기를 계속하려는 욕구도 시들해진다.

그렇다고 달릴 때마다 자신의 한계에 도전할 필요는 없다. 목표를 현재 기량보다 조금 낮게 잡거나 조금 높게 잡아야 하는 논리적인 이유도 여러 가지가 밝혀졌다. 에너지 소모가 많은 주간에 힘든 인터벌 트레이닝을 실시하면 훈련 측면에서는 강한 자극이 될 수 있지만, 다리가 녹초가 될 만큼 힘든 운동이 몰입 경험으로 이어질 가능성은 낮다. 고된 훈련을 한 다음 날에는 컨디션 회복을 위해 달리기 강도도 몸이 평형 상태가 되도록 편안함을 느끼는 수준에 머무를 가능성이 크고, 이 역시 몰입으로 이어질 확률이 낮다. 그럼에도 장기적인 목표 달성이란 관점에서는 모두 중요한 기능을 한다.

이러한 규칙에도 예외는 있다. 최근 연구에 따르면 해결 과제의 수준을 넘어서는 역량을 갖춘 사람은 편안하게 그 일에 임할 수 있고 몰입할 수 있다. 능숙해지면 도전 강도가 약해 해이해지더라도 몰입이 촉발될 수 있다는 의미다. 매우 중요하다고 인식한 일을 할 때도 비슷한 효과가 발생한다. 예를 들어 엘리트 고교 육상 선수가 부담 없이 일반인 대상의 크로스컨트리 대회에 출전해 자신이 팀 전체를 이끌어야 팀이 우승할 수 있다는 생각을 하면 몰입을 경험할 수 있다.

심미적인 요소도 몰입 경험에 영향을 줄 수 있다. 몰입을 촉진하는 고강도 달리기보다 멋진 풍경이 펼쳐진 산길을 가벼운 마음으로 달리는 것은 분명 강도가 약하다. 그러나 눈앞에 펼쳐진 아름다운 자연에서 큰 만족을 느끼면, 어떤 사람은 이를 통해 몰입에 진입할 수 있다. 지금 하는 활동에 중요성을 많이 부여할수록, 즉 더 중요한 가치를 우선시할수록 난이도가 높지 않아도 몰입을 경험할 가능성은 커진다.

목표를 세우고 해결 과제와 마주하면 **자기 효능감**self-efficacy, 즉 직접 세운 목표를 이루는 데 필요한 요건을 스스로 갖추었다는 믿음이 생긴다. 자기 효능감이 높을수록 편안한 마음으로 실패할 위험에 맞서 더욱 까다로운 목표를 세울 수 있다. 이와 같은 점에서 달리기는 몰입의 순간으로 이끌 가능성이 높은 동시에 개인의 만족감도 더욱 높여주는 활동인 셈이다.

정확한 피드백

도전해서 달성해야 할 목표를 세웠다면 다음 단계는 실시간으로 주어지는 피드백을 살펴보는 것이다. 셸비가 경기에서 거둔 멋진 결과의 상당 부분은 내적, 외적으로 발생한 긍정적인 피드백을 찾고 거기에 반응한 것에서 비롯한다.

셸비는 이렇게 설명했다. "경기를 하는 동안 코치들이 제게 열화와 같은 성원을 보냈어요. 제가 예상과 달리 훌륭한 경기를 펼쳤는데, 그날의 상태로는 불가능한 일이었으니까요. 수많은 팬과 다른 학교 코치, 관중 가운데 그 누구도 제가 그런 성적을 거두리라곤 예상하지 못했고, 그래서인지 힘이 되는 말들을 건네주었어요. 그런 응원 하나하나가 제 몸에 놀라울 정도로 영향력을 행사해 계속 노력할 수 있었습니다."

어떤 활동을 시작할 때 세운 목표는 그 활동이 진행되는 동안 조정해야 하는 경우가 많다. 달리기에 숙련된 사람은 주의를 기울이고 조정해나가는 법을 배우게 된다. 컨디션이 좋아지고 호흡도 안정적으로 자리를 잡자 셸비도 바로 이 방법을 터득했다. 속도를 조절하고, 새로운 목표를 떠올리면서 다른 주자들을 따라잡은 것이다. 운동선수들은 자신의 운동감각을 인지하는 능력이 서서히 축적되어 시간이 갈수록 몸 상태를 더욱 예민하게 파악한다. 달리기 선수의 경우 특정 근육의 수축과 호흡 패턴, 심박 수, 발의 착지 방식, 보폭, 보속(분당 걸음 수) 등을 세세하게 인지한다. 몸 상태에 귀 기울이는 법을 알면 좀 더 수월하게 달리고, 목표를 달성하는 데 도움이 되는 요소와 그렇지 않은 요소를 구분할 수 있다.

달리는 도중에 자신의 몸에서 얻은 정보를 토대로 속도와 거리, 혹은 이 두 가지를 모두 조절해야 한다는 판단이 설 수 있다. 주 대표 선발전에 출전한 셸비의 경우 몸 상태가 괜찮다는 판단에 따라 목표를 바꾸었고 그 결과 성과도 바뀌었다. 도전 과제의 수준을 높이자, 몸의 반응도 긍정적으로 따라오고 좋은 성과를 이루면서 몰입도 경험했다. 경우에 따라 몸에서 긍정적인 반응을 보이지 않을 때도 있다. 그럴 때는 몸의 정보를 따라야 부상을 막을 수 있으므로 몸이 전하는 메시지에 귀를 기울여야 한다. 즉 목표를 낮추고 현 상태에 적합한 해결 과제와 기술의 균형을 찾아야 한다.

내면의 신호만이 성과를 모니터링하는 유일한 정보는 아니다. 경쟁자가 있는 상황이라면 주변 환경과 더불어 함께 뛰는 선수, 코치, 관중 들에도 시선을 돌릴 필요가 있다. 현재까지 달린 거리부터 날씨까지 모든 정보가 전략에 영향을 줄 수 있다.

함께 달리는 사람들도 피드백을 제공한다. 경쟁 선수와의 격차를 통해 현재 속도가 충분치 않다는 사실을 확인할 수 있고, 다른 팀이나 같은 팀의 특정 선수보다 먼저 결승선에 들어서는 것이 목표인 경우 그 선수가 시야에 들어오면 더 속도를 내야 한다고 판단할 수 있다. 또한 코치를 통해 미처 인지하지 못한 장애물이 곧 다가온다는 사실을 전해 들으면 좀 더 편안한 마음으로 대비할 수 있다. 관중도 유익한 피드백을 제공한다. 응원 소리가 높아지면 중요한 단계에 진입했음을 알 수 있어, 더욱 집중해 반응을 살피게 된다.

다른 선수들과 경쟁하지 않고 혼자 달리는 사람은 내적인 데이터가 중요한 기능을 한다. 현재까지 달린 거리 정보는 주변 풍경 외에도 기술을 활용하여 얻을 수 있다. 심장 박동을 모니터링하는 장치나 GPS 장비, 체력 관리를 돕는 시계처럼 세부 정보를 제공하고 자신의 발전 수준을 파악하는 데 도움이 되는 기기를 활용하는 방법도 있다. 현대에 등장한 이 놀라운 장치들은 현재 속도나 심박 수가 목표 달성에 필요한 수준보다 너무 높은지 아니면 너무 낮은지 알려준다. 이렇게 수집된 정보를 분석해서 필요하면 속도를 바꾸거나 호흡을 조절할 수 있다. 피드백에 따라 조절하고 몸이 긍정적으로 반응하면 몰입을 경험할 확률도 높아진다.

내적인 피드백과 외부에서 주어지는 피드백을 듣고 따르는 것도 연습이 필요하다. 이 능동적인 과정이 제대로 이루어져야 몰입이 실현될 가능성도 더 높아진다. 몸과 주변 환경이 전해주는 메시지에 더욱 집중해 주의를 기울일수록 해당 정보를 해석해서 기량을 조정하는 토대로 잘 활용할 수 있다.

몰입의 세 가지 선행 단계를 종합해보면 자신의 기술과 잠재력을 현실적으로 파악하는 것이 얼마나 중요한지 알 수 있다. 도전 과제의 난도를 높일 수 있을 때 몰입은 더욱 가까워진다. 목표가 비현실적이거나 애매모호할 때, 도전 과제가 감당하기에 벅찬 수준이거나 너무 시시할 때, 달릴 때마다 피드백이 달라지는 경우에는 몰입 가능성이 작아진다.

몰입의 처리 결과

　　몰입의 선행 단계가 모두 갖추어지면 몸과 마음이 잠재력을 최대한 발휘할 수 있는 기회가 열린다. 지금 하고 있는 일에 마음이 집중되고 몸이 곧 다가올 힘든 일들을 이겨낼 준비를 마치면 그밖에 다른 왁자지껄한 생각과 걱정은 사라진다. 이겨내야 할 일이 점점 어려워져도 마음은 매순간만을 인지하고 집중하면서 평온함을 잃지 않는다. 이와 같이 집중할 때 마음은 몰입 상태로 바뀐다.

　　다른 형태의 심리적 변화를 몰입과 혼동하면 안 된다. 몰입은 현실 도피에서 나온 결과가 아니며, 몰입과 유사한 효과를 얻으려고 환각을 유발하는 약물을 이용하는 사람들이 부작용으로 경험하는 여러 가지 현상과도 차이가 있다. 몰입을 하면 통제력이 생기고, 집중력이 크게 높아진다. 알코올이나 약물, 또는 의식에 변화를 가져오는 그밖의 다른 수단은 전부 이와 정반대의 결과를 초래한다.

　　그렇다고 해서 몰입 경험이 주는 즐거움이 화학적으로 유도된 즐거움보다 약한 것은 아니다. 처리 결과에 따른 몰입의 여섯 가지 특성은 하나하나가 큰 즐거움을 안겨준다. 바로 이 즐거움이 다른 형태의 절정 경험에서 나타나지 않는 특징이다. 큰 힘을 들이지 않고도 아주 빠른 속도로 달릴 수 있을 뿐만 아니라, 발이 땅에 닿을 때마다, 심장이 쿵쿵 울릴 때마다 매순간을 즐기게 된다. 그와 같은 순간에 머물러 있을 때 몰입은 지속된다. 먼저 주의집중이 몰입에 어떤 역할을 하는지부터 알아보자.

주의집중

현대 사회에서 집중력을 유지하기란 쉽지 않다. 텔레비전을 보면서 몇 분만 쉬어야지, 하고 잠깐 앉았다가 300개가 넘는 채널에서 쏟아지는 각종 프로그램이나 원할 때 바로 볼 수 있는 콘텐츠에 푹 빠져 헤어나오지 못한 적이 얼마나 많은가? 가족과 대화를 나눠보려고 하다가 휴대전화에서 울리는 문자 메시지나 알람 소리에 이야기가 끊어진 경우는 또 얼마나 많은가? 다들 일을 할 때는 집에 가고 싶다고 생각하고, 집에 있으면 일 생각을 하느라 현재 흘러가는 순간을 오롯이 느끼지 못한다. 즉각적인 만족과 언제 어디에서나 즐길 수 있는 기술이 넘치는 문화일수록 현재를 온전하게 즐기지 못하는 현상이 흔하게 나타난다.

한 가지 일에 완전히 집중하고자 할 때도 우리의 뇌가 한정된 시간에 처리할 수 있는 일의 범위에는 한계가 있다. 중추신경계는 정보를 쉴 새 없이 여과하는데, 이 기능이 없다면 우리는 끝없이 쏟아지는 감각 정보에 마비되고 말 것이다. 다행스럽게도 우리의 뇌는 정보의 우선순위를 매기는 능력이 상당히 뛰어나다. 차를 운전할 때 인도를 지나는 모든 사람이 안전하게 잘 가고 있는지는 알 수 없지만 갑자기 뛰어든 어린아이를 발견하면 곧장 브레이크를 밟는 것도 이런 기능 덕분이다.

집중하면 생각과 의식에 능동적으로 참여하게 된다. 길가에 뛰어든 아이를 피하는 것, 등산로 한가운데 튀어나온 나무뿌리를 조심해서 밟고 지나가는 것, 경기 막판에 바짝 따라온 경쟁 선수를 알아채는 것 모두 집중할 때 할 수 있는 일들이다. 집중은 능동적인 과정이며, 마음챙김 명상이나 요가와 같은 기법을 활용하고 충분히 시간을 들이면 향상시킬 수 있다(〈마음챙김 명상, 집중의 힘〉 칼럼 참조).

몰입하면 집중력이 최대치에 다다른다. 마음이 수백만 갈래로 흩어지지 않고 눈앞에 놓인 일에 완전히 쏠린다. 달리기를 하면서 이 같은 순간이 찾아오면 내면에서 전해지는 피드백과 함께 경쟁 선수, 관중, 현재 자신의 순위, 시계가 가리키는 시각 등 외부의 피드백도 전부 인지하게 된다. 경기가 최우선 과제로 자리를 잡으면 업무나 가족, 인간관계, 저녁 메뉴와 같은 불필요한 생각은 싹 사라진다.

몰입을 하면 모든 정신이 경기에만 집중되며, 몰입 경험이 끝난 뒤에도 계속해서 경기에 집중할 수 있게 된다. 이처럼 주의를 기울이는 대상이 좁혀지면 "제발 경기가 빨리 끝났으면 좋겠어" 따위의 부정적인 혼잣말과 '다리가 너무 무거워. 내가 이 속도로 더 달릴 수 있을지 모르겠어' 등의 의구심이 사그라진다. 덕분에 낭비될 뻔했던 정신 에너지를 아껴서 경기 중에 일어나는 일들에 활용할 수 있다.

몰입하면 집중력이 높아지면서 한 가지 특이한 현상이 나타난다. 하던 일이 수월하게 느껴지는 것이다. 아르네 디트리히와 올리버 스톨은 저서 《집중하면 수월해진다 Effortless Attention》에서 다음과 같이 밝혔다.

"집중력과 행동에 관한 여러 이론은 과제 해결에 필요한 요건이 많을수록 더 큰 노력이 필요하다고 가정한다. 즉 뇌의 열량 소비와 같은 객관적인 노력과 함께 당사자가 느끼는 정신적인 노력과 주관적인 노력도 더 많이 필요하다고 본다. 그러나 몰입하면 이와 반대 현상이 나타난다.

몰입하면 스스로 인지하는 정신적인 노력이 감소하며, 때로는 아예 힘이 들지 않는 수준에 이르러 최고의 성과를 거두고도 그것이 자동으로 이루어진 것처럼 느껴진다."

이처럼 수월하게 느껴지는 이유 중 하나는 반복이다Dietrich & Stoll, 2010. 달리기와 같은 기술은 많이 연습할수록 반복해서 실시하는 데 소요되는 정신 에너지가 줄어든다. 어린아이들이 글쓰기를 어떻게 배우는지 생각해보라. 선을 하나 그을 때, 글자 하나를 꼬불꼬불 쓸 때에도 온 신경을 집중해야 한다. 네 살짜리가 "ABC" 세 글자를 쓰려면 조금 전에 여러분이 읽은 위의 한 단락을 종이에 전부 옮겨 쓰는 정도의 시간이 걸린다. 그러나 어떤 행위가 충분히 익숙해지면 뇌가 자동적으로 그 일을 할 수 있게 되면서 중추신경계의 특정 부분이 개입해 통제해야 하는 부분도 줄어든다. **명시적 기억**explicit memory이 아닌 **암묵적 기억**implicit memory이 행위를 주관하는 지점에 이르는 것이다(이 변화에 관해서는 3장에서 자세히 설명할 예정이다).

셸비의 경우도 이처럼 숙달된 지점에 이른 것이 주 대표 선발전에서 유리한 요소로 작용했다. 내딛는 발걸음과 호흡에 일일이 신경 쓰지 않고 뛰고 있는 경기 자체에 모든 신경이 집중된 것이다. "기분이 굉장히 좋았던 것만 기억나요. 앞서 달리는 사람들과 계속 거리를 좁혀 나갔어요. 따라잡아야겠다는 생각이 들었고 따라잡고 나면 다시 다음 사람과 가까워졌죠. 첫 1.6킬로미터를 달린 후에는 엠마가 떠올랐어요. 엠마보다 앞서 달리고 싶었습니다. 날씨가 워낙 별로라 시간이 얼마나 흘렀는지는 아예 생각하지도 않았어요. 게다가 다들 조금씩 처진 상태였고요. 그러다 다시 1.6킬로미터를 다 뛸 때쯤, 21분 기록을 쉽게 깰 수 있겠구나 싶었어요."(그전까지 셸비의 5킬로미터 개인 최고기록은 20분 49초였다.) 더 중요한 곳에 편안하게 집중할 수 있게 되자 셸비는 진흙탕 길에서 20분 41초라는 개인 신기록을 달성했다.

큰 힘을 들이지 않고도 집중할 수 있게 되면, 순위를 다투지 않는 환경일지라도 몰입하는 데 강력한 효과를 발휘한다. 등산로를 따라 달릴 때는 바닥에 닿는 걸음이나 아름다운 풍경에 정신을 집중하고, 평지를 달릴 때는 달리는 리듬과 호흡 패턴에 몰두한다. 여가 활동으로 달리는 만큼 부담감이 크지 않지만, 일단 몰입하면 경쟁 환경에서와 마찬가지로 집중력이 높아지고 집중 범위가 좁아진다. 어떠한 경우에도 자기 자신이라는 경쟁자가 최소 한 명은 존재하기 때문이다. 자신을 상대로 경쟁하는 것은 다른 사람들과 경쟁하는 것 못지않게 몰입을 유도하는 힘이 강력하다.

행동과 인식의 융합　　　　몰입하여 지금 하고 있는 일에 모든 정신을 집중하면 행동과 완전히 하나가 된 기분이 든다. 이와 같은 독특한 상태에서는 생각과 행동의 경계가 사라지므로 모든 것이 자동으로 일어나는 것처럼 느껴진다. 몸과 행동이 따로 논다고 느낄 때 사람들이 자주 이야기하는 현상을 떠올려보면, 그와 정반대의 양상이 나타난다는 것을 알 수 있다. 오늘따라 다리가 전혀 말을 듣지 않았다고, 힘든 달리기를 마친 사람의 말처럼 흡사 다리가 따로 분리된 별개의 존재처럼 여겨질 때도 있다.

반대로 본능대로 움직였다는 농구 선수나 배트 또는 글러브가 팔의 일부처럼 쭉 뻗어나갔다는 야구 선수는 몰입을 경험했음을 알 수 있다. 달리기에서는 이처럼 행동과 인식이 융합되는 현상이 몸이 가볍고 움직임이 수월했다고 표현될 때가 가장 많다. 속도를 높여야 한다는 생각이 들어서 그대로 실행에 옮기는 과정이 사라지고, 그저 자연스럽게 모든 행위가 이루어진다. 무언가를 해야겠다는 생각이 머릿속에 번뜩 떠오르자마자 곧바로 행동으로 옮겨지는 것과 같다.

셸비는 이렇게 전했다. "태어나서 그때처럼 아무 힘도 들이지 않고 달린 적이 없었어요. 사람들을 따라잡고 10위권에 들어야 한다고 생각한 건 사실이지만, 그러려고 애쓰지 않았는데 제 몸이 그냥 알아서 그렇게 한 것처럼 느껴졌어요."

영어에서 '흐르나, 흐름'이라는 뜻의 'flow'라는 단어가 '몰입'이라는 뜻으로도 사용되는 이유 중 하나는, 몰입 현상에 관한 초창기 연구에서 사람들이 자신의 경험을 바로 이 단어로 묘사하는 경우가 많았기 때문이다. 셸비 역시 애쓰지 않았는데 모든 것이 그저 '흘러갔다'고 설명했다. 달리기 선수뿐만 아니라 작가나 화가, 암벽등반가 들도 몰입 현상을 설명하면서 같은 표현을 종종 사용한다.

몰입하면 힘들지 않다고 느끼지만 이는 일종의 착각이다. 에너지가 전혀 들지 않는 것처럼 느껴지더라도 실제로 달리기를 하는 사람은 목표를 달성하고 몰입 상태를 그대로 유지하기 위해 정신적으로나 육체적으로 집중해야 하며, 그러려면 상당한 에너지가 소요된다. 따라서 몸과 마음이 지금 하고 있는 일에 온전히 쏠려 있을 때는 스멀스멀 기어 올라와 에너지를 소모시키는 잡다한 생각들이 흐려진다. '지금 너무 빨리 달리는 건 아닐까?', '속도를 좀 늦추고 나중을 대비해서 힘을 아껴야 할까? 그러기엔 좀 이른가?' 등의 생각이 영향을 끼치지 못하므로 달리는 행위 자체만 남는다.

이와 같은 현상이 어떻게 일어나는가에 대해서는 아직 논쟁이 계속되고 있다. 디트리히와 스톨이 밝힌 것처럼 특정한 기술에 숙달되면 암묵적 기억을 통해 기술을 활용할 수 있게 된다Dietrich & Stoll, 2009. 암묵적 기억이 행위를 주관하면 생각을 덜 하면서도 더 나은 성과를 얻게 되므로 마치 힘이 들지 않는 것처럼 느껴진다. 이와 더불어, 몰입 현상에서 나타나는 여러 가지 특징은 전전두피질의 활성도가 점진적으로 약화하는 것과 관련된 경우가 많은 것으로 보인다. 뇌의 기준에서 인체를 움직이게 만드는 것은 굉장히 힘든 일이며, 이는 암묵적 기억이 동원되더라도 마찬가지다. 따라서 몸을 움직여야 할 때, 뇌에서는 필요한 에너지를 모으기 위해 여러 영역의 활성이 감소하는 변화가 일어난다. 집중할 대상을 바꾸거나 큰 경기를 앞두고 정신적인 준비를 하는 것처럼 달리면서 몸을 리드미컬하게 움직이면 뇌가 이 같은 에너지 전환을 유도할 가능성도 있다. 어느 쪽이든 에너지 전환이 이루어지면 의식 상태가 바뀌고, 자신이 처한 상황을 미리 판단할 수 있는 귀중한 여유 공간이 생긴다.

통제력　　　　　　　몰입의 여섯 번째 구성요소를 살펴보기에 앞서 지금까지 몰입에 얼마나 다가왔는지 되짚어보자. 마음속에 명확한 목표를 떠올리고, 현재 자신의 능력이 과제를 능숙하게 해결할 수 있다는 믿음이 있고, 주어지는 피드백 하나하나가 그 믿음이 옳았음을 뒷받침한다. 집중력은 레이저처럼 발산되고, 해야 할 일에 완전히 몰입하고 있으면서도 정신적으로 소진되는 느낌은 전혀 없다. 마침내 생각이 떠올라 행동으로 이어지는 과정 자체가 느껴지지 않을 만큼 몸과 마음이 함께 움직인다.

이와 같은 요건이 모두 갖추어졌다면 통제력이 크게 향상되는 것은 당연한 결과가 아닐까? 일반적으로 아주 낙관적인 편에 속하는 사람도 자신이 마음대로 통제할 수 있는 일은 별로 없다고 이야기한다. 달리기를 생각해보라. 날씨도 마음대로 조절할 수 없고, 경쟁자들의 행동이나 달리는 리듬에 방해가 되는 교통의 흐름은 물론이고 학교에 다니는 아이들이 옮아올 수도 있는 바이러스, 달리러 나가기 직전까지 발목을 잡는 일감, 퇴근 시간이 지나고도 한참을 야근해야 하는 상황 등도 마음대로 할 수 없다. 주위 사람의 생사나 대인 관계, 세금 문제까지 떠올리면 살아가는 것 자체가 경이로울 지경이다.

몰입하면 직접 통제할 수 있는 일, 즉 자기 자신과 지금 하고 있는 행위에만 중점을 두게 되므로 이와 같은 한계가 사라진다. 모든 피드백은 긍정적인 방향으로 향하고 자신의 운명은 원래 스스로 결정하는 것임에도 불구하고 갑자기 아주 중대한 권한을 부여받은 기분이 든다.

셸비의 이야기다. "그때 느낀 통제력을 어떻게 설명해야 할지 모르겠어요. 그냥 제 몸이 느끼는 컨디션이 아주 좋았다는 것만 알아요. 계속 더 빨리 달릴 수 있고, 그 어떤 것도 저를 막지 못할 것처럼 느껴졌죠. 폐나 다리에서도 통증이 전혀 느껴지지 않았어요. 달리는 내내 가뿐한 기분이었어요. 주어진 경로를 따라 정확하게 달리면서 그저 앞으로 나아갔죠."

셸비가 그날 자신이 어디까지 해낼 수 있는지 판단할 때 현실적인 시각을 잃지 않았다는 점을 기억해야 한다. 같이 뛰었던 선수들 중에 몇몇은 유전적으로나 그동안 해온 훈련적 측면에서 훨씬 뛰어났다. 그럼에도 셸비는 본질적인 능력은 다 똑같다고 생각했다. 그러자 이길 수 있다는 믿음이 피어났다. 수 잭슨 박사가 저서 《몰입과 스포츠Flow in Sports》에서 지적한 것처럼, 바로 이런 믿음이 가장 중요하다.

잭슨 박사는 다음과 같이 설명한다. "실제로 통제력을 갖는 것보다 더 중요한 것은 열심히 노력하면 통제력이 '생긴다'는 사실을 아는 것이다. 자신의 기량을 믿으면 해야 할 일이 할 수 있는 일이 된다. 이것은 힘과 자신감, 평온함으로 이어진다."

마지막 언덕 코스에서 속도를 높여 4위까지 올라서는 동안 셸비의 마음속에는 어떠한 의구심도 없었고 분명히 좋은 결과가 나올 것이라는 완전하고 확고한 믿음이 자리했다. 그러나 통제력은 얼마든지 과해질 수 있다. 자신의 통제력을 과신하면 오만과 허세로 이어지고, 이는 몰입 상태가 깨지는 원인이 된다. 자신감을 갖되 겸손해야 한다.

이와 함께 잭슨 박사는 해결해야 할 과제가 갑자기 까다로워지거나 기량이 예상만큼 높지 않다는 사실을 깨달았을 때도 통제력을 상실할 수 있다고 경고한다. 이런 갑작스러운 깨달음은 오만함만큼 급속도로 몰입을 깨뜨린다. 이 경우 다시 리듬감을 되찾는 열쇠는 목표와 기대치를 상황에 맞게 현실적인 수준으로 조정하는 것이다. 이 경고를 기억하면, 통제력은 주변 환경이 아닌 여러분 자신의 노력, 잠재력에서 전적으로 비롯된다는 사실을 알 수 있다.

자의식의 상실　　　　行동과 앞으로 벌어질 일에 관한 통제력이 그 어느 때보다 강해졌다고 느끼는 순간 자의식이 사라지는 것이 역설적인 일처럼 느껴지지만, 몰입하면 실제로 가능한 일이다. 눈앞에 놓인 일에 확고하게 집중하면 스스로에 관한 회의적인 생각을 떠올리거나 지금 자신이 얻은 결과를 남들이 어떻게 생각할까 걱정할 만한 정신적인 에너지가 없다. 자아가 가장 유익한 목적을 위해 잠잠해지는 것이다.

　자신에게 가장 날선 비판을 쏟아내는 사람이 자기 자신인 경우가 너무 많다. 디트리히와 스톨은 완벽주의를 "조금이라도 완벽하지 않은 것은 받아들이지 못하는 성향"이라고 정의한다Dietrich & Stoll, 2010. 완벽주의는 달리기와 같은 특정한 기술을 배우고 발전시킬 때 큰 도움이 된다. 하나부터 열까지 모두 신경 써서 잠재력을 최대한 발휘함으로써 가장 사소한 부분까지 완전하게 익히겠다는 자세는 스포츠에서 신속한 기량 향상으로 이어지기 때문이다.

　그러나 안타깝게도 완벽주의에는 막대한 대가가 따른다. 완벽주의자는 항상 능수능란하게 해내야 한다는 생각 때문에 자신의 행위나 행동을 과도하게 엄격한 눈으로 바라본다. 심하게 비판적인 생각 때문에 괴로워하고, 실패할지도 모른다는 두려움에 정신이 산만해지고, 자신이 이룩한 훌륭한 결과에 주목하기보다 남들이 이룬 큰 성과에 집중한다. 이런 상태에서는 자의식을 내려놓거나 차분해지기가 어렵다. 따라서 3장에서 **긍정적인 노력형 완벽주의**positive-striving perfectionism와 **자기 비판형 완벽주의**self-critical perfectionism에 관해 더 자세히 살펴보기로 하겠다.

사람들의 정체성은 많은 부분 다른 사람들의 시선에 좌우된다. 찰스 호튼 쿨리는 100년도 전에 이를 "거울 자아"로 명명했다Charles Horton Cooley, 1902. 보다 최근에 실시된 사회심리학 연구에서는 다양한 사회 집단이 수행하는 역할과 사람들이 각 집단에서 얻는 자극과 의견에 주목한다. 이와 같은 연구를 통해 명확히 밝혀진 사실은 사람들이 스스로 인식하는 자아가 주변 사람들이 보는 눈과 매우 밀접하게 연관되어 있다는 점이다.

이와 같은 자의식은 본능적인 반응을 저지할 수 있다는 점에서 성과에 악영향을 줄 수 있다. 다른 사람이 자신의 행동과 결과를 어떻게 생각할지 걱정하느라 시간을 보내면 자신의 행위를 인식하는 연결고리가 끊어진다. 반대로 자신과 자신이 가진 능력을 완전하게 믿으면 마음이 편안해지면서 좀 더 까다로운 과제가 주어져도 집중할 수 있다.

셸비는 이렇게 설명한다. "저의 모든 것이 경기에 집중됐어요. 다른 사람들의 생각이나 저를 보고 있는 사람들에 대해서는 한 순간도 생각하지 않았어요. 그저 '달리자, 더 빨리 달리자'는 생각이 전부였죠. 그것만으로 기분이 너무 좋았거든요."

행동과 인식이 하나로 융합될 때와 마찬가지로, 자의식이 사라지면 주변 환경과 자신이 조화를 이루고 하나가 된 느낌이 생겨날 수 있다. 울창한 나무 사이로 등산로를 따라 달리면서 나무와 바위, 흙의 일부가 된 기분을 느끼고, 혼잡한 도심 속에서 마라톤을 할 때도 나아갈 방향을 찾는 과정에서 경쟁 선수나 관중과 끈끈한 유대를 느낄 수 있다. 그들이 내뿜는 에너지를 전달받고, 자신은 크고 멋진 전체의 일부분이라는 기분이 든다. 주변 세상과의 연대감은 자아가 지금 하고 있는 일을 해내는 데 완전히 몰입한 상태에서만 느낄 수 있다.

자의식을 잃는 것과 자아를 잃는 것은 다른 개념이다. 달리기처럼 몰입할 수 있는 활동을 할 때는 장시간 집중해야 하고 동시에 주어진 과제를 해내야 한다. 다른 차원에 있는 사람처럼 자신이 누구인지 잊어버릴 수가 없다. 만약 이런 때 자아를 잃으면 성과에 해가 되고 그 즉시 몰입이 깨진다.

셸비의 경우 자의식을 잃는다고 해서 보장되는 건 아무것도 없었다. 건강에 이상이 있었던 만큼 셸비 자신이나 가장 가까이서 지켜본 사람들은 경기 중에 일어날 수 있는 갖가지 안 좋은 일들이 정말로 일어날 가능성이 크다는 것을 너무나 잘 알고 있었다. 셸비 스스로는 '몸 컨디션이 정말 좋고 편안하다'고 느꼈지만, 다른 사람들은 자신이 경기를 다 끝내지 못할 수도 있다고 생각했다는 사실을 셸비도 인지했다.

"그날 아침 천식 증상이 나타난 후에는 저도 걱정이 됐어요. 그리고 코치들이 걱정하고 있다는 것도 알고 있었죠. 아침 내내 코치와 팀 동료들이 제게 다 잘될 거라고, 충분히 경기를 뛸 수 있을 거라고 격려해줬어요. 우리는 목표를 낮추기로 했는데, 그때 제가 생각했던 순위는 최대 25위였어요. 그런 이야기를 통해 코치진이 저를 얼마나 크게 걱정을 하고 있는지 정확히 알게 됐죠. 사실 전날 밤이나 경기 당일까지 저는 너무 불안해서 마음을 가라앉히려고 엄마에게 계속 문자 메시지를 보냈어요. 가족, 친구들이 그날 아침 내내 힘내라고 문자를 보내고 기도도 해줬어요. 이런 응원이 없었다면 아마 전 아침부터 정신적으로 무너졌을 거예요. 코치, 동료, 가족들이 해준 모든 말이 힘이 되고 좋은 영향을 끼쳤지만, 코치와 논의해 목표를 낮추면서 다들 아직도 걱정하고 있다는 사실을 알 수 있었습니다."

다행히 출발선에 섰을 때 그런 걱정은 모두 사라지고 초점은 점점 좁혀져서 한 가지로 집중됐다. 피드백도 모두 긍정적인 방향으로 흘러나왔다. 셸비는 경기 전에 했던 걱정을 전부 차단하고 가지고 있는 에너지를 모두 경기에 쏟아 부었다. 몸이 충분한 가능성을 보여주자 목표도 계속 높여나갔다. 이 과정을 통해 지난 6주간 폐렴 때문에 움츠러든 컨디션을 일깨운 셸비는 시상대까지 쭉 돌진했다.

시간 개념의 왜곡　　　　살면서 가장 즐겁게 몰두했던 순간을 떠올려보라. 결혼식일 수도 있고, 앉은 자리에서 단편소설 하나를 뚝딱 써 내려간 날일 수도 있다. 혹은 멋진 풍경이 펼쳐진 산 정상에 올랐던 날일 수도 있다. 모두 제각기 다른 상황이지만 아마도 한 가지 공통점을 찾을 수 있을 것이다. 바로 시간이 평소와 다른 속도로 흘러간 것처럼 느껴졌다는 점이다.

달리기를 하면서 가장 좋은 결과를 냈던 때를 생각해보자. 아마도 대부분은 크게 힘들이지 않고 개인 최고기록을 경신했을 때, 친한 친구들과 함께 장거리달리기를 했을 때, 또는 생각에 완전히 몰입한 채로 혼자 달렸던 때일 것이다. 그때도 공통적으로 시간이 왜곡된 것처럼 느꼈을 가능성이 크다.

하지만 시간의 흐름에서 벗어나기란 결코 쉬운 일이 아니다. 그래서 수많은 사람들이 손목에 시계를 차고, 휴대전화나 컴퓨터가 눈앞에 없을 때마다 하루에도 몇 번씩 시각을 확인한다. 인터벌 운동을 할 때는 휴식 시간을 확인해야 제대로 운동을 하고 있는지 알 수 있으므로 시간을 챙겨 보는 것이 유익할 수 있으나, 대부분은 지금 이 시간이 빨리 흘러가고 뭔가 더 즐거운 일을 할 수 있는 시간이 되기를 목을 빼고 기다리기 일쑤다. 현재의 순간을 그대로 받아들이지 못하고 원치 않는 일에서 풀려날 순간을 기다리는 데 몰두하는 것이다.

시간에 집착하는 태도가 일터에서만 나타나는 것은 아니다. 대다수가 달리기를 하는 도중에 수시로 시계를 확인한다. 유독 힘든 날에는 스스로 발을 들인 이 지옥 같은 시간이 어서 끝나기를 바라는 마음으로 몇 분마다 손목을 젖혀 시계를 들여다본다. 마음은 현재에 머물지 못하고 '대체 내가 무엇을 했기에 오늘따라 이렇게 컨디션이 나쁠까?' 혹은 '제발 집에 빨리 갔으면 좋겠어'처럼 과거와 미래 사이를 배회한다.

몰입하면 이와 정반대 일이 벌어진다. 하는 일에 즐거움을 느끼고 푹 빠져 있다 보면 시간 개념이 왜곡된다. 30분간 달리고도 눈 깜짝할 사이에 끝난 것처럼 느껴진다. 친구들과 2시간을 내리 달린 후에야 몇 킬로미터를 달렸는지 깨닫고 깜짝 놀란다. '몇 분밖에 안 달린 것 같은데?'라는 생각이 들고, 의식 속에 지금 달리고 있는 길이나 등산로를 전부 똑똑히 인지했음에도 불구하고 시간이 그토록 빨리 지나갔다는 사실에 놀란다.

셸비는 이렇게 설명한다. "그날 경기는 금방 흘러간 것 같아요. 평소보다 더 생생하게 기억한다고 할 순 없지만 너무 기분 좋게 흘러가서 다 기억해두고 싶어요."

반대로 시간이 천천히 흐르는 것처럼 느껴질 때도 있다. 특히 운동을 하면서 움직임이 수월하다고 느껴질 때는 몸을 완전히 통제하는 기분이 들고 모든 걸음이 전부 느껴진다. 달리기를 할 때 경쟁자들을 따라잡는 순간이 마치 슬로모션처럼 느껴지는 것, 등산로에서 매 순간 평상시보다 더 강렬한 감정과 감동을 느끼는 것도 마찬가지다.

이처럼 시간 개념이 왜곡되는 것도 신경학적, 심리학적으로 일어난 복합적인 현상이라 볼 수 있다. 우리의 시간 개념은 전전두피질이 조절한다. 따라서 이 부분의 활성이 축소되면 시간이 얼마나 흘렀는지 인지하는 능력도 약화된다. 비슷한 이치로, 몰입해서 무언가에 깊이 집중하면 수시로 시계를 들여다보지 않고 하는 일에만 온전히 집중할 수 있다. 몰입 상태에서는 집중력을 깨뜨리기 쉬운 '대체 이 짓을 얼마나 더 해야 해?' 같은 부정적인 생각들이 끼어 들 수 없다.

자기 목적성, 내적 동기부여

좋아하는 일은 더 많이 하게 된다. 많이 할수록 더 잘하게 되고, 잘하게 되면 더 어려운 일에 도전할 수 있다. 그리고 도전의 난도가 높아질수록 몰입을 경험할 가능성도 커진다. 몰입을 경험하면 그 일을 더 사랑하게 된다. 사랑하면 더 많이 하게 되고, 그렇게 계속 흘러간다.

이처럼 멋진 몰입의 순환은 같은 지점에서 시작하고 끝이 난다. 바로 하고 있는 일 자체를 사랑하는 것이다. 트로피와 포상만을 바라고 달리는 사람은 몰입을 경험할 수 없다. 더 멀리, 또는 더 빨리 달리는 것에서 즐거움을 얻을 수도 있고 단시간에 러너스 하이를 경험할 수는 있겠지만 달리기 자체를 아끼는 마음이 없다면 몰입은 불가능하다.

몰입을 경험한 일에는 확실히 애정이 더 커진다. 큰 힘을 들이지 않고도 달릴 수 있으니 즐거움이 커질 뿐만 아니라 몰입함으로써 따라오는 더 큰 성과는 본질적으로나 외적으로 큰 보상이 된다. 셸비는 다음과 같은 마음으로 달리기를 했다고 이야기한다.

"제가 달리기를 좋아하는 이유는 솔직히 제가 잘 달리기 때문이에요. 좋은 팀을 만났고, 우리 팀 역시 실력이 좋다고 생각합니다. 엄마는 제가 오빠들보다 트로피를 더 많이 타온 건 어릴 때부터 운동을 했기 때문이라고 늘 말씀하세요. 저 역시 제가 이기는 걸 좋아한다고 항상 생각했었죠. 하지만 그날의 경기, 그날의 컨디션이 얼마나 좋았는지 떠올리면, 아직도 어떻게 그럴 수 있었는지 잘 모르겠어요. 모든 것이 제게 불리한 상황이었지만 제 평생 최고의 경기였고, 달리는 내내 기분이 너무 좋았어요. 그날 처음으로 달리기가 얼마나 기분 좋은 일인지 느낄 수 있었던 것 같아요. 그리고 그런 경험을 꼭 다시 한 번 해보고 싶어요."

기량을 높이는 것보다 운동 자체를 본질적으로 사랑하는 마음을 키우는 것이 두 배는 더 중요하다. 프로 선수들은 점점 큰 성과를 거둘수록 결과에 대한 외적 지원이 늘어나고 다른 사람의 기대치를 충족해야 한다는 압박감 때문에 운동을 하는 본질적인 동기가 흔들리면서 몰입하기 힘들다고 자주 털어놓는다. 아동을 대상으로 한 동기부여 연구에서도 비슷한 결과를 확인할 수 있다. 외적 보상이 과하게 주어지면 내적 보상이 커지거나 보상에 대한 인식이 약화되어 본질적인 의욕이 꺾이는 결과가 나타난 것이다.

셸비는 다행히도 성공을 거둘수록 달리기를 더 사랑하게 되었고, 그 결과 더 열심히 훈련을 해서 더더욱 큰 성과를 거둘 수 있었다. 이 복합적인 과정에 몰입이 더해지자 해낼 수 있는 일의 수준도 더 높아졌다. 달리기를 향한 본질적인 애정이 커진 동시에 중요한 기억도 생겼다. 몰입했던 기억은 매일 조금씩, 더 뜨겁게 의욕을 불타오르게 한다.

셸비는 이렇게 설명했다. "몰입했던 순간의 기억은 달리면서 벅차다고 느껴질 때 헤쳐나갈 수 있는 힘이 됩니다. 일주일 내내 완전히 망했다는 기분에 젖어 있을 때도 있어요. 하지만 몰입해서 달렸던 그때를 떠올리면, '또 그런 일이 일어나지 말란 법 있어?' 하는 생각이 들어요. 그 생각이 의욕을 키웁니다."

몰입 경험의 공통점과 차이점

몰입은 지극히 개인적인 경험이다. 사람마다 몰입의 구성요소를 전부 다른 강도로, 다른 순서로 경험한다. 앞서 살펴본 아홉 가지 요소가 전부 다 나타나면서 몰입을 경험할 수도 있고, 그중 일부만 나타나는 경우도 있다. 운동선수들의 몰입 경험을 조사한 몇 가지 연구 결과를 살펴보면 대부분은 한 번 몰입할 때 아홉 가지 구성요소 중 대여섯 가지를 경험한다Jackson, 1996; Sugiyama & Inomata, 2005.

이 아홉 가지 요소들 간의 직접적인 관계에 관한 연구는 지금도 계속 진행되고 있다. 최근 한 연구에서는 세 가지 선행 단계와 통제력, 주의집중, 자기 목적성이 함께 나타난다고 보고되는 경우가 많은 것으로 나타났다Stavrou, Jackson, Zervas, Kerteroliotis, 2007. 시간 개념의 왜곡과 같은 몇몇 특성은 빈도가 낮은 것으로도 확인됐다. 몰입의 구성요소 중 몇 가지가 나타나지 않는다고 몰입 경험이 약해지는 것은 아니다. 몰입의 본질적인 의미처럼 몇몇 요소가 빠져도 여전히 큰 만족을 느낄 수 있다.

지금까지 몰입의 멋진 특성에 관하여 살펴보았다. 그런데 몰입은 평등한 경험일까? 남들보다 몰입을 더 수월하게 경험하는 사람들도 있을까? 만약 그렇다면, 성향이나 성격적인 특징이 유리한 요소로 작용할까? 다음 장에서 이런 의문에 대한 해답과 함께 사람마다 다르게 나타나는 몰입의 특성을 살펴보기로 하자.

GPS 시계의 올바른 사용법

　　최신 문화와 현대 과학을 제대로 느껴보고 싶다면, 대규모 달리기 대회가 열리는 곳으로 가서 1킬로미터 지점에 서 있어보라. 선수들이 가까이 다가오면 아주 특별한 교향곡을 듣게 된다. 임시로 세워둔 거리 표지판을 선수들이 무리지어 지날 때마다 수천, 수만 대의 기계에서 각종 경고음, 진동 소리가 울릴 것이다.

　　다양한 음으로 이루어지는 이 교향곡은 GPS 시계라는 마법 같은 장치에서 나온다. GPS 시계는 주자의 걸음을 모두 추적하고 시계와 장거리 위성 사이에서 실시간으로 오가는 복잡한 데이터를 변환해 이용자가 쉽게 이해할 수 있는 정보로 제공한다. 많은 선수가 이 시계로 자신의 속도와 달린 거리를 파악하는데, 그럴 만한 이유는 충분하다. 대부분의 지역에서 99퍼센트 정확한 정보를 제공할 뿐만 아니라, 소프트웨어를 통해 수집한 데이터를 컴퓨터와 스마트폰으로도 전송해 일일이 거리를 계산하고 기록해야 했던 시대에 종지부를 찍게 되었기 때문이다.

　　즉각적인 피드백을 제공하는 기능만 보더라도 GPS 시계는 몰입 경험에 도움이 되는 중요한 도구처럼 보일 수 있다. 어떤 경우에는 실제로 그렇기도 하다. 평지에서 최상의 기량을 발휘하며 꽤 빠른 속도로 달리고 기상 상황까지 받쳐준다면, 피드백은 빨리빨리 주어질수록 도움이 된다. 측정 가능한 데이터를 현재까지 달린 시간과 거리에 적용하면 어느 정도로 달려야 좋은지 파악할 수 있기 때문이다. 특정 기록을 목표로 정해놓고 달릴 때나 달리는 속도가 유난히 빠르게 느껴져 정확한 속도를 알고 싶은 경우에도 도움이 된다.

그러나 GPS 데이터가 오히려 몰입하는 데 방해가 될 수도 있다. 나무가 울창하게 들어선 고요한 산길을 달린다고 상상해보자. 당신은 지금 평온한 풍경을 보며 에너지를 얻고 자연 속에 푹 잠겨 더없는 행복을 느끼는 중이다. 그런데 갑자기 시계에서 알람이 울리고 이런 메시지가 뜬다면? 1.6킬로미터/13:45. 컨디션이 괜찮을 때 같은 거리를 9분대로 달렸던 사람이라면 이 메시지를 보고 이렇게 생각하리라. '13분 45초? 뭔가 잘못된 게 틀림없어. 숲속이라 시계가 정확히 작동하지 않았을까? 아니면 컨디션이 나쁜가? 피곤한가? 이럴 리가 없어.'

하지만 시계가 제공한 정보는 아주 정밀하진 않아도 충분히 정확하다. 그러나 평소보다 느리게 달린 것이 사실이라도 문제될 것은 없다. 나무로 둘러싸인 길을 달리면 포장된 길을 달릴 때보다 속도가 느려지는데, 산길이라면 속도가 더 느려진다. 속도에 집착하면 어느 곳에서든 달리기라는 짧은 여행을 제대로 즐기지 못한다. 어딜 가나 속도에 영향을 받기 때문이다. 같은 거리를 최고 속도로 정확히 달리는 것과 여러 친구와 함께 조금 느린 속도로 달리는 것 중 어느 쪽이 더 유익할까?

이 같은 요소를 모두 감안하더라도 현재 달리기를 즐기는 대다수의 사람은 GPS 시계와 이 기기가 제공하는 정보에 만족하며 당분간은 이 기계를 버릴 생각이 전혀 없어 보인다. 그렇다면 필요한 정보를 계속 얻으면서도 달리기를 충분히 즐길 수 있는 방법이 없을까?

• 자동 알람 기능을 꺼라

시중에 판매되는 GPS 시계는 거의 대부분 1킬로미터나 1마일 (또는 사용자가 선택한 거리)을 지날 때마다 자동으로 알려주는 기능이 있다. 컨디션이 굉장히 좋은 날에는 이런 정보가 유용하고 의욕을 고취시키지만, 그렇지 않는 날에는 꺼두는 편이 나을 수도 있다. 이 기능을 사용하지 않아도 총시간과 거리는 기록되므로 알람 소리 때문에 달리는 순간을 방해받을 일도 없다.

• 디스플레이 창에 뜨는 정보를 바꿔라

훈련할 때 자꾸 속도에 집착하게 된다면 디스플레이에 속도 정보가 뜨지 않게 하라. 대부분의 시계는 여러 페이지를 스크롤해서 다양한 정보를 볼 수 있도록 구성되어 있다. 그중에 심박 수나 분당 걸음 수 등의 정보가 뜨는 창이 앞에 오도록 설정하라. 물론 머릿속으로 금방 속도를 계산해 알아낼 수도 있지만, 이렇게 설정해두면 속도 외에 다른 것들을 생각할 기회를 넓힐 수 있다.

• 인식을 바꿔라

속도에 집착하는 습관을 이겨내는 가장 좋은 방법은 나쁜 습관을 들이는 것인데, 바로 무관심이다. 컨디션이 좋은 날이나 새로운 도전을 해보는 날, 친구들과 함께 달리는 날에 시계에 신경을 안 쓰고 달리기를 하면 내면의 신호에 더욱 귀 기울이고 자신의 직감을 믿고 따르게 된다. GPS 시계는 훌륭한 기기지만 심박 수나 스스로가 느끼는 노력의 수준, 호흡 등 생체 측정 결과를 해석하는 개개인의 능력을 절대로 대체할 수 없다. 몸이 여러분에게 속도를 늦추고 풍경을 즐기라고 이야기하면 그 조언을 따르는 것이 좋다.

마음챙김 명상, 집중의 힘

아무리 집중을 유지하고 싶어도 마음대로 안 되는 일이라 생각할 수 있다. 모든 것이 빠르게 흘러가는 오늘날에는 문자 메시지를 받으면 바로 답장을 보내야 하고, 고작 몇 분 자리를 비워도 놓친 연락이 없는지 곧장 스마트폰나 컴퓨터로 달려가게 된다. 그래서 달리기를 현대 사회의 정보 폭격으로부터 빠져나올 수 있는 유일한 시간으로 여기는 사람들도 있다. 반면 달릴 때마저 휴대전화를 꼭 챙겨서 정보 폭격에서 빠져나오지 못하는 사람들도 있다.

집중력을 유지하는 방법은 노력해서 배워둘 만한 가치가 있다. 몰입하면 한 가지 일에 꾸준히 집중하고 그 일과 관련된 피드백에 주의를 기울이는 능력이 향상된다. 그리고 무언가에 장시간 적극 참여하고 집중력을 유지할 수 있게 되면 몰입을 경험할 가능성이 높아진다. 닭이 먼저냐, 달걀이 먼저냐 하는 논쟁과 비슷하지만 어느 쪽이든 멋진 경험을 할 기회를 얻을 수 있다.

집중력을 높이고 필요한 곳에 주의를 기울이는 방법으로 가장 많이 알려진 것 중 하나가 명상인데, 그중에서도 특히 마음챙김 명상이 유명하다. 명상은 아시아 문화에 뿌리를 두고 있으나 서구에서도 그들의 사고방식에 맞게 변형하여 잘 활용하고 있다.

사람들은 수 세기 전부터 명상을 했다. 명상은 호흡을 조절하고 편안한 자세로 한 단어에 집중하거나 호흡을 느끼면서 머릿속에 흘러가는 생각들을 비판 없이 바라보는 과정을 통해 마음을 조용히 가라앉히는 것이다. 2016년 미국 국립보건원에서는 명상이 통증과 고혈압, 특정 정신질환 증상을 약화시키는 효과가 임상적으로 검증되었다고 밝혔다. 또한 명상은 뇌 표면의 주름을 늘리고(이는 정보 처리에 도움이 된다), 편도체의 감정 처리에 도움이 되는 등 긍정적인 변화를 일으키는 것으로 보인다.

　　마음챙김 명상mindfulness meditation은 미국에서 시작된 명상의 일종으로, 짧은 시간 동안(보통 한 번에 10분) 정해진 곳에 집중하는 방식으로 실시된다. 먼저 자신의 호흡을 느끼는 것으로 시작해서 집중의 범위를 점차 늘려나간다. 조용히 집중하면서 현재에만 초점을 맞추고 흘러가는 모든 생각과 느낌, 감정을 비판 없이 기억하는 것이 마음챙김 명상의 목표다. 주변 환경에도 같은 방식으로 주의를 기울인다. 이를 통해 "내면과 외부에서 생겨나 계속해서 흘러 들어오는 자극을 비판 없이 관찰하는 것을 마음챙김이라고 한다Baer, 2003." 마음챙김 명상이 익숙해지면 삶의 기본 철학이자 살아가는 방식으로 자리를 잡기도 한다. 몰입 경험과 마찬가지로 지금 이 순간을 비판 없이 바라보며 적응하면 두려움이나 곱씹어 생각할 일들이 들어설 자리가 없다. 이와 같은 경지에 이르면 통증과 불안감, 우울증, 섭식 장애에 따르는 증상을 줄일 수 있다.

　　마음챙김 명상 분야에서 가장 많이 알려진 명상 방식은 '마음챙김 기반 스트레스 감소mindfulness-based stress reduction, MBSR' 프로그램이다. 마음챙김 명상을 처음 소개한 존 카밧진이 만든 프로그램으로,

여러 명으로 구성된 큰 그룹 단위로 8~10주간 매주 진행된다. 이 기간 동안 참가자들은 바닥에 누워 몸 구석구석을 차례대로 집중하는 '바디 스캔body scan'을 실시하고 다양한 요가 자세와 전통 명상법을 통해 몸과 마음을 새롭게 경험한다. 이 모든 훈련 과정에서 참가자들에게는 몸의 움직임이나 호흡 패턴에 집중하라는 지시가 주어진다. 어떤 생각이나 기억, 몽상이 떠오르면 간단히 기록한 다음 다시 현재와 하던 일에 집중한다Baer, 2003.

집중력을 향상시키는 명상의 기능은 달리기에서도 매우 중요하게 활용될 수 있다. 단, 명상은 장기적인 훈련이 필요하며, 숙련자들도 몇 년이 지나야 통제력이 최고 수준에 이르렀다고 느낀다. 그런데 최근 한 연구진은 명상을 5일간(한 번에 20분씩) 연습한 실험 참가자들이 집중력 검사에서 처음보다 훨씬 높은 점수를 얻었다는 결과를 발표했다Tang et al, 2007. 짧게나마 명상을 실천하는 것도 도움이 된다는 사실을 보여주는 결과다. 그룹 단위로 실시하는 명상이나 단체로 실시하는 마음챙김 명상에 참여하는 것이 명상을 배우는 가장 좋은 방법이지만, 책이나 온라인 비디오를 통해서도 풍성한 정보를 얻을 수 있다.

| 나의 몰입 경험 |

에이미 헤이스팅스 Amy Hastings

올림픽 2회 출전, 마라톤 개인 최고기록 2시간 27분 3초
몰입의 순간: 2016년 리우데자네이루 올림픽 마라톤 대표 선발전

세상이 작정하고 날 괴롭히는 게 아닐까 싶을 때가 있다. 날씨가 푹푹 찌고 그늘도 하나 없는데, 열을 식힐 만한 곳이 전혀 없다면? 무척 곤란하다. 달리기 코스가 하필 똑같은 풍경 일색이라 감흥이라곤 전혀 느껴지지 않는 콘크리트 빌딩 숲이라면? 역시나 곤란하다. 게다가 최근에 공사가 끝나서 길이 온통 흙먼지로 덮여 있다면? 말할 것도 없다. 아참, 그리고 이런 조건에서 42.195킬로미터를 달려야 하는 마라톤 경기가 브라질 리우데자네이루 올림픽에 출전하기 위해 반드시 거쳐야 하는 과정이라면? 한숨만 나온다.

수많은 언론과 마라톤 팬, 그리고 이 우울한 변수들 속에서 달려야 하는 모든 선수가 이날 경기는 '고통의 대축제'가 되리라 선언했다. 하지만 에이미 헤이스팅스에게는 그렇지 않았다. 캔자스 출신으로 애리조나 주립 대학교에 재학 중이던 시절 미국 대표로 뛴 헤이스팅스는 프로 마라톤 선수가 겪을 수 있는 가장 잔인한 운명을 이미 다 겪은 선수였다. 2012년 런던 올림픽에 출전할 단 세 명의 국가대표를 선발하는 대회에서 4위로 들어온 것이다. 마라톤 선수의 절정기로 여겨지는 서른두 살의 나이로 다시 올림픽 대표 선발전에

출전한 헤이스팅스에게 풀 죽은 기색은 찾아볼 수 없었다.

"출발 전부터 부정적인 이야기가 너무 많이 들렸어요. 경기 코스에 회전 구간이 몇 곳이나 되는지, 기온이며 도로의 흙먼지도 언급됐죠. 그럴수록 저는 더 자신감을 갖게 됐어요. 다 함께 코스를 둘러본 후에 잘 달리기만 하면 오히려 유리하겠다는 생각이 들더군요. 사소한 것들이 날 방해하도록 두지 않겠다는 마음을 먹었습니다."

헤이스팅스는 같은 클럽 동료인 셜레인 플래너건과 함께 출발선에 밀집한 선수들 사이에서 편안하게 경기를 시작했다. 코스 절반이 지날 무렵 두 사람은 선두 그룹에 진입했고, 이후 1시간 동안 헤이스팅스와 플래너건은 미국 전역에 방영된 텔레비전 중계 방송에서 계속 선두 그룹으로 소개되며 이날 경기를 대표하게 되었다. 같은 팀 동료끼리 음료를 나눠 마시고 가끔 대화를 나누는 모습은 중계 부스에 앉은 사람들에게 큰 즐거움을 선사했다. 그토록 혹독한 조건 속에서 물 흐르듯 편안하게 달릴 수 있었던 것은 그날 이뤄야 하는 큰 목표에만 전념한 결과였다. 헤이스팅스는 몰입해서 달렸고, 스스로 그 사실을 알고 있었다.

"굉장히 독특한 기분이었습니다. 이제는 그게 뭔지 알 것 같아요. 마음을 꼭 알맞은 상태로 추스를 수 있게 되면, 그 상태가 몸에도 영향을 줍니다. 그런 상태가 되면 바로 느낄 수 있어요. 상당히 자주 느끼는 편이고요."

헤이스팅스는 운동생리학을 전공하며 수년간 스포츠심리학을 공부한 터라, 자신의 몸과 정신 상태가 최적의 상태인지 수시로 점검한다. 그녀의 기준에서 최적의 상태란 목표에만 집중하고 불안감을 떨치는 것을 의미한다. 이를 위해 중요한 대회가 있는 날에는 경기 전 조용한 곳을 찾아 호흡에 집중한다. "아주 신나는 경기가 될 거라고 제 자신에게 이야기해요. 그러면 큰 도움이 됩니다."

그날 경기에서는 헤이스팅스와 플래너건이 37킬로미터를 달리는 동안 2분 또는 3분을 줄여야만 정말로 신나는 경기였다고 할 수 있는 상황이 되었다. 헤이스팅스는 충분히 그렇게 할 수 있다고 느꼈다. 아직 속도를 크게 내지 않았음에도 두 선수 모두 약 1킬로미터를 지날 때마다 3~7초 정도씩 기록을 줄여나갔다. 그러나 플래너건은 결국 더위에 발목을 잡혔다. 텔레비전 중계를 지켜보던 시청자들은 헤이스팅스가 플래너건을 열심히 독려하는 모습을 볼 수 있었다. 응원의 말이 큰 도움이 안 된다는 사실을 깨달은 헤이스팅스가 달리던 속도를 늦추면서까지 팀 동료 곁에 머무는 모습도 모두의 눈앞에서 펼쳐졌다. 2012년에 올림픽 대표로 선발된 데시 다빌라가 그리 멀지 않은 곳에서 점점 속도를 높이고 있었다. 격차가 30초 이하로 좁혀지고 둘 사이의 거리도 1.6킬로미터까지 줄자, 헤이스팅스는 플래너건에게 행운을 빌고 앞으로 나아갔다. 경쟁자들과 급속히 멀어진 헤이스팅스는 인상적으로 경기를 마치며 올림픽 출전 자격을 따냈다. 다빌라는 2위로 결승선에 들어섰고, 세 번째로 들어온 플래너건은 헤이스팅스의 팔에 안기며 주저앉았다.

완벽한 하루에 꼭 맞는 결말이었다. 부정적인 생각은 일체 차단하고 오로지 목표에만 집중할 수 있었던 헤이스팅스는 가장 절실한 순간에 최고의 기량을 발휘했다. "몇 년 동안 준비한 경기였어요. 우승하는 데 필요한 모든 것들에 전념했죠. 마침내 경기를 치르게 됐을 때 자신감이 넘치고 너무나 행복했어요. 신이 나기도 했고요. 신체적으로도 준비가 다 됐다는 기분이 들었습니다. 무슨 일이 생기든, 어떤 문제가 눈앞에 던져지든 마음가짐을 제대로 갖추면 뭐든지 해결할 수 있다는 확신이 드는 때가 있잖아요. 제게는 그 경기가 바로 그런 날이었어요."

핵심 요약

■ 몰입은 세 가지 선행 단계와 여섯 가지 처리 결과를 합한 아홉 가지 요소로
구성된다. 선행 단계에는 명확한 목표, 해결 과제와 기술의 균형,
정확한 피드백이 포함되며, 처리 결과는 주의집중, 행동과 인식의 융합, 통제력,
자의식의 상실, 시간 개념의 왜곡, 자기 목적성(내적 동기부여)으로 이루어진다.

■ 명확한 목표란 구체적인 목표를 의미한다. 목표는 최대한 상세하게 세워라.

■ 몰입을 목표로 설정하면 목표를 이룰 가능성이 별로 없다.
어떻게 달릴 것인지를 목표로 세워야 한다.

■ 해결 과제와 기술의 균형은 기분이나 체력, 수면을 비롯해 성격,
해당 활동에 부여하는 가치 등에 따라 달라질 수 있다.

■ 성과와 불안에 관한 역U가설은 해결 과제를 즐기는 성향이 있더라도,
너무 과도한 과제는 불안을 유발한다고 설명한다. 불안은 몰입을 저해하므로
몰입을 경험하고 싶다면 목표를 너무 높게 세우지 말아야 한다.

■ 명상은 집중력을 향상시키는 훌륭한 방법이다.

■ 몰입의 시작과 끝은 내적 동기, 즉 어떤 활동을 향한 순수한 애정이다.

■ 사람마다 몰입 경험이 조금씩 다르게 나타난다.
강도도 다양하며, 몰입의 구성요소 전체 혹은 일부만 나타나기도 한다.
그러나 몰입의 강도나 개개인이 경험하는 결과와 무관하게 몰입은
즐거운 경험이다.

3장
몰입에 유리한 특성

케이틀린 굿맨에게는 늘 주문처럼 외는 짧은 문장이 하나 있다. '즐겁게 달리자'는 것이다. 2015년 4월 3일 밤, 굿맨은 권위 있는 스탠포드 초청 대회에서 이 주문의 힘을 시험해보았다. 10,000미터 경기에 출전한 굿맨은 미국 신기록 보유자인 셜레인 플래너건과 에티오피아 출신의 스타 선수 질레트 부르카, 캐나다 여성 마라톤 신기록 보유자 라니 머천트 등 서른다섯 명의 세계적인 선수들과 함께 출발선에 섰다.

함께 달리게 된 선수들 중에 굿맨을 경계하는 사람은 아무도 없었다. 2010년 대학교를 졸업한 후, 프로 선수로 활동해왔지만 단한 번도 미국 올림픽 대표로 선발되거나 우승을 거머쥔 경력이 없었기 때문이다. 해당 종목에서 굿맨의 개인 최고기록은 33분 1초로 플래너건이 세운 최고기록 30분 22초보다 거의 3분이나 뒤처졌다. 그럼에도 굿맨은 운동을 사랑했다. 그래서 의학도인 남편을 따라 캘리포니아, 오하이오, 로드아일랜드까지 미국 곳곳으로 거주지를 옮겨다니면서도 보잘 것 없을지언정 달리기 선수로서 커리어를 꾸준히 이어왔다.

출발을 알리는 총소리가 울릴 때부터 굿맨의 몸은 가벼웠다. 프로 선수와 엘리트 대학 선수로 구성된 큰 무리 속에서 올림픽 대표 플래너건과 부르카, 머천트와 한참 멀리 간격을 두고 뒤쫓았다. 바퀴 수가 많아질수록 굿맨의 자신감도 올라갔다. 속도와 호흡 상태를 살펴보니 모든 것이 원활했다. 몸도 가볍고 편안했다. 아버지가 힘내라며 외치는 응원 소리가 들리고 구간별 기록이 좋다는 사실을 확인한 뒤부터는 더욱 편안한 마음으로 달릴 수 있었다. 집중력은 한 치도 흐트러지지 않았다. 달리기에만 열중하는 몰입 상태가 된 것이다.

다섯 바퀴가 남았을 때 굿맨은 이제 때가 됐음을 깨닫고 속도를 조금 올렸다. 한 바퀴당 기록은 겨우 몇 초가 빨라졌을 뿐이지만, 선두 그룹을 뒤쫓던 큰 그룹은 곧바로 쪼개졌다. 굿맨과 다른 한 명의 주자(나중에 호주 올림픽 대표로 선발된 도미니크 스캇)는 뒤처진 그룹과 멀찍이 떨어져나와 선두 그룹 중 3위로 달리던 머천트와 반 바퀴 차이를 두고 달렸다. 경기장에 모인 수천 명의 팬들이 환호성을 질렀다. 달리기를 열렬히 사랑하는 팬들답게 굿맨이 애쓰고 있다는 사실과 경기의 판세를 모두 알아본 것이다. 주로 케냐에서 훈련을 해온 머천트를 따라잡는 기적 같은 일이 벌어질 가능성은 희박했지만, 굿맨은 돌진했다.

한 바퀴 돌 때마다 예감은 더 좋아졌다. 바로 오른쪽에서 달리는 스캇이 혼자 달린다는 정신적인 부담을 덜어주었다. 한 바퀴 남았음을 알리는 종소리가 들리자 굿맨은 더욱 속도를 냈다. 선수로 달린 모든 세월, 그동안 달린 모든 거리가 이 순간 남은 400미터를 향해 결집되는 것 같았다. 굿맨은 머천트와 10초 차이가 난다는 사실을 확인하고 더욱 앞으로 나아갔다. 자세는 조금도 흐트러지지 않았다. 매끄럽고 효율적으로 움직이는 동안 속도가 붙고 또 붙었다. 마지막 직선 구간에 이르러 자리에서 일제히 일어난 관중들의 환호성을 들으며 굿맨은 마지막 힘을 짜냈다. 머천트를 수월하게 따라잡고 몰입 상태 그대로 결승선을 통과한 후에야 시계를 확인했다. 32분 9초였다. 올림픽 대표 선발전에 나갈 수 있게 된 것이다.

"그날 경기의 마지막 100미터는 죽을 때까지 잊지 못할 겁니다. 그건 정말······." 굿맨은 잠시 이야기를 멈추고 적절한 표현을 골랐다. "아주 오랫동안, 몇 년간 힘들게 노력했던 시간들, 바라던 결과가 늘 따라오지 않았던 모든 노력을 확인한 순간이었어요. 제대로 인정받은 기분이었고 정말 기뻤어요."

몰입 경험의 공통점인 집중할 대상이 좁혀지며 찾아오는 강렬한 기쁨을 굿맨도 경험했다. 엄청난 노력을 기울여야 했지만 즐거웠다. 올림픽 대표 선발전에 출전한다, 이 대회에서 높은 순위를 차지한다는 목표가 행동을 이끌었고 가족과 관중들의 격려는 그 목표를 충분히 이룰 수 있다는 믿음과 힘을 주었다.

굿맨의 '즐겁게 달리자'는 주문은 어떤 기능을 했을까? 이 짧은 문구가 정말로 굿맨의 몰입에 도움이 됐을까? 숙련도, 헌신, 기질은 어떤 영향을 주었을까? 몰입을 연구해온 학자들은 지난 20년간 이와 같은 의문을 풀고 몰입 경험의 빈도와 강도를 좌우하는 요소가 무엇인지 찾기 위해 노력해왔다.

그중에서 점점 더 주목받는 요소는 성격이다. 성격은 상당히 안정적인 요소지만, 노력하면 조금이나마 바꿀 수 있다Hudson & Fraley, 2015. 이번 장에서는 몰입 경험의 빈도나 질을 저해하는 성격적인 특성에 관한 내용도 다루므로 유념해서 읽어보기 바란다. 여러분에게 그와 같은 방해 요소가 전혀 없을 순 없지만, 그렇다고 해서 가망이 없는 건 아니다. 이번 장에서 얻은 지식을 토대로 관점과 태도를 바꾸면 몰입 빈도와 강도를 높일 수 있다.

몰입과 성격에 관한 최근 학계 연구에서 주로 다루어지는 몇 가지 성격 중에는 마이크 박사가 언급한 자기 목적적 성격도 포함되어 있다. 자기 목적적 성격은 몰입을 자주, 수월하게 경험하는 사람의 행동 경향과 태도, 기질을 포괄하는 광범위한 틀이나. 자기 복적적 성격을 살펴보기에 앞서, 먼저 몰입 경험의 빈도에 관한 자가 보고와 관련이 있는 성격에 관한 연구 결과를 살펴보자. 자기 목적적 성격의 특성과 함께 이 결과를 종합하면 몰입하기 쉬운 성격이 무엇인지 더 깊이 이해할 수 있을 것이다.

개개인의 성향

다섯 가지 성격특성 모형에서는 성격을 다섯 가지 차원에서 평가한다McCrae & Costa, 1990. 'OCEAN'이라는 영문 약자로도 흔히 알려진 다섯 가지 차원은 다음과 같다.

- 새로운 경험에 대한 개방성 Openness to new experience
- 성실성 Conscientiousness
- 외향성 Extraversion
- 친화성 Agreeableness
- 신경성 Neuroticism

위의 특성은 요인 분석을 통해 사람의 성격을 좌우하는 여러 변수 중 세월이 흘러도 꾸준히 나타나는 다섯 가지 성격이다.

몰입을 연구해온 스웨덴의 학자 프레드릭 울렌은 여러 동료들과 함께 다섯 가지 성격특성 모형을 바탕으로 몰입을 자주 경험하는 사람들의 성격을 연구했다^{Ullén et al., 2011}. 울렌 연구진은 데이터 분석을 몇 차례 실시한 결과 몰입을 자주 경험하는 사람들은 성실성 점수가 높고 신경성 점수가 낮다는 사실을 확인했다. 새로운 경험에 대한 개방성과 외향성, 친화성이 주는 영향은 유의미한 수준에 미치지 않았다. 성실성은 행동에서 나타나는 자기 수양과 신뢰도, 야망, 체계성, 진취성의 경향으로 좌우되며, 신경성은 정서적인 불안정, 불안, 수동성이 특징으로 나타난다^{McCrae & Costa, 1990; Goldberg, 1990}. 이 같은 연구 결과를 참고하여, 다섯 가지 성격특성 모형 중 몰입과 관계 깊은 성실성과 신경성을 자세히 살펴보기로 하자.

성실성

성격특성 중 성실성 점수가 높은 사람들은 자기 수양 능력이 높고 목표 달성에 큰 가치를 두며 목표를 이루기 위한 계획을 수립한다^{McCrae & Costa,}

1990. 달리기를 하는 사람이라면, 기초를 쌓는 단계와 장거리달리기, 템포 런tempo run(무산소성[젖산] 역치 운동으로도 알려진 훈련법으로, 자신의 최고 속도보다 낮은 속도로 최소 20분 이상 꾸준히 달리는 것이다. - 역자 주), 언덕 달리기, 보강 훈련을 전체 훈련 계획에 포함시키고 휴식기 계획도 함께 수립한다. 모두 장거리달리기 목표를 달성하기 위해 준비해야 할 항목들이다. 이러한 주자들은 단기 훈련이나 몇 주 동안 진행되는 장기 훈련 및 경기가 힘들어도 참고 견딘다. 그 정도의 난관은 충분히 찾아올 수 있다고 여기며, 장기적인 목표 달성을 위해서 필요하다고 생각하는 경우도 많다.

성실성이 높은 사람은 훈련에 악영향을 줄 수 있는 즉흥적인 행동을 하는 경우가 적고, 훈련 중에 충동적으로 행동하는 일도 별로 없다. 예를 들어 훈련을 하다가 팀 동료와 갑자기 경주를 벌일 확률이 낮고, 중요한 대회가 며칠 앞으로 다가온 상황에서 위험한 등산로를 달리지도 않는다. 질서와 목적에 대한 인식이 위험한 생각을 떠올리지 않도록 방지한다.

이러한 특성을 고려하면, 성실성이 몰입해서 달리는 데 유리한 요소로 작용하는 건 당연한 일일 것이다. 무엇보다 성실한 사람은 설정한 목표에 자신이 어느 정도 준비를 마쳤는지 정확하게 인지하므로 해결 과제와 기술의 적절한 균형을 찾을 수 있고, 피드백을 끊임없이 모니터링하여 자신이 지금 잘 해내고 있는지 확인한다(2장 〈몰입의 선행 단계〉 참조). 충분한 시간을 들여 준비하고 현재 자신의 정신적, 신체적인 상태를 그대로 받아들일 줄 안다면 달리기를 하면서 긍정적인 심리 상태를 유지해 놀라운 결과를 얻을 수 있다.

신경성

성실성이 몰입에 도움을 주는 것만큼이나 신경성은 몰입에 큰 방해가 된다[Ullén et al., 2011]. 신경성이 높은 사람은 쉽게 불안해하고 내적, 외적 요인에 정신이 팔려 힘들어하며 금세 좌절하는 경향을 보인다[McCrae & Costa, 1990; Goldberg, 1990]. 과도하게 불안하고 산만한 상태로 달리면 목표를 향해 잘 나아가고 있는지 제대로 집중하기가 힘들다. 피드백을 바탕으로 현재 진행 상황을 충분히 파악하는 것은 몰입의 선행 단계에 속하므로 이는 매우 중대한 영향을 끼친다.

신경성이 높은 사람들은 달리기를 할 때 자신의 안전이나 주변 사람들의 행동과 반응, 겉으로 드러나는 자신의 모습과 같은 외적 요소를 과도하게 염려한다. 때에 따라 누구나 이러한 요소를 신경 쓰기도 한다. 인적이 드문 등산로, 어두운 거리에서 달릴 때 안전을 염려하는 일은 충분히 있을 수 있다. 또한 동료 선수나 경쟁자, 관중석에서 지켜보는 친구에게 깊은 인상을 남기려고 애쓸 때도 있다. 그러나 같은 행동이라도 정도를 넘어설 때, 현재 처한 환경에서 더 중요한 요소에 집중하지 못하게 만들 때는 신경성으로 분리된다.

신경성이 높은 사람들에게는 내적 요소도 외적 요소만큼 큰 문제로 작용한다. 훌륭한 달리기 경험의 특징은 달리는 즐거움에 푹 빠지거나 달리는 동안 아무 생각도 하지 않는 것이다. 즐겁게 달릴 때 주로 그러한 현상이 나타난다. 그러나 신경성이 높은 사람들이 마음을 조용히 가라앉히는 건 거의 불가능한 일이며, 대부분 부정적인 생각들이 계속 떠오른다. 남들이 현재 자신의 성적이나 자세를 어떻게 볼지 걱정하고 심지어 복장까지도 신경을 쓴다. 이런 염려는 몰입이 들어올 정신적인 공간을 차지해 달리기 자체를 즐길 수 없게 만든다.

이처럼 내면의 부정적인 생각들은 과거의 실패 경험을 계속 곱씹게 하고, 결국 앞으로도 실패할 것이라는 비관적인 예측을 낳는다McCrae & Costa, 1990. 마음에 잡음이 많으니 목표와 현재 상황에 집중할 만한 인지적 에너지가 부족해지고 몰입하기도 힘들어진다. 달리기를 포기하고 중간에 멈추고 싶은 유혹도 굉장히 강하게 느낀다. 달리기를 할 때 불안감이 심한 사람은 내면의 잡음을 끌 수 있는 방법을 찾고 정신을 산만하게 만드는 요소를 없앤 후 집중력을 끌어모아 비관적인 예측을 긍정적으로 바꿔야 비로소 몰입으로 향할 수 있다. 그래야 달리기도 훨씬 더 즐길 수 있다. 마음을 조용히 가라앉히고 사고 패턴을 긍정적으로 바꾸는 방법은 이 책 2부에 나와 있다.

완벽주의와 의욕

달리기를 위해 열성적으로 노력하는 많은 사람들은 공통적으로 자신의 기술을 완벽하게 다듬으려는 성향을 보인다. 이와 같은 욕구가 어디에서 비롯했는지, 그리고 달리기에 어떻게 적용되는지에 따라 몰입을 촉진하거나 저해한다.

레바논 베이루트에 위치한 아메리칸 대학교에서 활발한 연구 활동을 이어온 인지-신경과학자 아르네 디트리히는 긍정적인 노력형 완벽주의자가 자기 비판형 완벽주의자보다 몰입을 경험할 가능성이 더 크다고 밝혔다Dietrich & Stoll, 2010. **긍정적인 노력형 완벽주의**는 자기 자신에 대한 기준이 높고 그 기준을 향해 나아간 달성 정도를 평가하는 구체적인 기준점을 정한다. 동시에 행동적, 정신적인 인내심과 계속하려는 추진력이 강하다. 이러한 사람들은 압박이 강해질 때 끈기와 투지를 드러낸다.

반면 **자기 비판형 완벽주의**는 신경성과 여러 면에서 비슷하다. 자기 비판형 완벽주의자도 기준을 높게 세우지만 예상했던 수준에 성과가 미치지 못하면 스스로를 비난하고 실수를 저지를까봐 매우 불안해한다. 애초에 자신이 세운 높은 기준을 충족하지 못할 것 같다는 비관적인 태도도 나타난다. 이러한 특성은 성과에 악영향을 줄 뿐만 아니라 몰입을 경험할 가능성도 약화시킨다.

두 가지 완벽주의자 모두 기준과 기대치를 높게 설정하기 때문에 스트레스를 유발할 수 있다. 하지만 두 완벽주의를 가르는 중요한 차이는 스트레스에 어떻게 대처하는가, 그리고 실패할 경우 그 원인을 어디에서 찾는가이다. 긍정적인 노력형 완벽주의자에게는 무언가에 도전하면서 생기는 스트레스가 에너지원이 되고 의욕을 높이는 요소로 작용한다. 그리고 그 일을 얼마든지 극복할 수 있다고 여긴다. 실패하더라도 개인적인 결점이 아닌 성장 과정, 학습의 일부처럼 삶의 자연스러운 부분이라고 생각한다. 이와 같은 긍정적인 노력형 완벽주의자는 도전을 즐기고 위기를 감수하며 실패를 발전의 기회로 여긴다는 점에서 **실행 동기형**approach-motivated이라고도 할 수 있다. 실행 동기형 사람의 또 한 가지 유리한 특성은 긍정적인 관점에서 기억을 떠올린다는 것이다. 이들은 실제로 부정적인 감정이 들었던 일에 대해서도 다시 기억할 때는 긍정적으로 보는 경향이 나타난다Strachman & Gable, 2006.

실행 동기형 사람이 되고 싶다면 달리기 또는 인생에서 만나는 모든 과제를 훌륭하게 해결해내기 위해 직면한 문제들을 즐기고 힘든 과정에도 가치를 부여할 수 있어야 한다. 그래야 썩 만족스럽지 않았던 달리기나 성적이 나빴던 기억도 긍정적으로 볼 수 있다. 관점을 바꾸는 것은 진실성 없이 달리기에 관한 기억을 조작하라는 의미가 아니라 부정적인 측면에 주목하지 말고 그 경험에서 얻을 수 있는 긍정적인 면을 찾을 필요가 있다는 뜻이다Strachman & Gable, 2006. 이는 눈앞에 먹구름이 자욱할 때 한 줄기 빛, 희망을 찾는 능력이라 할 수 있다. 그러므로 이와 같은 행동적 경향이 삶의 만족도와 깊이 연관되어 있는 건 당연한 결과일 것이다Elliot et al., 2006.

자기 비판형 완벽주의자는 같은 상황을 전혀 다른 의미로 해석한다. 스스로에게 높은 기준을 적용하고 까다로운 목표를 수립하는 것까지는 동일하나 자신의 성과를 그 목표와 비교하면서 불안해하고 매우 비판적인 눈으로 평가한다. 자신이 얻은 결과를 비판적으로만 분석하는 성향은 학습된 행동일 수도 있지만, 고차원적인 추론이 이루어지는 전전두피질(편도체도 관여할 가능성이 있다)의 활성 상태가 계속되는 생물학적 특징에서 비롯한 결과일 수도 있다Dietrich & Stoll, 2010. 앞서 2장에서도 설명했듯이 디트리히가 실시한 연구에서 전전두피질은 몰입 중에 불활성되거나 휴지 상태가 되는 것으로 나타났다Dietrich & Sparling, 2004. 그러므로 자기 비판형 완벽주의자의 경우처럼 전전두피질이 계속 활성화되면 몰입이 저해될 수 있다.

긍정적인 노력형 완벽주의자가 도전할 일을 찾고 실패는 배우고 성장할 기회로 여기는 실행 동기형 행동을 보인다면, 자기 비판형 완벽주의자는 회피 동기형 행동을 나타낸다. **회피 동기형**avoidance motivated 사람은 실패를 피하려고 하며 굳이 성공적인 결과를 얻으려고도 하지 않는다. 미묘하지만 중요한 차이다. 달리기 대회에 출전하여 출발선에 발끝을 대고 있다고 상상해보자. 이 순간 마음속에 꽉 들어찬 생각은 무엇일까? 오늘 달려야 하는 속도나 도달해야 하는 특정 장소, 꼭 갱신하고 싶은 자신의 최고기록? 아니면 지면 안 된다거나 실패하면 안 된다는 생각, 절대 꼴찌로 들어오면 안 된다는 생각? 전자는 성과를 명확하게 측정할 수 있고 여러 과정으로 나뉜 목표를 향해 나아가는 추진력이 되지만, 후자라면 시작부터 끝까지 불안이 사라지지 않아 몰입과 더욱 멀어진다.

달리다 보면 언제든 넘어질 수 있고 경쟁자가 자신을 앞질러 나가는 일도 얼마든지 일어날 수 있다. 실패할 위험은 경기 내내 존재하므로 목표에 얼마나 다가갔는지, 목표를 정말 달성할 수 있는지 평가할 수 없다. 결승선을 통과한 후에야 넘어지지 않고 꼴찌가 아닌 성적으로 경기를 마쳤는지 알 수 있다는 의미다. 그러므로 출발선에서 후자와 같은 생각에 사로잡힌다면 몰입하지 못하는 요인이 될 뿐만 아니라 달리기의 즐거움도 사라진다. 그리고 경기를 무사히 마치고도 큰 즐거움을 느끼지 못한다.

자부심

몰입의 빈도와 질에 영향을 주는 또 한 가지 성격 특징은 자부심이다. 자부심은 자신의 역량을 바라보는 태도와 믿음, 그리고 그 태도와 믿음에서 나온 감정이 결합되어 형성된다Smith & Mackie, 2007. **자부심이 강한**high self-esteem **사람**은 자신을 가치 있고 유능한 존재로 여긴다. 스스로를 자랑스러워하고 성취한 일도 자랑스러워한다. 이와 같은 태도는 기량에 잘 맞는 목표를 수립하는 토대가 되고, 이는 몰입 가능성을 높인다.

과도한 자부심inflated self-esteem은 자신의 기량에 대한 오판에서 비롯된다. 이 경우 자신에게 실제 능력보다 더 큰 능력이 있다고 믿는다. 이와 같은 생각은 미처 해결할 준비가 되지 않은 상태로 결과를 얻으려고 지나치게 노력해야 하는 원인이 되므로 몰입에 방해가 된다. 해결 과제와 기술의 균형에 따른 여러 결과에서 살펴보았듯이 ([표 2.2] 참조), 해결해야 할 과제에 비해 능력이 부족하면 불안이 생기고, 심한 경우 극도의 피로감과 좌절을 느낄 수 있다.

자부심이 부족한low self-esteem **사람**은 그와 정반대다. 자부심이 낮거나 아예 없는 사람은 스스로를 가치 없고 무능한 존재로 여기며 수치심이 드는 건 당연한 일이라고 생각한다. 이러한 확신은 실제 잠재력보다 자신의 역량을 더 낮게 보는 오판으로 이어진다. 자부심이 부족하면 어떤 일에도 도전하려고 하지 않고, 도전하더라도 열의가 없고 지루하다고 느끼는 경우가 많아 몰입하기 힘들다.

자부심이 과한 사람이나 부족한 사람 모두 자신의 기량에 대한 정직한 평가를 원치 않는다. 그러나 기량을 정직하게 평가해야 몰입할 수 있는 가능성도 커지고, 무엇보다 더욱 만족스러운 기분으로 달릴 수 있다. 그러므로 몰입이란 관점에서는 자부심이 강한 성격이 유리하다.

숙련 지향과 성과 지향

잭슨과 로버츠는 어떤 일에 숙련하려는 경향은 몰입을 촉진하는 반면 성과 지향적인 방식은 몰입으로 이어질 가능성이 더 낮다고 보았다Jackson & Roberts, 1992. 또한 해당 연구에서 스스로 인지하는 역량 수준이 높으면 몰입할 가능성도 높아지는 것으로 밝혀졌다. **숙련 지향**mastery orientation적인 사람은 과정과 경험에 중점을 두지만, **성과 지향**performance orientation적인 사람은 결과에 더 집중한다. 자부심이 부족하고 불안감이 큰 사람일수록 성과 지향적인 경우가 많고 사회적인 비교도 더 많이 하는 경향이 나타난다. 예를 들어 '다른 사람에 비해서 나는 지금 어느 정도일까?' 같은 생각 말이다. 이러한 요소는 모두 몰입 가능성을 크게 떨어뜨린다.

숙련 지향적인 사람들에게 몰입은 유일한 목표가 아니다. 학계 연구 결과를 보면 성과 지향적인 학생들의 시험 성적이 우수하지만, 학습 경험에 중점을 두는 학생들 역시 시험 성적이 좋을 뿐만 아니라 정보를 더 오래 기억하고 학습 과정을 더욱 즐겁게 받아들인다Dweck, 1986. 이러한 개념을 일반화해보자. 달리기를 능숙하게 익힌다는 태도로 달리기의 즐거움을 만끽하고 달리기 경험에 포함된 요소들을 받아들인다면 실력이 좋아지고 몰입해서 달릴 가능성도 커질 것이다. 뿐만 아니라 결과와 상관없이 경험 그 자체를 더 즐기게 될 것이다.

자연스러운 집중력

몰입하려면 집중력은 물론 주변에서 수집한 정보를 처리하는 능력을 갖추어야 한다. 달리기에 들인 시간과 거리도 영향을 준다. 얼마 전까지 학계에서는 쉽게 몰입하는 특징이 지능과 상관관계가 있을 것으로 추정했다. 무언가에 집중하려는 노력, 즉 **의식적인 집중력**focused attention이 높아야 지능이 높아질 수 있다는 가정이었으나, 중요한 것은 일부러 노력해서 집중하는 능력이 아니라 자연스럽게 집중하는 능력인 것으로 밝혀졌다Ullén et al., 2011.

의식적인 집중력은 지능과 관련이 있지만, **자연스러운 집중력**effortless attention은 지능과 무관하다. 자연스러운 집중력은 상당한 양의 연습과 반복의 결과이며, 스포츠를 포함한 모든 분야의 전문가들이 나타내는 반사적인 반응에 그대로 나타난다. 운전이든 달리기든 오랜 기간 한 가지 활동을 하면 그 경험의 일부가 기억, 특히 **암묵적 기억**으로 고착화한다.

태어나 처음으로 운전대를 잡은 날을 떠올려보면 하나하나 집중해서 신경 써야 하는 부분을 한꺼번에 처리하는 일이 얼마나 어려운지 실감할 수 있다. 반대 차선에서 다가오는 차량, 정지 신호, 정해진 차선 안에서 차를 달리는 간단한 일까지 전부 의식적으로 집중을 해야 할 수 있다. 이처럼 어떤 일을 익히는 동안에는 정보가 **명**

시적 기억으로 저장된다. 그러나 시간이 흘러 계속 연습을 하면 거의 반사적으로 암묵적 운전을 하게 된다. 우리가 하는 대부분의 활동처럼 이 단계에 이르면 에너지를 써야 그 일을 할 수 있다는 점은 마찬가지이지만, 이전보다 덜 힘들게 느껴진다(물론 낯선 도시나 꽉 막힌 도로처럼 편안한 상태에 머물 수 없고 명시적 기억에 의존해야만 하는 상황은 예외다). 달리기의 여러 측면도 시간이 흘러 연습이 쌓이면 암묵적이고 자연스러운 일이 되어 목표와 피드백, 해결 과제와 기술의 균형 등 몰입에 필요한 요소에만 생각을 집중할 수 있게 된다.

몰입을 촉진하거나 방해하는 개개인의 성향을 알면 도움이 될 수 있지만, 이것이 전부는 아니다. 마이크 박사는 쉽게 몰입하는 사람에 관한 보다 긍정적이고 광범위하면서 복합적인 특성을 제시했다. '자기 목적적 성격'으로 명명된 이 특성은 지금까지 살펴본 성격과 몰입의 관계에 관한 연구 결과와도 어느 정도 비슷한 부분이 있다.

몰입해서 달리면 경험이 더욱 풍성해지고, 거기서 얻는 만족감은 삶의 다른 부분에도 영향을 미친다. 이어서 설명할 자기 목적적 성격은 몰입을 쉽게 하는 사람에게서 나타나는 전반적인 성향과 태도, 행동 경향을 종합한 일종의 청사진이다. 현시점에서는 몰입을 자주 경험할 가능성이 가장 높은 특징으로 여겨진다.

자기 목적적 성격

영어에서 '자기 목적적'에 해당하는 'autotelic'이란 단어는 '자발적', '자기 보상'이라는 뜻을 가진 그리스어에서 유래했다. 자기 목적적 성격이란 바로 그와 같은 성향을 가리킨다. 여기서 자기 보상이란 이기적인 의미가 아니라, 그 자체가 보상으로 느껴지는 일에 참여하려는 욕구를 뜻한다. 어떤 활동을 하면서 느끼는 즐거움 자체가 보상이 된다는 의미에서 '내적 동기'라고도 불린다.

자기 목적적 성격의 특징

- 호기심이 많다.
- 참여도가 높다.
- 성취 지향적, 목표 지향적이다.
- 내적 동기가 있다.
- 새로운 기술 습득을 즐긴다.
- 도전의 가치를 안다.
- 권력이나 물질적인 것, 포상을 추구하기보다 삶의 경험을 즐긴다.

자기 목적적 성격은 세상과 주변에 호기심이 많고, 그만큼 주위에서 일어나는 일들에 적극 참여한다. 성취감, 무언가를 완수했을 때 찾아오는 기분을 즐기며 목표 지향적이다. 성취에 따르는 만족감은 외적으로 인정받거나 무언가를 얻어서 나오는 것이 아니라 자신이 일군 성공과 그 과정에서 느끼는 자부심에서 비롯된다. 목표를 세우고 그 목표를 향해 나아가는 과정을 즐기므로, 자신의 기술을 더욱 발전시킬 수 있는 활동을 선택해 피드백을 토대로 목표와 성과를 조정해나간다. 또한 피드백을 자신의 현 위치와 어디까지 도달할 수 있는지 알려주는 정보라고 생각한다.

이와 같은 방식은 달리기처럼 열정을 쏟아서 하는 다른 일에도 그대로 적용된다. 자기 목적적 성격은 일상적으로 하는 허드렛일이든 장기 목표이든 똑같이 열성적으로, 흥미를 갖고 대한다. 개인적 활동과 성취에서 충분한 만족감을 느끼므로 권력이나 물질적인 결과, 포상은 굳이 필요치 않다. 경험을 쌓고 의미 있는 일에 참여하는 것에서 만족감을 얻고, 살아가는 행위 그 자체에서 삶의 즐거움을 느낀다Csikszentmihalyi, 1997.

자기 목적적 성격의 소유자는 도전 과제를 찾는 즐거움과 기술을 습득하는 데 필요한 절제 사이에서 적절한 균형을 찾을 줄 안다Csikszentmihalyi et al., 1993. 이와 같은 성격을 가진 사람들은 살면서 일어나는 일들을 충분히 통제할 수 있다고 생각하므로 목표를 달성하기 위해 필요한 만큼 헌신적으로 노력할 수 있다. **외부 조건을 통제**해야 한다고 믿는 사람들은 자신이 처한 환경에서 일어나는 일들을 어쩔 수 없다고 여겨서 결과의 대부분을 타인이나 운명, 팔자 탓으로 돌린다. 이들은 외부의 영향이 워낙 엄청나서 시간을 투자해봤자 목표를 이루지 못한다고 생각해 목표도 잘 세우지 못한다.

자기 목적적인 사람은 남에게 자랑하거나 유명해지려고 달리는 것이 아니라 달리기가 주는 즐거움 때문에 달린다. 공간을 헤쳐 나가는 자신의 발걸음과 민첩함, 심장의 힘에서 기쁨을 느낀다. 오늘의 목표를 세우고 신나게 달릴 때는 그 순간에 푹 빠져서 그날 해야 하는 다른 일들은 제쳐둔다. 워낙 호기심이 많다 보니 얼마나 멀리까지 달릴 수 있을지 궁금해하고 지금 자신이 극복해야 히는 여러 가지를 몸이 얼마나 원활하게 받아들일 수 있을지도 궁금해한다. 또 시간이 흐르면서 달리기 실력이 점점 좋아지고 있는지 평가하는 방법과 다음에 달릴 때 스스로에게 무엇을 더 요구할 수 있는지도 알고 싶어 한다. 통제의 소재가 자기 내면에 있다고 생각하므로 분명 나아질 수 있다는 낙관적인 생각으로 달리고, 향후에는 더 까다로운 목표를 세울 수 있으리라 믿는다. 경쟁자를 이기면 큰 만족감을 느끼지만 그것이 달리기의 주된 동기가 되지는 않는다.

몰입하기 쉬운 성격

다섯 가지 성격특성 모형과 자기 목적적 성격은 직접적인 연결 고리가 없지만, 겹치는 부분이 많다. 그 공통점을 종합하면 **몰입하기 쉬운 성격**flow personality이 어떤 성격인지 알 수 있다. 다시 말해 그와 같은 성향이 있는 사람, 또는 그렇게 되려고 열심히 노력하는 사람은 쉽게 몰입할 수 있다. 몰입에 유리한 성향을 가진 사람은 달리기를 비롯해 열성적으로 참여하는 어떤 일에서든 몰입을 자주 경험하고 즐거움을 느낄 가능성이 더 높다.

몰입하기 쉬운 성격은 목표 지향적이지만 목표에 초점을 두지는 않는다. 학습 과정 또는 새로운 기술을 익히는 과정에 담긴 내적 가치를 발견하고 그 기술에 통달하고자 한다. 자신이 가진 능력을 현실적으로 인지해서 실제로 이룰 수 있는 목표를 세우므로 목표 달성까지 나아가는 과정을 즐길 수 있다. 자부심이 높다는 점에서도 이와 같은 특성이 나타난다. 통제 소재가 자신의 내면에 존재한다고 믿기 때문에 주변 환경과 기술, 미래도 통제할 수 있다고 생각한다.

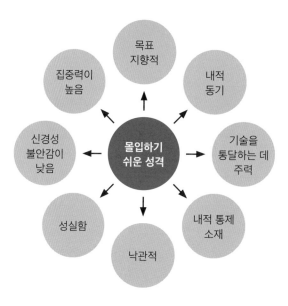

[표 3.1] 몰입하기 쉬운 성격의 특징

이와 같은 통제력은 열심히 노력해볼 만한 목표를 세우고 그 목표를 달성할 수 있다는 낙관적인 생각과 함께 삶의 영역을 보다 더 폭넓게 넓힐 수 있다는 믿음의 밑거름이 된다.

　쉽게 몰입하는 사람들은 성실하다([표 3.1] 참조). 즉 일을 해내는 것을 즐긴다. 어려운 일과 힘든 일을 해내려면 끈질기게 노력해야 한다는 사실도 잘 알고 있다. 실패도 현실적으로 일어날 수 있는 일이라고 받아들이고 발전하기 위한 과정의 일부로 여긴다. 이와 같은 사람들은 신경성이 낮은 편이므로 실패의 위험성과 그로 인한 영향이 불안으로 이어지지 않는다. 그저 하려는 일과 목표, 더 넓은 관점에서는 자신의 인생에 집중한다.

이와 같은 개인적 특성을 읽고, 여러분 자신이 몰입에 유리한 면과 불리한 면을 모두 가지고 있다는 사실을 알게 되었더라도 놀랄 필요는 없다. 사실 우리 모두 강점과 약점을 동시에 갖고 있다. 그리고 접근 방식이나 사고의 패턴을 조금만 바꾸면 많은 부분이 달라질 수 있다(2부 참조). 심리학자들이 실시한 수많은 연구를 통해 개인적 특성과 성격은 유연하다는 사실이 밝혀졌다. 신경과학과 발달심리학에서 중요한 개념으로 다루어지는 신경가소성도 그러한 예에 속한다. 즉 생각의 처리 과정과 행동을 조절하고 개시하는 신경 네트워크(뇌의 조직망)는 경험을 통해 끊임없이 변화하며 "함께 활성화하는 뉴런끼리 하나로 연결된다"고 설명할 수 있다. 신경가소성을 주제로 강연과 저술 활동을 이어온 UC 버클리 대학교 그레이터 굿 사이언스 센터Greater Good Science Center의 선입 연구원 릭 핸슨은 좋은 일에 집중하면 함께 활성화되는 뉴런을 더욱 긍정적인 생각과 행동을 유발하게끔 재배전할 수 있다고 밝혔다Hanson, 2013. 달리기도 마찬가지다. 현재 자신의 삶이 스트레스로 가득하다고 느끼는 사람도 가까운 미래에는 케이틀린 굿맨처럼 '즐기면서 달리는' 일이 가능하다는 뜻이다.

그렇다면 케이틀린 굿맨의 성격은 앞서 살펴본 성격특성에 관한 모형들을 적용할 때 어떤 특징이 나타나는지 궁금한 독자도 있으리라. 영국 웨스트민스터 대학교의 톰 뷰캐넌 교수가 발표한 41개 항목의 성격 검사(www.personalitytest.org.uk)에서 굿맨은 개방성, 성실성, 외향성, 친화성 점수가 '비교적 높음'으로 나왔으며, 신경성은 '비교적 낮음'으로 평가됐다.

긍정적이고 목표를 위해 열심히 노력하는 굿맨의 성격은 몰입을 경험하는 데 도움이 되었다. 굿맨은 달리기를 통해 궁극적으로 운동을 초월한 긍정적인 경험의 기회를 얻을 수 있다고 믿는다.

"제 경우는 '즐기면서 달리는' 것이지만, '즐기면서 걷는다', '즐기면서 수영한다' 등 다른 활동도 가능해요. 밖에 나가서 활동적으로 움직이는 일에는 전부 다 적용할 수 있습니다. 그것이 주문을 외듯이 제가 늘 생각하는 것입니다. 꼭 누군가와 겨루는 상황이 아니더라도 제 삶과 인간관계, 건강에 이로운 방식을 찾아서 더 건강하고 행복하게 살기 위해 노력하는 것은 누구나 다 마찬가지라고 생각합니다. 무조건 달리기보다는 무엇이든 즐기면서 하면 된다는 뜻이에요."

굿맨은 이어서 설명했다. "제 인생에서 중요하게 생각하는 또 다른 부분은 감사하는 마음입니다. 사실 이건 UC 데이비스 대학교에서 크로스컨트리 팀 코치로 일하고 계신 아버지께 배운 거예요. 아버지께서는 선수들에게 항상 즐기면서 달려야 한다고 조언하세요. 그리고 이렇게 살아 숨 쉬면서 운동을 할 수 있으니 세상에서 가장 운 좋은 아이들이라고도 하시죠. 편하게 쉴 곳이 있고, 전쟁터에 나가 나라를 지키기 위해 싸우지 않아도 되니 지금 가진 기회를 소중히 여겨야 한다고 말이에요. 그런 말들은 제가 지금까지도 프로 선수로서 운동을 하고, 끊임없이 꿈을 추구하고, 추운 날 불평 한마디 하지 않는 힘이 됩니다. 이런 기회를 얻었다는 것만으로도 감사하게 돼요."

가장 중요한 순간에 몰입을 경험할 수 있었던 굿맨은 미국 올림픽 대표 선발전에 나갈 수 있는 출전 자격을 얻었다. 이 경험이 굿맨으로 하여금 행복하고 겸손하게, 더 열심히 훈련을 이어나가도록 만든다. 그러나 달리기를 하는 대부분의 사람은 올림픽 출전이라는 높은 꿈을 위해 훈련에만 매진하면서 살 수 없다. 그래서 달리기를 하는 일반적인 사람들은 "대체 왜 몰입이 중요하지?"라고 의문을 가질 수 있다. 충분히 타당한 이 의문에 대해서는 4장에서 더 자세히 알아보기로 하자.

엘리 그린우드Ellie Greenwood와의 인터뷰

5,000미터, 10,000미터 달리기 혹은 마라톤까지는 달리는 행위 자체에 충분히 푹 빠져서 다른 건 전부 잊을 수 있으리라는 생각이 든다. 하지만 그 즐거운 시간이 160킬로미터로 늘어난다면 어떻게 될까? 그 정도로 장시간 몰입하고, 온전한 정신으로 집중하는 게 과연 가능할까?

이 주제를 연구한 사례는 거의 없으므로, 세계 최정상의 울트라 마라톤 선수에게 직접 묻는 것도 한 가지 방법이 될 것이다. 영국에서 태어나 캐나다에서 활동 중인 엘리 그린우드는 2008년 처음 출전한 대회에서 울트라 마라톤계의 혜성처럼 등장했다. 그녀는 현재까지 100킬로미터 세계 챔피언에 두 차례 오르고, 160킬로미터를 달려야 하는 악명 높은 웨스턴 스테이트 대회는 물론 80킬로미터 JFK 대회에서도 코스 기록을 보유하고 있다. 다음은 엘리 그린우드와의 인터뷰를 요약한 내용이다.

본격적인 인터뷰를 시작하기 전에, 우선 몰입을 자주 경험하시는지 궁금합니다.

그린우드 그렇기도 하고 아니기도 해요. 몇 주 또는 몇 달간 훈련이 잘될 때가 있어요. 더 많이 노력해야 하고 훈련 강도가 센 데도 비교

엘리 그린우드는
몰입에 있어서 내적 피드백의
중요성을 강조한다.

적 수월하게 느껴지고 훈련이 잘되는 때는 꽤 자주 몰입을 경험한다고 볼 수 있어요. 몰입하면 주변 환경을 인지하긴 하지만 세상과 단절되어 달리는 길에 지나는 명소나 교차로를 거의 알아보지 못할 정도입니다. 반대로 훈련 중에 지금이 내 전성기인가 싶거나 제 한계를 넘는 수준까지 밀어붙일 때는 대체로 훨씬 더 힘들게 느껴져요. 다리도 아프고, 적절한 속도라고 생각한 목표인데도 갖은 애를 써야 달성할 수 있죠. 그럴 때는 몰입하지 못해요. 달리기가 자연스러운 움직임이 아닌 의식적인 노력처럼 느껴집니다.

산악 경기는 보통 주변 풍경이 멋진 곳에서 치러지는 만큼 몰입해서 달릴 가능성도 크다고 밝혀졌습니다. 등산로에서 훈련하거나 달리기를 하면 몰입하는 데 도움이 된다고 생각하십니까?

그린우드 네, 그렇다고 생각해요. 도시 환경에서 과연 내가 주변의 방해 요소에 신경을 끄고 달리기에만 푹 '빠질 수' 있을지는 잘 모르겠어요. 교통신호며 교차로와 횡단보도, 다른 보행자와 자전거 타는 사람들까지 신경을 써야 하니 달리기에 전념할 수 없을 테니까요. 러닝머신에서 달리거나 차량이나 외부 방해 요소를 최대한 없앤 폐쇄된 코스에서 뛸 때는 몰입해서 달린 경험이 있습니다. 러닝머신에서 뛰면 다른 건 다 사라지고 달리기만 남는 것 같아요. 정신을 산만하게 만드는 것도 없고, 방해 요소도 없고, 어떤 경로로 갈지 생각할 필요도 없죠. 아주 단순하게 달릴 수 있으니 몰입할 수 있습니다.

그래도 몰입해서 달리는 빈도는 등산로나 산악 환경에서 달릴 때가 확실히 더 높아요. 소음과 일상생활에서 받는 스트레스에서 벗어나 자연 속에서 편안하게 에너지를 얻는 기분이 들어요. 게다가 등산로에서는 나무뿌리나 바위를 피해 발을 어디에 내디딜지, 지금 당장 해결해야 할 일에만 집중합니다. 일반적인 길에서 달릴 때는 업무나 그밖에 일상적인 스트레스 요인을 떠올리게 되는 반면, 산에서는 달리기에만 초점을 맞추게 됩니다.

피드백도 몰입의 중요한 부분입니다. 거리 표지판도 없고 언덕이나 험한 지형 때문에 GPS 데이터도 정확하지 않을 때는 어떤 기준으로 노력의 결과를 평가하나요?

그린우드 제가 어떤 기분으로 달렸는지를 기준으로 삼으면 그날 훈련을 더 쉽게 평가할 수 있는 것 같아요. 제가 달린 실제 속도보다 스스로 인지한 노력의 정도가 더 중요하다고 보기 때문입니다. 일반적인 길에서 달릴 때는 시계를 비롯해 외적인 요소에 의존하게 돼요. 달릴 때 기분이 어떠했는지는 거의 개의치 않고 특정 속도로 달려야 한다고 생각하게 됩니다. 산악 달리기는 지형과 상황이 다양해서 기계에 표시된 숫자로는 얼마나 잘 달리고 있는지 알 수가 없어요. 그래서 기분이 어떤지, 얼마나 '몰입해서' 달리고 있는지에 집중하게 됩니다. 그러면 현재 체력 수준에 맞춰서 자연스럽게 더 노력할 수 있어요.

경기에 출전할 때, 또는 훈련으로 장거리달리기를 할 때 얼마나 몰입해서 달릴 수 있는지 궁금합니다. 10시간 동안 달리기를 할 때는 생각이 어디로 향하나요?

그린우드 장거리를 뛰다 보면 유독 힘든 지점이 있고 부정적인 생각에 빠지기 쉬워요. 그럴 때는 일부러 긍정적인 생각을 떠올리고 축 처진 상태에서 벗어나려 애쓰지만 그 외에는 절대로 생각이 어디로 가 있는지 신경 쓰거나 의식적으로 생각을 다른 쪽으로 돌리려고 하지 않아요. 장거리 대회에 출전하면 달리기에 몰입한 상태이거나 몽상을 하거나 앞으로 출전할 경기, 친구들 생각처럼 경기와 전혀 상관없는 일, 달리기의 전술적인 요소, 그리고 '이제 곧 급수대가 나오겠구나', '○○가 내 앞에서 달리고 있구나' 같은 여러 생각이 왔다갔다 흘러갑니다. 뭘 먹을지, 어떤 장비를 교체해야 하는지도 생각하고요. 장거리달리기에서는 다음 급수대를 이정표로 삼아 달리곤 하는데, 막상 급수대에 도착하면 너무 혼잡하기도 하고, 저만의 작은 세상에서 한적한 시간을 보냈던 등산로와는 분위기가 정반대라 가능한 한 빨리 나오고 싶어져요. 보통 경기 중에는 함께 달리는 선수들과 거의 대화를 하지 않고 조용히 달리기를 즐기거나 어쩌다 한두 마디만 나누는 편입니다. 앞서 달리는 선수의 발자국 소리를 들으면서 그 리듬에 정신을 집중하는 것도 괜찮은 방법이 될 수 있어요.

기록을 보고 달리기에 가속도가 붙을 때도 있습니까?
그린우드 몰입해서 달리면 시간 개념이 완전히 사라집니다. 그래서 장거리달리기를 할 때는 시계를 잘 확인하지 않아요. 시간을 알고 나면 다시 현실로 끌려나오게 되거든요. '어, 이제 점심시간이네!' 같은 생각을 하면 지금까지 얼마나 달렸는지, 또 앞으로 얼마나 더 달려야 하는지 깨닫게 되죠. 몰입하면 모든 것이 수월하고 자연스럽게 느껴져요. 금방 몽상에 빠지고, 인식하지 못한 사이에 시간이 흘러갑니다. 더 빠르게 달려도 덜 힘들게 느껴져요. 가끔 더 애를 써야 하고 고되게 느껴질 때도 있지만 힘든 상태를 받아들이고 계속할 수 있다고 생각하게 되죠. 그래서 한층 더 노력하게 됩니다.

가장 기억에 남는 몰입의 순간은 언제인가요?

그린우드 2012년에 출전한 웨스턴 스테이트 160킬로미터 경기에요. 우승도 하고 코스 기록도 세운 경기였습니다. 경기가 끝나고 한 기자가 특별히 힘든 구간이 있었냐고 질문했는데, 정말 그런 기억이 없었어요. 16시간 47분이 걸렸으니 정말 하루 종일 달렸어요. 그날 저는 다른 사람이 보기에 정말 지루하겠다 싶을 만큼 별다른 변화 없이, 경기 전체를 육체적으로나 정신적으로 아무런 흔들림 없이 끝냈습니다. 소란을 떨 일도 없었고 극적인 변화도 없이 다음 급수대까지, 또 다음 급수대까지 그냥 달렸어요. 필요하면 그곳에서 에너지를 채우고, 친구들과 반갑게 인사를 나누었죠. 열심히 달리는 것이 즐겁게 느껴졌습니다. 힘들다는 느낌이 전혀 없었던 건 아니지만 해볼 만하다는 생각이 들었어요.

핵심 요약

■ '자기 목적적 성격'은 몰입을 자주 경험하는 사람들의 사고와 태도,
행동 경향을 나타낸다.

■ 'OCEAN'이라는 약어로도 알려진 다섯 가지 성격특성 모형에서
몰입과 관련이 있는 특성은 높은 성실성과 낮은 신경성이다.

■ 긍정적인 노력형 완벽주의는 몰입에 도움이 되는 반면,
자기 비판형 완벽주의는 몰입 경험을 매우 어렵게 만든다.

■ '몰입하기 쉬운 성격'은 몰입을 자주 경험하는 사람과 관련된 특징과 경향을
종합한 것으로, 목표 지향성과 내적 동기부여, 높은 자부심, 낙관적인 태도,
내적 통제 소재, 기술에 통달하려는 태도, 실행하면서 동기를 얻는 성향,
높은 성실성, 낮은 신경성, 그리고 높은 집중력 등과 관련이 있다.

4장
몰입은 왜 중요할까

워리어 대시 세계 챔피언십 대회의 출발선에서 선수들이 저마다 몸을 풀고 있었다. 몇몇은 가볍게 점프도 했다. 이들이 서 있는 곳은 푸르른 잎이 눈부시게 빛나는 골짜기였다. 어디를 둘러봐도 가파른 언덕과 둔덕 위로 이어진 초록 잎들이 눈에 들어왔다. 미국 테네시주 남부에 위치한 이 나지막한 산들은 지역 동쪽에 자리한 그레이트스모키 산맥처럼 험준하지는 않지만 오르막과 내리막이 구불구불 형성되어 있었다. 선수들은 그 길을 따라 달릴 준비를 했다.

앞에 나선 엘리트 선수들은 서로를 눈여겨보았다. 출발선에 발끝을 대고 기다리는 주자들 중에는 올림픽에 출전했던 유명 선수도 몇몇 보이고, 달리기가 본업인 선수들도 섞여 있었다. 전국 단위의 챔피언십 경기는 이렇게 다양한 선수들을 끌어모으는 힘이 있다. 이런 경기에서 속도 관리 전략은 별로 중요하지 않다. 그저 모두가 출발 신호를 기다릴 뿐이다.

출발을 알리는 총소리가 울릴 때부터 일반적인 경기와는 다른 대회가 될 것임을 증명하는 단서가 드러났다. 출발 신호가 관중들의 환호성으로 가득한 길목에서 울리는 대신, 거대한 바이킹 헬멧 모양으로 꾸며진 플랫폼 꼭대기에서 터져나온 것이다. 선수들은 그 소리에 전혀 동요하지 않고 풀로 뒤덮인 첫 번째 언덕을 올라가는 데 온 정신을 집중했다.

잠시도 쉴 틈 없이 거칠고 가파른 언덕이 이어졌다. 경기가 끝나고 인터뷰에 응한 선수들마다 입을 모아 코스가 얼마나 혹독했는지 털어놓았다. 그래도 언덕은 수월한 축에 속했다. '골리앗', '죽은 자의 급경사', '디젤 돔'과 같은 이름이 붙은 장애물이 300명의 참가자들을 기다리고 있었다. 기어올라 넘어야 하는 목재 구조물과 빠져나갈 방향을 찾아야 하는 그물망 터널, 하체가 전부 빠질 정도로 깊은 진흙 구덩이도 포함되어 있었다. 이런 상황에서도 좋은 성적을 냈던 선수들 몇몇은 너무 시시하다고 푸념했다.

맥스 킹에게도 그날 경기가 그렇게 느껴졌다. 그는 지난 대회에서 세계 챔피언 자리에 올랐고, 급성장 중인 장애물달리기 종목에서 오래전부터 주목을 받아온 인물이다. 2012년에는 미국 마라톤 올림픽 대표 선발전에 출전하여 2시간 14분대 기록으로 경기를 마쳤고 35개의 장애물과 3.7미터가 넘는 물웅덩이 7곳을 포함한 3,000미터 장거리 장애물 경주에서 8분 30.54초의 개인 최고기록을 세우기도 했다. 힘과 속도를 겸비한 실력을 바탕으로 세계 크로스컨트리 챔피언십 대회의 미국 국가대표 명단에도 두 차례 이름을 올렸다. 킹은 세계 대회 우승에 만족하지 않고, 100킬로미터 경기에 출전해서 세계 타이틀을 거머쥐고 코스 기록을 세웠다. 그보다 거리가 짧은 각종 산악 대회와 일반 대회에서도 여러 차례 1위를 차지했다.

워리어 대시 챔피언십 대회의 코스 절반 정도에 이를 때까지는 킹과 함께 달리는 선수들이 있었다. 2008년 장거리 장애물달리기 부문 올림픽 선수로 출전했던 조시 맥애덤스(개인 최고기록은 킹보다 빠르다)와 2016년 미국 올림픽 마라톤 대표 선발전 본선에 참가한 선수이자 산악 경기 챔피언인 브렛 헤일스였다. 두 선수 모두 바로 뒤에서 만만치 않은 상대가 쫓아오고 있다는 사실을 잘 알고 있었다.

킹은 전술에는 관심이 없었고 그저 경기를 즐겼다. 경쟁은 킹을 움직이게 하는 원동력이었다. 결국 그는 맥애덤스와 헤일스보다 멀찍이 앞서 우승을 차지하고 3만 달러의 상금도 받았다. 그리고 일주일 뒤에는 고향인 태평양 북서부 지역으로 가서 산악 하프마라톤 경기에 출전했다. 끊임없이 도전하는 것이 킹의 방식이었다. 이유는 단순했다. "내가 하는 일이 즐겁게 느껴진다면 계속하기로 마음먹었어요."

그가 한 가지 유형만 고수하지도 않고 주 종목도 정해놓지 않은 데에 3만 달러라는 상금은 영향을 주지 않았음을 알 수 있다. 하지만 재능도 뛰어나고 의욕도 많은 선수라면 한 가지 종목에만 매진해서 한계를 뛰어넘으려고 해야 맞는 게 아닐까?

이와 같은 질문에 킹은 다음처럼 대답했다. "(다양한 경기에 참여하는 것이) 제게는 더 열심히 훈련하는 동력이 됩니다. 한 가지 분야에만 파고드는 건 여러 가지를 하면서 흥미를 유지하는 것만큼 재미있지가 않아요. 이것이 기본적인 이유고, 다른 이유는 제가 경쟁이나 새로운 종목에 도전하는 행위 자체를 즐긴다는 것입니다. 산

항상 새로운 도전거리를 찾는 맥스 킹은 자기 목적적 성격의 소유자이다.

악 하프 마라톤이나 평지에서 열리는 장거리달리기처럼 제 기준으로 아주 유리한 경기에도 출전하지만, 높은 산에 올라야 하는 산악 경기처럼 굉장히 힘들 것이 자명한 경기에도 출전합니다. 저는 달리기라면 뭐든 다 좋아요. 그래서 새로운 종목에도 얼마든지 직접 도전해보고 싶어요."

더 어려운 일을 찾아서 자신이 해볼 수 있는 경험을 호기심을 갖고 대하는 태도를 통해 그가 3장에서 설명한 자기 목적적 성격을 가진 사람임을 알 수 있다. 실제로 킹은 몰입에 중독됐다고 해도 될 만큼 푹 빠진 인물이기도 하다. 그는 다양한 해결 과제를 너끈하게 해치울 수 있는 체력을 유지하기 위해 매주 128~209킬로미터를 달리며 훈련한다. 이렇게 훈련을 하다 보면 현재 기량으로는 역부족인 상황도 찾아온다. 그러나 기량을 향상시켜야만 이겨낼 수 있는 과제는 그를 계속 노력하게 만든다.

"산악 경기처럼 제가 능숙하게 해낼 수 없는 일을 할 때는 몰입 기회가 저 멀리 달아난다는 것을 알고 있습니다. 그래도 저는 계속해서 도전하고, 제 실력이 조금이라도 나아졌는지 확인합니다. 새로운 도전에서도 몰입할 수 있는지 시도해보는 것이죠."

킹의 이야기는 더 큰 의문을 낳는다. 왜 이렇게 몰입이 중요할까? 몰입은 몸과 마음의 상호작용이 조화롭게 이루어지고 절정 경험으로 이어지는 경우도 많은 만큼, 간절히 추구할 만한 경험인 건 분명하다. 또한 몰입은 기분을 고양시키고, 훈련 의욕을 높이고, 뇌의 활성을 긍정적인 방향으로 바꾸고, 기술도 향상시킬 수 있다. 몰입하려고 애쓰는 것은 결코 시시한 일이 아닌 것이다.

몰입과 행복에 관한 재고

앞서 1장에서 몰입과 행복에 관해 간단히 살펴보았다. 각기 다른 현상이지만 분명 서로 연관된 개념이다. 몰입을 경험한 사람들을 대상으로 몰입 직후 실시한 수천 건의 인터뷰 결과를 보면 그와 같은 경험을 유도한 활동에 참여하면 즐겁고, 몰입 후 깊은 행복감을 느낀다는 사실을 확인할 수 있다.

여기서 핵심은 '몰입 후'라는 시간이다. 한창 몰입한 상태에서 명확한 감정을 느끼는 사람은 거의 없다. 사실 몰입 상태에서는 아무 감정도 느끼지 못하는 경우가 많다. 행복, 슬픔, 불안과 같은 감정은 모두 자기 인식에서 비롯하고, 감정을 처리하려면 에너지가 추가로 필요하기 때문에 당장 처리해야 할 일에 정신을 모두 집중하면 그와 같은 감정은 느낄 수 없다(왜 그런지는 이번 장 뒷부분에서 설명할 것이다). 그러므로 행복을 느끼는 것은 사실 정신이 흐트러지는 것이고, 집중 상태에서 벗어났음을 의미한다. 몰입한 상태에서 어떤 감정을 느낀다면, 그것은 호기심인 경우가 가장 많다Engeser & Schiepe-Tiska, 2012.

그렇다고 해서 몰입이 즐겁지 않다는 뜻은 아니다. 몰입 자체는 즐거움과 만족감을 선사한다. 그러나 **사건 특이적인 즐거움**event-specific enjoyment(달리는 행위를 즐기는 것)과 **포괄적인 행복**global happiness(존재하는 상태 자체로 행복을 느끼는 것)은 다르다. 해결 과제와 기술의 균형이 얼마나 중요한지 생각하면, 어떤 행위를 할 때 경험하는 즐거움은 스스로 인지하는 기술 수준과 밀접하게 연관되어 있음을 알 수 있다. 예를 들어 한 연구에서 참가자들에게 컴퓨터로 테트리스 게임에 집중하도록 한 뒤 몰입 점수를 측정했다Keller & Bless, 2008. 그 결과 가장 기본적인 단계나 고급 단계를 반복한 사람들보다 자신의 게임 실력이 드러나도록 변형한 게임을 한 사람들이 더 큰 즐거움을 느끼고 더 많은 몰입을 경험한 것으로 나타났다. 이와 같은 정보를 토대로, 달리기도 자신의 역량이 어느 정도인지 알고 그에 알맞은 해결 과제를 찾을 때 그렇지 않은 사람보다 몰입을 경험할 가능성이 더 크다는 것을 알 수 있다. 일주일 전, 한 달 전 혹은 1년 전에는 큰 도전이었던 일이 지금은 더 엄두가 안 나는 일이 되었을 수도 있고 너무 시시한 일처럼 느껴질 수도 있음을 명심해야 한다.

켈러와 블레스는 몰입 평가에 영향을 주는 한 가지 흥미로운 요소를 발견했다Keller & Bless, 2008. 내적 통제 소재 점수가 높고 행동 지향성이 높은 참가자가 위와 같은 조건에서 게임을 할 때 몰입을 경험한다는 사실이다. 게임에 대한 외적 통제력이 별로 없다고 느끼거나 어떤 결과를 얻을 수 있는지 인내심 있게 찾아내는 방식을 선호하는 상태 지향적 사람은 각자의 기량에 가장 알맞은 수준의 테트리스 게임을 할 때도 몰입을 경험하지 못하는 것으로 나타났다. 독일의 저명한 심리학자 안느 란트하우저와 요하네스 켈러는 이와 같은 결과를 다음과 같이 설명했다. "몰입을 경험할 수 있는 준비가 얼마나 되어 있는가는 개개인마다 다르다는 전제를 뒷받침하는 근거로 해석할 수 있다Landhäußer & Keller, 2012." 이는 곧 자기 목적적 성격인 사람은 다양한 환경에서 몰입을 경험할 가능성이 크고, 덜 익숙한 과제를 해결해야 하는 상황에서도 그러한 특징이 나타난다는 것을 의미한다. 몰입은 특정 과제를 행복한 기분으로 시작했는지 슬픈 기분으로 시작했는지, 아니면 창의적으로 대하는지 따분하다고 느끼는지 여부나 이전에 해본 익숙한 일인지와 상관없이 경험의 질을 높인다는 연구 결과를 감안하면Csikszentmihalyi & LeFevre, 1989, 다양한 환경에서 몰입할 수 있다는 것이 얼마나 엄청난 이점인지 알 수 있다.

킹을 비롯해 많은 선수들이 새로운 도전을 계속하는 이유도 같은 맥락에서 이해할 수 있다. 3,000미터 장거리 장애물달리기와 100킬로미터 산악 레이스는 공통점이 거의 없음에도 불구하고 킹은 두 종목 모두 똑같은 열정으로 임했다.

킹은 이렇게 말했다. "제 경우에는 어떤 특정한 방식으로 훈련을 해서 한 번 몰입을 경험하고 나면, 다음에 다시 같은 경험을 한다고 해도 처음만큼 보상받았다고 느끼지 못하는 것 같습니다. 그래서 새로운 기술을 익힐 수 있는 새로운 도전 과제를 찾아요. 새로운 분야에서도 몰입할 수 있게 되면 더 큰 성취감을 느낍니다."

반드시 새로운 도전을 찾아야 몰입을 경험하는 것은 아니지만, 몰입을 수시로 경험하면 삶이 행복해질 가능성은 매우 크다. 몰입은 그저 기분 좋은 경험으로 끝나지 않고, 자신의 한계를 계속 시험해 목표를 달성하도록 한다. 모네타Moneta, 2004와 마이크 박사의 연구Csikszentmihalyi, 1982에서도 몰입 경험의 빈도가 높으면 개인적인 성장과 발전으로 이어진다는 사실이 확인됐다. 단, 몰입과 행복은 양방향으로 영향을 주지 않는다. 즉 몰입하면 행복을 느끼지만, 어려운 문제를 해결하고 행복을 느낀다고 해서 몰입을 경험할 가능성이 커지지는 않는다Landhäußer & Keller, 2012. 또한 몰입 경험이 전체적인 행복감에 끼치는 영향은 그 경험의 깊이(즉 몰입의 구성요소 중 몇 가지를 경험하였는가, 해당 요소들을 어느 정도로 경험하였는가)보다 경험의 빈도에 훨씬 더 크게 좌우된다.

킹의 이야기를 들어보자. "달리기가 제 삶의 대부분을 차지하게 된 건 행운이라고 생각해요. 그만큼 많은 시간을 몰입 상태로 훈련을 하면서 지내니까요. 저는 몰입해서 보내는 시간이 얼마나 되는지가 하루 중 나머지 시간을 얼마나 행복하게 보낼 수 있는지와 연관되어 있다고 확신합니다. 어떤 일이든 몰입할 수 있어요. 반드시 훈련과 관련된 무언가를 해야 하는 것도 아니에요. 저는 글을 쓸 때도 몰입하곤 합니다. 그럴 때는 화면에 단어가 쏟아지듯이 흘러나오죠. 그러면 일이 더 수월해지고, 더 재미있게 느껴져요."

의욕과 끈기

여러분이 셸비 하얏트나 케이틀린 굿맨, 맥스 킹, 또는 지금까지 소개한 다른 선수 중 한 사람이라고 상상해보자. 방금 생애 최고의 경기를 마쳤다면 어떨까. 잘 뛰었을 뿐만 아니라 즐거움을 느꼈고 완전히 집중해서 달리느라 자의식은 거의 사라졌다. 크게 애쓰지 않아도 시간이 쏜살같이 흘러갔다. 달리는 내내 자신감이 넘쳤고, 모든 측면에서 제대로 달리고 있다는 징후를 느낄 수 있었다. 결승선에 들어온 순간부터는 순수한 행복감이 물밀듯이 몰려든다. 진정한 몰입을 경험한 것이다. 뜨거운 열기가 가시고 나면 이제 한 가지 생각밖에 들지 않으리라. '다시 한 번 경험해보고 싶다.'

직관적으로도 몰입이 의욕을 불러일으키는 건 자연스러운 일이다. 즐겁고 보람을 느끼는 일은 또 하고 싶게 마련이고, 그것이 설령 어려운 일일지라도 마찬가지이다. 집에서 경험하든 놀다가 경험하든, 사실 까다로운 일은 몰입 경험의 기회를 여는 출발점이나 다름없다.

마라톤 선수들을 대상으로 3단계에 걸쳐 실시한 연구에서 첫 출전한 마라톤 대회 중에 몰입을 경험한 선수는 더 큰 의욕을 갖고 계속 훈련해나가는 것으로 나타났다_{Schuler & Brunner, 2009}. 의욕이 커지니 훈련도 늘어나고, 더 좋은 성적으로 이어졌다. 표면적으로 이 과정은 '몰입 경험 → 의욕 증가 → 훈련 증가 → 성적 향상'이란 간단한 순서로 진행된다.

그러나 이 같은 직관적인 특성 외에도 또 다른 복잡한 특징이 있는 것으로 확인됐다. 몰입 경험은 기본적으로 다시 한 번 경험해

보고 싶은 마음을 유도할 뿐만 아니라, 힘들고 어려운 문제를 이겨 내는 능력을 키운다. 몰입의 기억은 머릿속에 깊숙이 각인되어, 목 표를 성공적으로 달성하기 위해 수많은 난관을 이겨내야 하는 상황 에서도 사람들이 다시 도전하고 큰 문제도 해결해보려고 덤비게 한 다Baumann, 2011.

독일의 학자 니콜라 바우만은 이처럼 까다로운 과제를 해결할 때 경험하는 몰입에 주목하고, 이를 **성과 몰입**achievement flow으로 명 명했다Baumann & Sheffer, 2011. 해결하기 힘든 일과 맞닥뜨리면 뇌는 발 생 가능한 수많은 결과를 분석한다. 몰입하려면 먼저 그 일을 해결 할 수 있다는 믿음이 있어야 한다. 해결에 반드시 필요한 기술을 가 지고 있다는 확신이 있어야 그러한 믿음이 생긴다. 이전에 도전해서 성공한 경험이 있거나 그동안 집중적인 훈련을 해왔다면 암묵적 기 억이 활성화되어 해결 과정이 간소해진다. 또한 개인적으로 큰 의미 가 있는 일일수록 이와 같은 과정은 더욱 명확하게 이루어진다. 어 려운 상황이지만 자동적으로 행동이 이루어지고 그 문제를 해결하 는 데에만 오롯이 집중하면, 몰입을 경험할 가능성이 더욱 커진다. 과거의 몰입 경험은 바로 이와 같은 방식으로 지금 눈앞에 닥친 문 제를 무사히 해결할 수 있다는 자신감을 심어준다.

달리기처럼 도중에 즐거움을 느끼고 어려운 문제가 생기더라 도 성공적으로 해결할 수 있는 일을 할 때에는 끈기도 생긴다. 특 히 달리기는 수년 동안 꾸준히 훈련을 해야 기록을 단축하거나 장 거리를 달릴 수 있게 되는 등 외적으로 큰 성공을 거둘 수 있으므 로, 달리기를 하는 사람이라면 끈기는 반드시 향상시켜야 하는 중요한 요소다.

이 책에서는 달리기에서 몰입이 기량 향상에 즉각적으로, 그리고 장기적으로 어떻게 영향을 주는지도 다루고 있다. 뿐만 아니라 몰입은 힘든 시기를 이겨내는 데에도 도움이 된다. 달릴 때 유독 무기력하고 몸이 축축 처지는 기분이 들 때도 있다. 훈련을 하다 보면 신체적, 정서적인 기복이 자연스럽게 발생하므로 자신의 체력이 급격히 좋아졌거나 나빠진 것으로 착각하지 말아야 한다Pfitzinger & Latter, 2015. 어느 일요일에 지난 1년간 달린 거리를 통틀어 가장 긴 거리를 완주했다면 그로 인한 피로가 월요일과 화요일, 수요일까지도 이어질 수 있다.

무기력하고 열의가 꺾이는 원인은 생리학적, 심리학적으로 다양하다. 장기긴 훈련이 이어졌거나 식상에서 스트레스가 많은 경우, 수면 부족, 빈혈, 영양 부족, 그밖에 여러 복합적인 요인들이 평소보다 훈련을 더 힘들게 느끼게 만드는 원인이 될 수 있다. 과거에 몰입한 경험이 있다면 그 기억은 이러한 시기에 기분을 개선시키는 데 도움이 된다. 동시에 자기 자신에게 통제력이 있다고 믿고 성취를 통해 의욕을 얻는 성향의 사람이라면 그러한 특성이 반복되는 문제의 해결책을 찾아내는 데 유용한 바탕이 된다.

달리기에서 성공은 결코 일직선으로 이어지지 않는다. 때로는 불가피하게 성적이 정체되는 시기가 찾아온다. 자신의 능력에 대한 깊은 믿음과 달리기 자체를 아끼는 마음은 그와 같은 시기를 견디는 힘이 된다.

킹은 이렇게 설명한다. "지쳐 나가떨어지지 않도록 저를 꾸준히 지켜줄 방법을 찾아내는 건 오랫동안 몰입하고 즐기는 데 큰 영향을 줍니다. 저는 그 방법을 찾는 것이 늘 재밌게 느껴져요."

성과 향상

스포츠는 정정당당해야 한다고(경기력을 향상시키기 위한 목적으로 약물을 이용하지 않아야 한다고) 생각하는 사람이라면, 2015년은 결코 유쾌한 해가 아니었을 것이다. 그해 1월에 보스턴 마라톤 우승자인 리타 젭투는 2년간 경기에 출전할 수 없다는 판정을 받았다. 두 건의 소변 검사에서 체내 산소를 증대시키는 에리스로포이에틴EPO 양성 반응이 나온 데 따른 조치였다. 11월에는 같은 케냐 출신 선수이자 세계 크로스컨트리 챔피언십에서 두 차례 우승을 거둔 에밀리 체베트가 도핑테스트 방해 약물을 복용한 것으로 밝혀져 4년간 경기에 출전할 수 없다는 판정을 받았다. 1월과 11월 사이에는 러시아에서 정부 지원으로 운영되던 도핑 프로그램에 부패한 실험실이 연루된 도핑 스캔들이 터졌다. 베를린 장벽이 허물어진 이후 최대 규모의 사건으로, 5만 건이 넘는 소변 샘플이 폐기됐다. 이 일로 국제육상경기연맹IAAF의 대표였던 라민 디악이 올림픽, 세계 챔피언십 등 주요 경기가 열리기 전 뇌물을 받고 양성 판정 결과를 은폐한 혐의가 드러나 체포됐다.

사이클이나 야구 등 다른 스포츠도 이미 도핑 스캔들로 뒤집힌 적이 있다는 사실까지 고려하면(미식축구처럼 아직도 그런 일을 은폐하려는 종목도 있다), 경기력을 최대한 향상시키기 위해서는 몸에 약물을 주입해 혈액과 근육의 힘을 강화할 수밖에 없는지 의구심이 들 수 있다. 경기력 향상 약물은 정식으로 처방받든 무단으로 사용하든 선수들을 훈련에 더 매진하게 하며 훈련 후 회복 속도를 단축시킨다.

그러나 정정당당한 스포츠를 지지하는 사람들이 밝힌 것처럼 약물은 결코 성공적인 결과를 얻는 유일한 방법이 아니다. 실제로 학계에서도 뇌의 엄청난 학습 능력을 일깨울 수 있는 다른 가능성을 찾았다. 몰입 경험을 통해 몸속에 숨어 있는 잠재력을 발견하는 경우가 많다는 사실을 알게 된 것이다. 이와 같은 경험은 의식적인 마음과 중추신경계 아주 깊숙한 곳, 두 곳에서 일어난다.

1990년대부터 무수한 프로 선수와 팀 들이 경기력을 보다 쉽게 최대치로 끌어올리기 위해 스포츠심리학자의 도움을 받고 있다. 많이 활용되는 방법 중 하나는 장애가 되는 문제를 해결 과제로 바꿔서 성장의 발판으로 삼는 것이다. 여기에 목표 설정과 숙련 지향적 태도를 키우는 방식을 결합하면, 몰입을 통해 선수가 최상의 경기력을 좀 더 수월하게 발휘하도록 하는 훈련법이 될 수 있다.

2016년 미국 테니스연맹이 '정신 훈련'을 통해 기량을 향상시켜야 한다고 밝힌 다음 글에서도 그와 같은 목표가 나타난다.

"스포츠 심리 훈련의 이점 중 하나는 경기력을 향상시킨다는 사실이다. 우승은 테니스의 주된 목적이나, 우승하려면 좋은 성적을 꾸준하게 유지해야 한다. 정신 기능이 향상되면 그와 같은 일관성을 확보할 수 있으며, 성적의 급격한 변동을 방지하는 데 도움을 준다. 경기가 복잡해질수록 심리학적인 도구를 적절히 활용하지 못하는 코치는 선수와 코치 자신의 성적은 물론 경기 만족도 역시 좋지 않은 방향으로 몰고 간다. 스포츠 심리학에 얼마나 투자하는지 여부가 높은 성적을 거두는 선수와 그저 그런 성적에 머무는 선수를 나누는 기준이 될 수 있다."

국제육상경기연맹이 2012년 발표한 〈의학 매뉴얼Medical Manual〉에도 동일한 견해가 담겨 있다. 해당 매뉴얼의 저자 베티 웬즈와 키스 헨셴은 다음과 같이 밝혔다.

"엘리트 수준에 오른 선수들에게 심리학 기술이 중요한 영향을 준다는 사실은 오래전부터 알려졌다. '정신적인 강인함'을 갖춘 선수는 성공할 가능성이 더 크다. 과거에는 이와 같은 기술이 유전학적으로 정해지거나 생애 초기에 획득된다고 여겼으나, 이제는 선수와 코치가 학습과 성과에 중대한 영향을 줄 수 있는 광범위한 심리학 기술을 습득할 수 있다는 사실이 통념이다."

몰입 경험의 수많은 특성은 일류 선수들에게서 실제로 나타나는 특성과 상당 부분 일치한다. 달리기라는 과제를 수행하면서 몰입을 경험한 사람들은 원치 않는 정보를 솎아낼 줄 안다. 현재의 해결 과제와 목표에 집중하고, 피드백을 토대로 자신이 얼마나 잘 해내고 있는지 판단한다. 의식적인 마음에 부정적인 생각이 끼어들 틈이 없으므로 자의식을 잃고 더 빨리, 더 현명하게, 더 효율적으로 달리는 일에만 집중할 수 있다.

잭슨과 로버츠는 몰입과 최고 성과가 어떤 관계인지 연구하고,

대부분의 운동선수는 결과가 아닌 과정에 집중할 때 최고의 성적을 거둔다는 사실을 확인했다Jackson & Roberts, 1992. 최종 결과가 주된 관심사인 선수는 몰입을 경험할 가능성이 낮고 성적이 기대에 못 미치는 경우가 많다. 비슷한 결과가 도출된 몇몇 다른 연구에서도 최고 성적과 몰입의 관계는 선수의 집중력, 그리고 그 일에 푹 빠진 정도와 관련이 있다고 보았다Garfield & Bennett, 1984; Loehr, 1984; Ravizza, 1973, 1984.

몰입하면 행위와 인식이 합쳐지면서 암묵적인 처리가 시작되어 최고조에 이른다. 이런 상태가 되면 즐거움과 자신감을 느끼고 무엇보다 몸과 마음이 완전히 하나가 된 것처럼 기능하므로 막강한 힘이 생긴 기분이 든다. 운동선수의 기량은 암묵적인 처리 절차가 가동될 때 최고 수준에 이른다는 사실이 학계에서는 이미 오래전에 밝혀졌다Masters 2000: Masters, et al. 1993; Maxwell et al. 2000. 반면 처리 절차가 복잡하고 번거로운 명시적 기억에 의존하면 느릿느릿한 상태에서 일이 더욱 악화된다.

암묵적 기억이 기능하면, 인체는 '1킬로미터당 4분대 속도를 유지하자', '저만큼 따라잡자', '오르막길에서는 보폭을 줄여야 해', '호흡하자' 등 달리기와 관련된 생각에 지체 없이 반응한다. 의식적인 마음으로는 설명할 수 없을 정도로 이러한 생각들이 자동적으로 흘러나온다. 몸과 마음이 일체화되면서 물 흐르듯 흘러가는 기분도 느낄 수 있다. 이 강력한 감정과 더불어 자신에게 통제력이 있다는 확신이 생겨난다. 이와 같은 상태가 되면 애쓰지 않아도 전략과 속도를 조절할 수 있다.

마이크 박사는 몰입 상태로 전환되는 과정에 대해 다음과 같이 설명했다Csikszentmihalyi, 1990. "생경한 느낌은 열중하는 태도로 바뀌고, 지루함은 즐거움으로 바뀐다. 무기력하던 기분은 통제력으로 바뀌고, 정신력이 자아에 힘을 불어 넣으면서 외적 목표에 신경 쓰며 헤매지 않는다."

몰입과 뇌

암묵적 기억과 명시적 기억에 관한 설명에서도 명확히 드러났지만, 몰입의 수많은 측면은 의식과 멀리 떨어진 곳에서 일어난다. 양전자방사 단층촬영PET이나 기능적 자기공명영상과 같은 신기술 덕분에 이제 과학자들은 사람의 뇌를 역사상 그 어느 때보다 자세히 들여다볼 수 있게 되었다. 이와 같은 연구를 통해 몰입은 마음에서 일어나는 속임수가 아니라는 사실이 확실하게 밝혀졌다. 또한 몰입 경험은 마음이 확장되는 과정이 아니라 인간이 계속해서 살아 숨 쉬려면 반드시 필요한 기본 요소가 드러나는 과정이라는 사실도 확인했다.

2장과 3장에서 소개했던 아르네 디트리히 박사는 막중한 요구가 주어졌을 때 뇌가 어떻게 반응하는지에 관한 연구를 선도해왔다. 그가 **일시적 전두엽 기능저하 이론**Transient Hypofrontality Theory, THT으로 명명한 연구 결과의 핵심은 뇌가 처리해야 할 일이 늘어나면 뇌의 비필수적인 기능과 관련된 **활성이 서서히 약화**(또는 중단)된다는 것이다. 일시적 전두엽 기능저하 이론에서는 활성이 약화되는 부분을 전전두엽이라고 본다. 자아 인식 등 보다 높은 수준의 사고를 처리하는 부분이 가장 먼저 기능을 잃는 것이다.

"전두엽 기능저하 현상은 인간의 진화에 가장 핵심적인 역할을 담당한 전전두엽의 활성이 반드시 약화되어야만 한다는 것을 보여준다. 인간을 특별한 존재로 만들어주는 부분, 고도로 발달한 인지 기능을 보유한 영역이 사라지는 것이다." 2011년 디트리히는 베이루트에서 열린 테드TED 강연에서 이와 같이 설명했다. "뇌는 공격을 받을 때마다 운영 방식을 바꾼다. 몸을 낮추고 가장 기본적인 것에 집중하는 것이다. 고장 난 배와 비슷하다. 배가 기울기 시작하면 바닥에 실린 짐부터 내다버려야 한다. 의식의 상태가 달라지고 배가 더 깊이 가라앉을수록 더 많은 짐을 버려야 한다."

디트리히는 가장 최근에 발표한 연구 결과를 토대로 달리기를 시작하고 30분 정도가 지니면 뇌가 비필수적인 영역의 활성을 약화시키기 시작한다고 밝혔다Dietrich & Audiffren, 2011. 전전두엽 등 달리기에 꼭 필요한 부분이 아닌 곳의 혈류를 차단하고, 움직임을 조정하는 운동피질처럼 뇌와 몸의 부위 중 달리는 동안 에너지가 더 많이 필요한 곳에는 혈류를 증가시킨다. 다른 사람과 경쟁을 벌여야 하는 경기처럼 에너지가 극도로 많이 필요한 순간에는 이와 같은 과정이 훨씬 더 빠르게 진행되리란 것을 충분히 예측할 수 있다.

보이지 않는 곳에서 뇌가 열량을 보존하고 에너지를 재분배하려고 애쓰는 사이, 완전히 몰입해서 달리는 사람은 일시적인 전두엽 기능저하에 따른 영향을 바로바로 느낄 수 있다. 갑자기 에너지가 넘치고 운동피질의 원활한 기능 덕분에 발걸음이 더욱 가벼워지며 적절한 자세로 달릴 수 있다. 심장 박동과 호흡 속도도 적정 수준을 유지한다. 한마디로 더 효율적으로, 더 빨리 달릴 수 있게 되는 것이다.

활성이 저하된 뇌 영역도 최상의 기량을 발휘하는 데 큰 영향을 끼친다. 전전두피질의 활성이 약화되면 현재 경험하는 것을 과도하게 걱정하지 않고^{Takizawa, 2014}, 암묵적 기억의 특성으로 무시해도 괜찮은 사소한 문제는 내버려둔다^{Dietrich & Audiffren, 2011}. 우울증과 스트레스로 인한 증상도 감소한다. 몰입과 더불어 좋은 성과를 내기 위해서는 내면의 소란스러운 상태가 이처럼 가라앉아야 한다. 과거에 실패했던 경험을 상세히 떠올리거나 현재 실패할 가능성을 일일이 따지지 않고 목표에 집중할 때 성공 확률은 높아진다. 달리는 도중에 정신을 분산시키는 생각들이 끼어들도록 내버려두면 명시적 기억(의식적 기억, 이성적 기억)이 암묵적 기억을 누르고 최상의 성과를 낼 수 있는 능력에 악영향을 끼친다^{Masters 2000; Masters, Polman, & Hammond, 1993; Maxwell, Masters, & Eves, 2000}. 암묵적 기억은 오랜 연습을 통해 형성되어 머릿속에 유리한 자세와 전략을 각인시키므로 새삼스럽게 기억을 꺼내느라 에너지를 소비하지 않아도 된다. 이것이 자동적인 반응으로 발전한다^{Dietrich, 2004}. 불안과 과거를 곱씹는 반응에서 헤어나면 자유롭게 호흡하고, 편안하게 움직이고, 평온하게 긍정적인 생각을 할 수 있다.

2011년 테드 강연에서 디트리히는 이와 같이 설명했다. "자신과 다른 사람의 차이를 일일이 따지는 능력이 사라지는 것만으로 자신을 둘러싼 세상과의 신비로운 일체화, 통합이 이루어집니다. 지금 있는 곳, 현재로부터 자신을 분리시키는 복잡한 정신 작용에는 엄청난 지력이 소모되므로, 현재에 머무르는 것을 통해 평온함과 평정심을 얻게 됩니다."

사람들이 인체 대사(에너지)를 대량으로 소비하며 정신적으로 고도의 집중력을 요하는 일을 하면서도, 몰입하면 전혀 힘이 안 든다고 이야기하는 것도 같은 맥락에서 이해할 수 있다. 달리기 선수가 태어나 가장 빠르게 달리고도 정작 자신이 느낀 노력의 양과 고통은 크지 않다고 밝힌 사례도 많다Jackson & Csikszentmihalyi, 1999. 이러한 경기력 향상 효과는 부족한 체력까지 대신할 수 없지만, 생리학적 스트레스에 대처하는 방식을 변화시킬 수 있다deManzano, et al. 2010. 한마디로 좋아하는 일을 하면서 몰입하면 피로와 고통이 부정적으로 인식되지 않는다는 뜻이다.

벤저민 호프는 저서《푸의 도 Tao of Pooh》에서《곰돌이 푸》의 등장인물들을 통해 도교의 원칙을 설명했다.《곰돌이 푸》에는 이상적인 도교 학자로 그려지는 푸가 한 부엉이를 향해 다른 사람들에게 이로운 영향을 주기 위해서가 아니라 지식 그 자체를 위해 지식을 습득하는 건 잘못된 일이라고 꾸짖는 장면이 나온다. 이 이야기에서 부엉이는 그동안 읽은 책 속에 담긴 지혜를 통해 무언가를 얻으려고 애쓰기보다 그저 똑똑해 보이는 데 치중한다.

이제 여러분은 몰입에 관한 기본적인 지식을 쌓았으니, 몰입을 향해 나아갈 수 있다. 2부에서는 달리기와 삶 전체에 몰입을 적용하는 방법을 알아볼 것이다. 암묵적 기억이나 전두엽 기능저하에 관한 정보가 더 나은 달리기, 더 나은 삶을 만드는 데 도움이 되지 않는다면 의미가 없을 테니 말이다.

몰입 검사

    몰입은 모든 감각으로 느낄 수 있는 경험이자 나중에 다시 떠올리면 기분 좋은 기억들로 마음이 가득 채워지는 경험이다. 그러나 몰입을 검사로 확인하기란 간단한 일이 아니다. 아무나 붙들고 지금 몰입한 상태냐고 묻는다면 적절한 대답을 얻을 수 없기 때문이다. 실제로 몰입한 상태라도 질문을 하는 것 자체가 몰입을 깨뜨릴 수 있으니 그와 같은 방식은 더더욱 부적절하다.

    마이크 박사는 몰입 검사법에 관한 연구를 개척하고 경험표집법Experience Sampling Method을 개발했다. 경험표집법에서는 연구 참가자들에게 호출기를 제공하고, 일주일 동안 불규칙한 간격으로 호출기가 울리도록 한다. 참가자는 호출이 오면 똑같이 나누어준 노트를 꺼내 그 순간의 생각과 느낌, 관찰한 바를 기록한다. 기록한 내용은 수집되고 분석을 거쳐 하루 중, 그리고 일주일 동안 어떤 과제가 참가자의 몰입을 유도했는지 알아보는 데이터로 활용된다.

    수 잭슨 박사와 허버트 마시 박사는 이를 표준화한 새로운 검사법을 개발했다Jackson & Marsh, 1996. 1996년에 두 사람이 개발한 몰입 상태 척도Flow State Scale는 36개의 질문에 참가자들이 직접 답하도록 되어 있다. 과거의 몰입 경험을 기억해내는 도구로도 활용할 수 있으며, 각각의 질문은 몰입 경험을 구성하는 아홉 가지 요소와 대응한다.

보다 최근에는 학계의 관심이 축약형 몰입 척도Flow Short Scale에 쏠리고 있다Rheinberg, Vollmeyer, & Engeser, 2003. 13가지 질문과 3가지 차등 척도로 구성된 이 검사법은 현시점에서 몰입을 평가할 수 있는 가장 간단한 도구로 여겨진다. 몰입 상태 척도와의 차이점은 참가자가 몰입의 선행 단계와 몰입 이후의 결과를 밝히도록 한다는 것이다. 또한 형식이 간결하여 응답자가 머릿속에 떠오른 것을 즉각적으로 답할 수 있다.

지금까지는 검사지를 통해 수많은 정보가 수집되었지만, 이러한 방식으로는 상관관계만 알 수 있을 뿐 명확한 인과관계는 확인할 수 없다. 다행히 기술은 계속 발전해왔고, 새로운 몰입 검사법은 기능적 자기공명영상 같은 두뇌 스캔 장비에 크게 의존할 것으로 전망된다. 기능적 자기공명영상은 뇌의 혈류를 측정하는데, 연구에 자발적으로 참여할 사람들을 모집해 자기공명영상 장비 안에서 비디오게임 등 몸을 크게 움직이지 않고 할 수 있는 과제에 집중하도록 한 다음, 뇌의 활성 변화를 모니터링한다. 수집한 데이터를 참가자의 기억과 함께 종합하면 몰입 시 뇌의 생리학적 변화와 심리학적 변화가 서로 어떻게 상호 연관되어 작용하는지 보다 폭넓게 이해할 수 있을 것이다.

입스!

프로 골프 선수가 일생일대의 경기를 치르는 중이라고 상상해 보자. 이제 18홀까지 왔고, 평생 처음으로 우승할 기회가 코앞이다. 그런데 공이 홀 가까이에서 멈추었을 때 그는 당황하기 시작했다. 지난 10년간 수도 없이 연습해온 대로 공이 들어갈 경로를 예측하고 퍼팅을 하는 대신, 공과 공이 나아갈 일직선 경로만 뚫어져라 응시하면서 모든 가능성을 계산하고 또 계산한 것이다. 결국 부자연스럽게 친 공과 함께 우승 기회는 날아갔다.

암묵적 기억은 특정 상황에서 몸이 순식간에 의사결정을 내리고 알맞게 반응하도록 놀라운 기능을 발휘한다. 5킬로미터 달리기를 하는 중일 때도, 자동차를 운전하거나 보고서를 타이핑할 때, 심지어 책을 읽을 때도 암묵적 기억은 모든 과정이 순탄하게 이루어지도록 한다. 이로 인해 정신적인 처리에 드는 에너지를 아껴서 다른 과제나 목적에 사용할 수 있다.

긴장, 불안, 과도한 상황 분석으로 인해 가끔 암묵적 기억이 아닌 명시적 기억이 활용될 때가 있다. 결코 반갑지 않은 이 현상을 가리키는 아주 적절한 명칭이 있으니, 바로 '입스yips'다.

앞서 골프 선수가 겪은 상황이 바로 그 예다. 골프는 스스로 성찰할 시간이 많고 기술적으로 완벽해야 하는 운동이므로, 입스라는 용어가 선수들 사이에서 회자되는 건 당연한 일인지도 모른다. 입스는 다양한 형태로 나타난다. 10년도 전에 미국 메이저리그 올스타전에 나온 뉴욕 양키즈의 2루수 척 노블락이 갑자기 2루에서 1루로 공 던지는 법을 완전히 잊어버린 것처럼 행동하더니, 상대팀 세인트루이스 카디널스의 우수한 투수 릭 앤키엘마저 포수의 글러브가 어디인지 전혀 모르는 사람처럼 공을 던졌다.

"던지는 법을 잊었다(전혀 모른다)"는 표현은 물론 과장이다. 노블락과 앤키엘 두 사람 모두 몸 상태만 보면 충분히 목표를 향해 공을 던질 수 있었다. 그리고 둘 다 연봉을 두둑하게 받는 프로 선수로서 전성기를 누리고 있었다. 그러나 연이어 실책을 저지르고 나니 어쩔 수 없이 자신의 기술에 문제가 있는지 계속 확인하게 되고, 결국 명시적 기억이 가동됐다(명시적 기억이 운동 기술에 어떤 영향을 주는지 확인하고 싶다면, 평소에 안 쓰는 손으로 공을 던지거나 종이에 글자를 써보기 바란다).

다행히 두 선수 모두 전통적인 방법과는 다른 과정을 거쳐 커리어를 되살릴 수 있었다. 노블락은 외야수로 포지션을 변경했고, 타자로서의 실력도 뛰어났던 앤키엘은 입스가 지속되자 중견수로 자리를 옮겼다. 외야로 나가니 공을 던지는 거리가 평소 던지던 거리보다 네 배 더 늘어났지만 두 사람 모두 별 문제없이 정확한 투구 실력을 보였다. 주변 환경이 바뀌고 압박감과 기대감이 줄자 암묵적 기억이 다시 기능하기 시작한 것이다.

달리기를 하는 사람들은 달리는 법을 잊어버릴 가능성이 거의 없다는 점에서 운이 좋은 편이다. 그럼에도 암묵적 기억을 통해 중요한 중추신경계 기능을 훨씬 더 수월하고 빠르게 활용할 수 있다. 한 걸음 디딜 때마다 다리의 모든 근육에 수축하라는 지시를 보내야 한다고 생각해보라. 아니면 좀 더 현실적으로 한 걸음 뗄 때마다 상황을 파악하고 속도를 조절해야 한다고 상상해보라. 생각만 해도 악몽 같은 이런 분석은 명시적 기억으로 도저히 감당할 수 없으리라.

쉽게 긴장하는 사람들은 가끔 큰 대회를 앞두고 그와 비슷한 불안이 스멀스멀 피어오르는 기분을 느낀다. 그래서 많은 사람들이 '분석으로 인한 마비' 현상을 경험한다. 다행스럽게도 달리는 행위 자체는 마음을 차분하게 가라앉히고 암묵적 기억이 다시 기능하도록 하는 경향이 있다. 그러므로 경기 도중에 심한 불안감이 들면 평정심을 유지하고 마음을 편히 먹으려고 노력해야 한다. 그러다 보면 곧 암묵적 기능이 되돌아와 계속 앞으로 나아갈 수 있을 것이다.

빌 로저스 Bill Rodgers

보스턴 마라톤, 뉴욕 마라톤에서 각각 네 차례 우승
몰입의 순간: 1975년 세계 크로스컨트리 챔피언십 대회

보스턴 마라톤과 뉴욕 마라톤 대회에서 각각 네 차례나 우승한 신화적 선수, 서글서글한 인상의 "보스턴 빌리"는 원래 평범한 달리기 선수였다. 그의 대학 시절은 1968년 보스턴 마라톤 우승자이자 룸메이트였던 앰비 버풋의 빛에 가려진 채로 흘러갔고, 3.2킬로미터 경기를 8분 58초로 완주했을 때처럼 어쩌다 한 번씩 재능을 드러냈을 뿐이었다. 1960년대 말까지 로저스는 자신의 재능에 그럭저럭 만족하고 파티를 즐기면서 많은 시간을 보냈다. 베트남 전쟁의 위기가 고조되자 로저스는 양심적 병역거부자로 등록한 뒤, 보스턴의 한 병원에서 시신 옮기는 일을 하며 전쟁을 피했다. 당시에는 간단한 조깅조차 하지 않았다.

그러나 달리기는 로저스의 삶이었다. 곧 나쁜 습관에 젖어 살던 생활에서 벗어난 그는 훈련을 시작했다(일하던 병원에서 노조를 조직하려다 쫓겨난 뒤였다). 초반에는 성과가 없었다. 1973년 첫 출전한 보스턴 마라톤에서는 결승점까지 가지도 못했고, 처음으로 마라톤 완주에 성공했을 때의 기록은 2시간 28분에 그쳤다. 그러나 로저스는 좌절하지 않았고 본격적으로 훈련 강도를 높여 매주 평균 193킬

1979년 보스턴 마라톤 대회에서의 빌 로저스.

로미터씩 수개월간 달렸다. 1974년 뉴욕 마라톤에서도 2시간 35분이라는 실망스러운 결과를 얻었지만, 그는 꿈을 향해 피땀 어린 훈련을 계속 이어갔다. 그 보상은 미국 크로스컨트리 대표 선발전에서 3위를 차지하는 것으로 돌아왔다. 그리하여 로저스는 1975년 세계 크로스컨트리 챔피언십 개최 도시인 모로코 라바트로 갈 수 있는 티켓을 확보했다.

1970년대에는 크로스컨트리 챔피언십이 전 세계적으로 가장 경쟁이 치열했던 종목 중 하나였다. 다양한 거리를 주 종목으로 뛰던 최고의 선수들이 모두 이 종목에 참가했다. 1마일 세계 신기록 보유자였던 존 워커, 마라톤 올림픽 챔피언 프랭크 쇼터도 포함되어 있었다. 당시 로저스의 이름은 별로 알려지지 않았지만, 그는 그동안 해온 훈련을 굳게 믿었다. 이 믿음이 몰입을 이끈 열쇠가 되었다.

"항상 몰입해서 달려보자는 생각으로 훈련을 했습니다. 내면까지 함께 달리는 것, 제가 속도를 조절할 수 있으면 편안하게 뛸 수 있으니 경기에 더욱 도움이 되겠죠. 현명하게, 머리를 써서 달리면서 기상 조건이 서늘하고, 습도가 낮은 날씨처럼 유리하다면 목표를 이룰 수 있을 거라 생각했어요." 로저스의 설명이다.

라바트에서 경기가 시작되고 얼마간은 쇼터와 나란히 달렸다. 그러나 쇼터가 옆구리 통증으로 뒤로 처지자 로저스는 속도를 올렸다. 정신을 차려보니 일주일 전 유럽 3,000미터 실내 경기에서 우승을 차지한 스코틀랜드의 이언 스튜어트와 스페인의 마틴 하로가 옆에서 뛰고 있었다. 하로와 로저스는 라바트의 경마 코스가 포함된 트랙을 따라 들판에서 빨리 벗어나기 위해 공격적으로 속도를 높였다. 마지막 한 바퀴를 남겨두고 선두 그룹에는 세 사람만 남았다. 로저스는 관심 선수로 꼽히지 않았던 존재였다.

"그날 세계 크로스컨트리 챔피언십에서 저는 가장 강렬한 몰입을 경험했습니다. 제 앞에 있는 선수가 누구인지 정확하게 인지하지도 않았어요. 그냥 달렸습니다. 크로스컨트리 대회이니만큼 시간도 중요치 않았죠."

우승 목표가 초 단위로 점점 현실이 되어간다는 사실을 인지한 로저스는 바로 앞에서 달리는 하로를 향해 계속 돌진했고, 결승선이 눈에 들어올 즈음에 마침내 그를 앞질렀다. 하지만 마지막 직선 구간에서 스튜어트가 치고 나와 모든 경쟁자를 앞지르고 12킬로미터의 여정을 마치며 우승을 차지했다. 로저스는 3위로 들어와 동메달을 받았다. 지금까지 미국 대표로 전 세계 크로스컨트리 챔피언십에서 그만큼 좋은 성적을 거둔 선수는 네 명에 불과하다.

라바트에서 열린 경기가 로저스에게 분수령이 되었다는 사실도 뒤이어 입증됐다. 두 달 뒤 출전한 보스턴 국제 마라톤 대회에서 앞으로 거둘 네 차례의 우승 중 첫 번째 우승을 차지한 그는 2시간 9분 56초의 기록으로 미국 신기록을 세우며 관중들의 환호를 받았다. 달리기 대회를 늘 사랑했던 그에게는 익숙한 관중들이었다. 기량이 최절정에 오른 1978년에는 총 30개 대회에 참가해 27회 우승을 차지했다. 그런 그에게도 몰입이 힘들었던 시기가 있었다.

"경기에 너무 많이 나가서 그런지, 몸과 마음이 완벽하게 조화를 이루고 기능하면서 경기를 편안하게 치루지 못한 날도 있어요."

현재 로저스는 보스턴에 설립한 '빌 로저스 러닝 컴퍼니'에서 강의도 하고 미국 전역을 돌며 홍보를 하고 있다. 60대에 접어들었지만 여전히 짜릿한 경쟁을 즐긴다. 그리고 몰입 경험도 포기하지 않았다.

"나이가 들면서 노력해도 몰입하지 못하는 경우가 더 많다는 사실을 알게 됐습니다. 먼 곳에서 열리는 대회에 출전하면 너무 피곤해서 그런 것 같아요. 그래도 여전히 경기에 따라 수월하게 달리는 기분이 들고 시간이 순식간에 흘러가는 경험을 합니다."

핵심 요약

■ 몰입은 즐거운 경험이다. 그러나 몰입을 경험한 사람들은 대부분
  몰입한 '동안에는' 행복감을 느끼지 못한다고 이야기한다.

■ 몰입 경험은 개인적인 성장과 발전의 기회를 제공하며,
  이는 포괄적인 행복(존재하는 것만으로 행복한 기분)을 향상시킨다.

■ 몰입 검사는 까다로운 일이며, 이로 인해 대부분의 연구는
  몰입을 경험한 사람이 회상해서 직접 보고하는 내용에 의존한다.

■ 아르네 디트리히가 개발한 '일시적 전두엽 기능저하 이론(THT)'은
  집중력이 향상되고 주의가 덜 산만해지면서 감정이 가라앉는 현상과 관련된
  뇌 기능의 변화에 관한 내용이다. 해당 이론에서는 전전두피질과
  편도체의 활성 감소가 그와 같은 변화와 관련이 있다고 본다.

■ 일시적 전두엽 기능저하 이론은 몰입이 현재 하고 있는 일에서
  최고의 성과를 거두는 발판으로 작용하는 이유를 설명한다.
  불필요한 정보를 솎아내고 주변의 여러 요소 중 중요한 것에 집중하도록
  하는 동시에 암묵적 기억이 작동해 성과와 관련이 있는 기억과
  그동안 충분히 연습한 것을 발휘할 수 있도록 돕는다는 내용이다.

■ 몰입은 끈기와 회복력에 영향을 주고 이는 성과 개선에 도움이 된다.
  다시 몰입을 경험하고 싶다는 열망은 꾸준히 훈련해야 한다는 동기를 부여하며
  해당 활동에 관한 경계심을 예리하게 만든다.

2부
몰입을 찾아서

살면서 무언가에 몰입했던 순간보다 강렬한 기억은 거의 없다. 몰입의 순간은 인생을 살만 하다고 느끼게 한다. 목표를 이루고자 열정을 다해 노력하는 사람이라면 누구나 다 이와 같은 상태를 경험할 수 있다는 것이 바로 몰입의 큰 장점이다. 달리기를 하면 다양한 상황에서 몰입을 경험할 수 있는 기회가 생기고 몰입을 경험하는 빈도가 높아진다.

5장
몰입의 선행 단계

레오 만자노는 8만 명의 관중이 지르는 함성을 들으며, 지구상에서 가장 다부지고 빠른 열한 명의 선수들 틈에서 런던 올림픽 트랙을 달렸다. 경기의 흐름, 더 넓게는 인생이 바뀔 수 있는 움직임을 단 하나도 놓치지 않으려고 모든 선수가 서로를 유심히 살폈다. 1,500미터 육상 경기는 4분도 채 안 되는 시간에 결판이 난다. 그 짧은 시간에 선수들은 지난 수년간의 유산소 운동과 수백 혹은 수천 번의 인터벌 트레이닝으로 갈고닦은 기량을 발휘해야 한다. 남은 건 단 두 바퀴. 기량을 최대치로 끌어올려야 할 시점이 다가왔다.

전 세계 무수한 선수들과 마찬가지로 만자노는 달리기라는 스포츠 자체를 사랑할 뿐만 아니라 달릴 때 느끼는 기분을 즐겼다. 지난 10년간 잘 짜인 계획에 따라 이루어진 엄격한 훈련이 타고난 재능과 결합해 그의 기량은 거의 절정에 다다른 상태였다. 그리고 지금, 거의 한 바퀴만 남겨둔 시점에서 알제리의 타우피크 마크루피가 앞으로 돌진하기 시작했다. 거의 3분간 한 덩어리로 뭉쳐 있던 열두 명의 선수들은 재빨리 흩어져 그 뒤를 쫓았다. 어떤 선수든 듣기만 하면 자동으로 속도를 올리는, 마지막 한 바퀴를 알리는 종소리와 동시에 마크루피가 선두로 나아갔다.

대부분의 선수는 곧바로 마크루피와 거리를 좁혔지만, 만자노는 그렇지 않았다. 일부러 그런 것도 아니었다. 그는 바로 이런 순간을 대비하며 10년이 넘는 세월 동안 훈련해왔다. 하지만 다리도, 폐도 마음대로 움직여주지 않았다. 엄청난 좌절감이 솟구쳤다. 머릿속에는 멕시코에서 가난하게 살던 어린 시절이며 아버지가 더 나은 삶이 보장된다는 믿음으로 일자리를 찾기 위해 몰래 국경을 건너 텍사스로 향했던 일이 떠올랐다. 그동안 달렸던 수만 킬로미터의 길, 고된 훈련, 리프팅과 드릴을 4시간씩 실시했던 비교적 '수월한' 훈련도 떠올랐다. 가족들이 자신을 위해 희생했고 만자노 자신도 몸 바쳐 희생했지만, 말 그대로 꿈이 멀리 달아나는 것 같았다. 지옥 같은 심정이었다.

만자노의 설명이다. "다리가 너무 무거웠습니다. 달릴 수 있을지 모르겠다는 생각이 들었어요. 힘들다, 너무 고되다는 생각도요. 8만 명이 보고 있다는 생각도 들었죠. 그러다 느닷없이 이런 마음이 들었습니다. '안 돼. 지금 포기하겠다는 거잖아. 난 포기할 수 없어. 식구들이 여태 참고 희생한 걸 전부 헛수고로 만들려는 거야?' 그러자 정신이 번쩍 드는 기분이었어요. 정신을 차리고 나니 에너지가 불끈 솟았죠."

만자노는 잠시 그때를 회상하며 미소를 짓더니 덧붙였다. "사실 에너지가 솟아난 게 아닐 수도 있어요. 나머지 선수가 모두 힘이 빠졌을 수도 있으니까요."

마크루피는 지친 기색이 없었다. 결승점 반대편의 직선주로에 들어서자 가속이 붙더니 100미터를 12초 만에, 유례없는 속도로 내달렸다. 그 여파로 다른 일곱 명의 선수들은 본래 계획보다 거의 200미터 앞선 지점에서 전력 질주를 시작했다.

그동안 만자노의 상태도 본래대로 돌아오고 있었다. 경기 시작 후 첫 세 바퀴는 거의 명상에 가까운 집중력으로 달렸지만, 이제 그런 상태는 깨졌다. 하지만 자기 연민에 빠진 상태에서도 함께 깨어났다. 다리가 다시 가벼워지고, 경기에 대한 집중력이 살아나자 한 가지 생각이 머리를 스쳤다. '다들 너무 빨리 달리고 있어. 곧 원래 속도로 돌아올 거야.'

그리하여 다음 40초 동안 올림픽 역사상 가장 인상적인 장면으로 꼽히는 일이 벌어졌다. 9위로 달리던 만자노가 기운이 소진된 팔다리와 사그라지던 꿈을 다시 붙잡기 시작한 것이다. 그의 예상이 맞았다. 경기는 과열된 상황이었다. 결승점을 200미터 남겨두고 만자노는 전년도 은메달 선수인 닉 윌리스를 따라 잡았다. 그 사실이 잠깐 머릿속을 꽉 채웠다. '지금 내가 이렇게 훌륭한 선수를 따라 잡은 거야?' 이내 만자노는 이 피드백의 중요한 의미를 깨달았다. 아직 목표를 달성할 가능성이 살아 있다는 사실이었다.

"그 순간 저는 어서 달려야 한다는 걸 깨달았어요. 한 명, 또 한 명 따라잡을 때마다 더욱 탄력이 붙었습니다. 가속이 붙어서 다른 선수를 앞지르고, 그것이 다시 가속도가 되어 계속 앞으로 치고나갈 수 있었어요."

마지막 직선 구간에 이르렀을 때 만자노는 6위였다. 정신은 맑고, 몸에서는 힘찬 기분과 함께 민첩함이 느껴졌다. 올림픽 메달을 따려면 남은 12초 동안 최소 세 명의 선수를 제쳐야 했다.

"그때 이런 생각을 했던 기억이 납니다. '지금이야.' 그리고 바닥에 엎드리는 심정으로, 기도하듯 소망했습니다. '해낼 수 있는 힘을 주소서.' 그런데 정말로 제가 앞서 달리던 선수들을 앞지른 겁니다. 거리가 가까운 것도 아니었는데 앞질렀어요. 결승선을 지나서야 제가 올림픽 메달을 땄다는 걸 알았어요."

그 즉시 수많은 카메라가 만자노를 둘러쌌다. 1,500미터 종목에서 무려 44년간 지속된 미국의 메달 가뭄을 해결한 선수가 어떻게 행동할지 놓치고 싶지 않았던 것이다. 잠시 후 만자노는 마크루피의 옆에 서서 올림픽 은메달을 목에 걸었다. 하지만 그 순간이 오기 전에 그는 관중석을 채운 8만 명의 얼굴을 올려다보았다. 고국에서 지켜보던 수백만 명의 시청자들도 모두 믿을 수 없다는 표정으로 고개를 저었다. 가장 절실한 순간, 모든 것이 이루어졌다.

"너무나 많은 감정이 북받쳤습니다. 온갖 생각이 다 들었어요. 그동안 견뎌왔던 힘든 일, 항상 약체로 취급받았던 시간들도 떠오르고, 기쁨과 함께 이게 지금 얼마나 신나는 일인가 생각했어요. 정말 경이로운 순간이었습니다."

그날 수여받은 올림픽 메달은 텍사스 오스틴에 있는 만자노의 집에 걸려 있다. 덕분에 큰 명예와 무수한 기회를 얻었지만, 만자노의 기억에 남은 건 그 경기에서 계속 달릴 수 있게 해준 몰입 경험이다.

레오 만자노는 몰입 덕분에 2012년 런던 올림픽에서 메달을 목에 걸었다.

올림픽에 출전해서 출발선에 서는 선수는 소수에 불과하고 메달까지 따는 선수는 더욱 드물다. 그러나 육상 선수라면 모두 개개인의 기준에서 달리기를 마스터하고픈 열망이 있다. 2부에서는 이론보다 실질적으로 적용할 수 있는 부분에 주목한다. 몰입을 하려면 우선 통제 가능한 요소를 통제할 수 있어야 한다. 몰입의 선행 단계, 즉 명확한 목표와 목적, 해결 과제와 기술의 적절한 균형, 그리고 성공으로 이끌어줄 정확한 피드백이 그러한 요소에 해당한다. 선행 단계가 무조건 몰입을 보장하는 건 아니지만 몸과 마음을 몰입할 수 있는 상태로 만들어준다. 더불어 모든 노력을 다하도록 격려함으로써 최상의 성과를 일구는 바탕이 된다.

명확한 목표 세우기

레오 만자노가 올림픽 은메달을 목에 걸 수 있었던 것은 우연이 아니다. 10년간의 고된 노력, 텍사스 곳곳의 길과 트랙에서 쏟은 땀이 빚어낸 결과다. 그리고 목표를 이룰 수 있다는 굳은 믿음은 성실함의 연료가 되었다. 올림픽에 출전하고 메달을 딴다는 것도 목표에 포함되어 있었다. 그는 이 목표를 2008년, 2012년에 달성했다. 목표를 반드시 이루겠다는 마음은 셀 수 없이 다양한 원천에서 의욕을 얻는 밑거름이 되었고, 덕분에 힘들고 까다로운 훈련도 이겨냈다.

올림픽 대표가 될 확률은 복권 당첨에 비유할 만큼 유전학적으로 특별한 자질을 타고날 확률과 다르지 않다. 누구나 이룰 수 있는 일은 아니지만, 어떤 목표를 세우고 그 목표를 이루기 위해 노력하는 건 누구나 할 수 있는 일이다. 스스로 의욕을 고취시키고 현실적인 목표를 수립하는 건 쉬운 일이 아니어서 실제로 많은 사람들이 땅에 발을 붙이고 서서 하늘의 별을 따겠다고 이야기하는 경우가 많다(이와 비슷한 은유가 많지만, 의미는 다 마찬가지다). 그만큼 이루기 힘든 목표와 비현실적인 목표의 균형점을 찾는 것 자체가 어려운 일이란 뜻이다.

그러므로 적절한 목표를 찾고 최종적으로 달성할 수 있는 목표인지 확인하는 방법을 활용해야 하는데, SMART는 그러한 목적으로 활용할 수 있는 이상적인 방식이다. SMART는 조지 도란이 1981년에 경영 관리자가 사업 목적을 정의하고 실천하기 위해 만든 기준이다. 지난 30여 년 동안 SMART의 용례도 많이 바뀌었으나, 이 책에서는 현재 가장 많이 활용되는 의미로 설명한다. SMART는 어떤 목표를 세우든 다음 다섯 가지가 충족되어야 한다고 주장한다.

- 구체성 Specific
- 평가 가능성 Measurable
- 달성 가능성 Attainable
- 관련성 Relevant
- 시간제한 Time bound

이와 같은 평가 기준은 자신이 세운 목표를 다각도로 검토할 수 있다는 점에서 유용하다. 평가할 수 있는 구체적인 목표는 현실적으로 달성 가능하며 자신의 삶과도 관련이 있다. 그리고 기한을 정하고 진행 상황을 확인하면 노력한 만큼 목표를 달성할 가능성도 훨씬 더 커진다. 해결해야 할 과제는 까다로울수록 보상도 크다 Locke & Latham, 2006.

구체적인 목표 모든 목표는 무언가 부족하거나 필요할 때 생긴다Locke & Latham, 2006. 의욕을 얻고 집중하려면 무엇이 필요한지 명확히 찾아야 한다. 목표가 모호하면 정확히 설명하기가 힘들고 잘 이루어졌는지 평가하기도 어렵다. 목표가 구체적이면 부족한 것, 또는 얻고자 하는 열망을 담을 수 있으므로 달성하고 싶은 것이 무엇인지 선명하게 파악할 수 있다. 원하는 것이 명확해지면 목표에 얼마나 가까워졌는지도 모니터링할 수 있다.

예를 들어 보스턴 마라톤 예선에 출전한다는 목표를 세웠다고 가정해보자. 보스턴 홉킨턴시에 마련될 출발선에 실제로 서는 것은 달리기를 하는 수많은 사람들에게 엄청난 사건이다. 개인적으로는 올림픽에 나가는 것과 견줄 수 있다. 출전 자격을 가르는 기준은 매우 명확하다. 서른일곱 살 남성이 보스턴 마라톤에 나가고 싶다면 최소 3시간 10분의 기록을 세워야(1킬로미터당 5분의 속도) 그 기준을 충족할 수 있고, 쉰세 살의 여성이라면 4시간 이내에 결승점에 들어와야 한다(1킬로미터당 6분의 속도). 그러므로 보스턴 마라톤 출전 자격을 얻는 것은 굉장히 명확한 목표에 해당된다.

하지만 사람들이 목표로 세우는 대부분의 일들은 그와 정반대이다. 특히 새해 즈음에 세우는 목표가 그렇다. 다음은 2015년 새해에 사람들이 가장 많이 꼽은 열 가지 목표이다. 금연을 제외하면 하나같이 너무나 모호하고 범위가 넓어서 실행 계획을 세울 수가 없다. '체중을 줄인다'는 목표도 워낙 의미가 광범위해서 달성 여부를 어떻게 판단할 것인지 알 수 없다. 2~3킬로그램 정도 빼면 충분할까? 아니면 4~5킬로그램은 빼야 할까? 10킬로그램은 감량해야 하지 않을까? '체력을 강화한다'는 목표도 마찬가지다. '체력'이라는 말 자체가 유동성이 큰데, 체력이 충분하다는 사실은 어떻게 알 수 있을까? 2015년 스크랜튼 대학교가 실시한 조사에서 새해 계획을 성공적으로 달성한 미국인은 8퍼센트에 불과하다는 결과가 나온 건 어찌보면 당연한 일이다Statistic Brain, 2015.

2015년 미국인이 가장 많이 세운 새해 계획

1. 체중 감량

2. 체계적으로 살기

3. 덜 쓰고 저축 많이 하기

4. 인생을 최대한 즐기기

5. 튼튼하고 건강하게 살기

6. 흥미로운 것 배우기

7. 담배 끊기

8. 꿈을 이루려는 사람들 도와주기

9. 사랑에 빠지기

10. 가족과 더 많은 시간 보내기

출처: 스크랜튼 대학교, 2015

어떤 목표이든 자유롭게 선택할 수 있는 초기 구상 단계에는 모호한 목표가 도움이 될 수 있다. 그 과정에서 목표의 밑거름이 되는 욕망이 드러나는 경우도 많다. 더 빨리 달리고 싶다, 더 많이 달리고 싶다, 혹은 다재다능한 선수가 되고 싶다거나 체중을 줄이고 싶다, 훈련 파트너를 찾고 싶다는 소망이 나타날 수 있다. 현 상태에서 만족스럽지 않은 부분들은 변화하고픈 욕구를 이끌어내는 연료가 된다. 중요한 건 그다음 단계, 즉 이런 포괄적인 생각을 구체적인 목표로 만드는 것이다. 3시간 15분의 기록을 보유한 마라톤 선수가 기록을 줄이고 싶다면 3시간 10분 기록을 목표로 삼는 등 이루고자 하는 구체적인 목표를 수립해야 한다. 체중이 85킬로그램인 사람이 살을 빼고 싶다면 80킬로그램까지 감량한다는 목표가 있어야 앞으로 무엇을 해야 하는지 정할 수 있다.

목표를 세울 때 어떻게 시작했는지는 생각만큼 중요치 않다. 주어진 목표든 다른 사람들과 함께하기로 한 목표든, 아니면 스스로 정한 목표든 달성 비율은 거의 동일하다Locke & Latham, 2006. 지도 코치와 선수 모두 이를 유념해야 할 것이다.

평가 가능한 목표　　　　구체적인 목표를 수립하는 것이 그 목표를 달성하기 위한 첫 단계라면, 손쉽게 평가하고 점검할 수 있는 목표를 찾는 것은 두 번째 단계이자 그에 못지않게 중요한 단계다.

장거리달리기는 명확하게 측정할 수 있는 기준이 많은 스포츠이다. 시간과 거리(그리고 이 두 가지로 계산할 수 있는 속도까지) 기록은 자신의 발전 정도를 구체적으로 파악할 수 있는 기준이 된다. 작년에 주로 활용한 훈련법을 통해 1킬로미터를 5분대의 속도로 달렸고, 기록을 10초 단축했음에도 힘들다는 체감이 없다면 그동안 실력이 발전했다고 볼 수 있다. 같은 거리를 15초 빨리 달리는 것이 최종 목표라면, 그와 같은 발전은 최종 목표를 향해 제대로 나아가고 있음을 보여주는 확실한 근거가 된다.

이 예시는 평가 가능한 목표, 특히 발전 여부를 확인할 수 있는 목표를 수립할 때 어떤 점이 유리한지 보여준다. 금연을 생각해보자. 니코틴에 중독되어 살다가 하루아침에 담배를 끊는 사람도 있다. 이런 소수의 사람들에게는 점점 나아지고 있는지 확인하고 힘을 얻을 수 있는 목표가 없어도 된다. 그러나 대부분의 흡연자가 담배를 끊으려면 긴 시간이 필요하다. 수주, 수개월에 걸쳐 체내에 유입되는 니코틴의 양을 줄여나가는 것이다. 하루에 담배를 두 갑씩 피던 사람이 한 갑까지 줄이고 나면 금연이라는 어려운 과제를 계속 이어갈 수 있는 강력한 동기가 된다.

달리기를 하는 사람들도 이처럼 발전 상황을 확인할 수 있는 목표를 세우면 도움이 된다. 보스턴 마라톤 출전 자격을 얻는 것이 목표인 사람이 있다고 가정해보자. 샘이라는 가상의 마라톤 선수는 개인 최고기록이 3시간 22분이다. 보스턴 마라톤에 출전하려면 최소한 3시간 10분까지 기록을 단축해야 한다. 첫 해에 샘은 3시간 16분의 기록을 세웠다. 이 경우 두 가지 해석이 가능하다. 첫째, 목표 달성에 실패했다. 둘째, 목표를 향해 한발 나아가는 데 성공했다. 기존의 최고기록을 6분이나 줄였고 체력도 좋아졌다면, 샘의 기량은 목표에 한층 더 가까이 다가갔다고 볼 수 있다.

단기 목표나 중간 목표(이번 장 뒷부분에서 다시 설명한다)에도 동일한 원리를 적용할 수 있다. 16킬로미터를 80분대로 달리는 것이 목표라면, 거리를 정확히 측정할 수 있는 길을 달리거나 GPS 시계를 활용하여 속도를 확인해가면서 달릴 필요가 있다. 다음 달 말까지 체중을 4.5킬로그램 줄이는 것이 목표라면 일주일에 한 번은 체중계에 올라가 체중이 얼마나 감소했는지 확인해야 한다.

숫자로 된 결과는 뚜렷하고 명확하지만, 생활과 환경 요소를 감안해 해석해야 한다. 경기에 따라 유독 바람이 거센 경우도 있다. 밤새 공부를 하고 출발선에 서야 하는 때도 있고, 계획보다 더 많이 먹게 된 날도 있다. 이런 일들은 늘 일어난다. 제대로 달리지 못했다고, 체중이 평소보다 더 늘었다고 자책하지 말고 좀 더 시야를 넓혀서 어떤 변화가 필요한지 내다볼 수 있어야 한다.

달성 가능한 목표 "달을 목표로 삼아라. 설사 도달하지 못한다 하더라도 별까지는 갈 수 있으리라."

아마도 노먼 빈센트 필이 남긴 말일 것이다('아마도'라는 표현을 붙인 이유는 수많은 격언이 그렇듯, 이 말을 했던 위인이 여러 명이기 때문이다). 천문학 지식이 없다고 고민할 필요는 없다. 이 격언은 자신의 한계를 넘어서 할 수 있는 일을 찾아보라고 독려하는 의미로 많이 활용된다. 꿈이 크다고 해서 문제될 것은 없다. 크나큰 열망을 품고 실패와 좌절로 이어질 수밖에 없는 태생적 특성이나 생활방식의 한계를 넘어야만 이룰 수 있는 목표를 세운 사람들이 없었다면, 현대 사회는 이렇게까지 발전할 수 없었을 것이다.

이루기 힘든 목표는 열심히 노력할 만한 가치를 느끼게 한다. 달성하기 어려운 목표는 기분과 행복감에 긍정적인 영향을 주는 반면 쉽게 이룰 수 있는 꿈은 그렇지 않은 것으로 나타났다^{Wiese &} ^{Freund, 2005}.

달리기를 하는 사람들은 살면서 가능성과 현실 사이에서 늘 이와 같은 딜레마를 느낀다. 대학 팀에 소속된 선수들은 달리기와 관련된 열망이 졸업까지 학비를 마련해야 하는 현실과 부딪히는 경우를 자주 경험한다. 중년의 사람들도 체중을 줄이거나 근력 운동을 더 많이 하고 싶은 마음은 있지만 가족들과 직장 업무로 인해 시간이나 에너지가 부족하다. 게다가 달리기를 하는 사람이라면 누구나, 스스로 받아들이든 그렇지 않든 결국에는 절대적인 신체 나이가 늘어난다.

자신의 한계를 잘 아는 건 좋은 일이지만, 그로 인해 반드시 야망을 축소시킬 필요는 없다. 중요한 건 목표를 수월하게 달성하는 것이 아니라 달성할 수 있도록 만드는 것이다. 이미 일주일에 80킬로미터씩 달리는 사람에게 매주 32킬로미터를 달린다는 계획은 아무런 도움이 되지 않는다. 반대로 지금까지 16킬로미터 이상 달려본 적이 없는 사람은 울트라 마라톤(또는 하프 마라톤 이상의 장거리 경기)에 출전하기로 마음을 먹는 것 자체가 두려울 수 있다.

자신의 기량이 나아지는 수준에 맞춰서 운동의 난이도와 범위, 목표를 확장하는 것이 가장 이상적이다. 만자노의 경우도 고등학생 시절에는 1,600미터 경기에 주 대표로 출전하는 것이 꿈이었다. 다음 목표는 1,500미터 종목에서 전미대학체육협회NCAA 타이틀을 획득하는 것이었다(이 목표는 두 차례 달성했다). 대학을 졸업하고 프로 선수로 회사와 계약을 체결한 후, 그의 목표는 전국 규모의 챔피언십에서 우승하는 것으로 확장됐다. 이어 올림픽이나 세계 챔피언십 등 국제 대회에 미국 대표선수로 출전하고 싶다는 꿈이 생겼다. 2008년 올림픽 대표팀에 들어간 후에도 4년 넘게 지속적으로 목표를 키워간 만자노는 결국 올림픽 메달을 따냈다. 이 모든 소망을 이룬 후에도 1킬로미터를 2분 40초대에 완주하는 것, 미래 올림픽 선수가 될 후배를 양성하는 일처럼 또 다른 목표에 변함없는 열정으로 매진하고 있다. 진짜 쾌감은 목표를 좇아갈 때 오는 법이다.

무엇이 현실적인 목표인지 찾아내려면 시간과 연습이 필요하다. 그리고 훈련 기간이 길고 더 힘들게 노력해야 목표를 이룰 수 있다. 갓 마라톤을 시작한 사람은 첫 번째와 두 번째 경기 기록이 30분이나 차이가 날 수 있으나, 노련한 마라톤 선수는 개인 최고기록을 30초만 줄여도 크게 기뻐한다. 자신의 연령, 훈련 이력, 활용할 수 있는 시간과 자원, 욕망은 모두 이상적인 목표를 찾는 데 영향을 준다.

무조건 몸이 힘든 목표를 세워야 할 필요는 없다. 사실 가장 이루기 힘든 목표는 더 나은 습관을 들이는 것과 관련된 경우가 많다. 근력 훈련을 일주일에 두 번 더 늘린다고 몸에 크게 무리가 가지 않을지라도, 그에 맞춰 일주일 생활 패턴을 바꾸는 건 힘든 일이다. 스트레칭이나 다른 종목과의 병행 훈련, 식생활 개선, 훈련에 간접적으로 도움이 되는 그밖에 다른 습관도 마찬가지다. 그러나 좋은 습관이 자리를 잡아 자동적으로 하게 되는 수준에 이르렀을 때 얻는 이점을 생각하면 초반에 힘들더라도 노력할 만한 가치는 충분하다. 그렇게 되면 유익한 일인지 알면서도 할 것인지 말 것인지 고민을 할 필요가 없기 때문이다.

관련성이 있는 목표　　　몰입을 이끌어낼 수 있는 목표는 어떤 것이든 까다롭다. 텔레비전 시청은 몰입을 이끌어내지 못하지만 등산은 몰입을 이끌어낼 수 있다. 까다로운 일을 해내려면 애를 써야 하는 부분이 많다. 실제로 힘든 과제와 맞닥뜨리면, 자신이 이겨내야 하는 것이 무엇인지 신경 써서 살펴보아야 한다. 무언가를 이루고 싶다는 열망에 비해 그 과정에서 애써야 하는 것들이 지나치게 많으면 덜 까다로운 목표로 바꿔야 하는 경우도 있다.

현재 자신이 추구하는 일에 세심한 관심을 기울일 때 이와 같은 조정도 가능하다. 적절한 목표를 찾기 위한 기준인 SMART에서 '관련성Relevant'은 열정, 열망, 흥미 등으로 바꿔 생각할 수 있다. 지금 해결해야 하는 일과 이루고자 하는 목표에 세심한 관심을 기울일 수 있어야 그 과정에서 불가피하게 나타나는 정신적, 육체적인 장애물을 넘어설 가능성도 커진다.

정서적인 능력과 집중력은 매일 달라진다는 사실을 기억하자. 큰 문제 없이 밖에 나가서 달릴 수 있는 날도 있지만, 신발을 신는 것조차 힘겹게 느껴지는 날도 있다. 만자노와 같은 세계적인 선수들도 이러한 불확실성에 시달린다. 이 책의 공동 저자 필립 래터는 2013년 1월, 〈러닝 타임스〉에 실을 기사를 쓰기 위해 만자노와 만난 자리에서 현재 후원 업체가 없으며 실내 훈련 기간에는 경기에 나가지 않는다는 이야기를 들었다. 생애 가장 큰 경기에 나가 올림픽 메달을 땄을 때만 해도 기분이 최고였지만, 얼마 후 자녀가 태어나 난생처음 아빠가 되고 앞으로 어떻게 살아야 할지 고민하는 동안 하루하루 현실적인 문제들과 부딪혔다. 올림픽에서 거둔 성과에 기대어 좀 쉬고 싶은 마음도 있었고, 명성을 활용해 강의에 나가 돈을 벌면 편하게 지낼 수 있을 것 같았다. 하지만 만자노는 더 빨리 달리고 싶고 한 나라를 대표하는 선수가 되기를 꿈꿨던 시절을, 운동으로 가족을 먹여 살릴 수 있기를 바라던 때를 떠올렸다. 이런 생각으로 다시 한 발 한 발 나아간 만자노는 몇 년 뒤에 태어나 가장 빠른 기록을 세울 수 있었다.

달리기가 생계 수단이 아니어도 얼마든지 열정적으로 임할 수 있다. 대회에 나가 실력을 겨루기 위해서든 자신의 건강을 위해서든, 달리기는 한 사람의 정체성을 이루는 핵심이 될 수 있고, 결과가 좋다면 자신감도 얻을 수 있다. 기록을 불과 몇 초 단축시키기 위해 삶에서 중요하다고 생각하는 일들을 제쳐두는 것이 썩 내키지 않는다 해도 괜찮다. 자신이 가진 능력을 최대한 발휘하여 기량을 최상으로 끌어올리는 것이 목표가 아니라고 해서 부끄러워할 이유는 없다.

시간제한이 있는 목표   우리는 살면서 어디서든 정해진 시간 내에 끝마쳐야 하는 일들과 맞닥뜨린다. 직장, 학교, 세금까지, 얼마나 많은지 다 셀 수도 없을 정도다. 마감이 정해지는 것은 별로 유쾌한 일이 아니지만, 서둘러 처리하도록 만드는 측면에서는 굉장히 효과적이다. 또한 장애물이 나타나더라도 목표를 향해 계속 나아가도록 이끌어주는 역할을 한다.

이와 같은 현상은 새롭게 밝혀진 사실도 아니다. 18세기에 활동한 영국의 위대한 작가 새뮤얼 존슨도 다음과 같은 글을 남겼다.

"실제 행위와 가능하다고 추정되는 일 사이에는 보통 아주 먼 격차가 존재한다. 오늘 해낸 일을 다음 날에도 해낼 수 있으리라고 여기지만, 내일은 문제가 생기거나 외부에서 방해 요소가 나타날 수도 있다. (중략) 시간이 오래 걸리는 일들이 그토록 지체되는 이유는 말로 설명할 수 있는 천 가지 원인과 말로 설명할 수 없는 만 가지 원인 때문이다. (중략) 시간과 맞서 싸우는 사람은 절대 지지 않는 적을 만난 것이나 다름없다."

시간은 결코 지는 법이 없는 적이지만, 우리가 너무 늦기 전에 목표를 달성하도록 의욕을 불어넣는 역할도 할 수 있다. 구체적인 목표가 생기면 체계적인 시간 계획이 세워지는 경우가 많다. 만자노는 올림픽에서 메달을 따려면 2012년 8월 7일로 예정된 런던 올림픽 경기를 목표로 삼아야 한다는 사실을 깨달았다. 고등학생인 운동선수가 주 대표가 되는 것을 목표로 세웠다면 대표 선발전 당일까지 정확히 몇 주간 훈련할 수 있는지 계산할 수 있다.

이와 같은 시급성은 기량에 부차적으로 영향을 주는 요소를 개선시키는 데에도 도움이 될 수 있다. 체중을 5킬로그램 감량한다는 목표를 세웠다고 가정해보자. 이 목표를 3개월 안에 달성하기로 정해두면 매주 몸무게를 재보고 목표에 얼마나 다가갔는지 확인할 수 있다. 그러나 정확한 기한을 정하지 않으면, 다음에 상황이 더 나아졌을 때까지 미뤄도 된다는 유혹에 빠지기 쉽다.

기한 제약이 없는 목표는 책임 소재도 불분명하다. "지금 노력하는 중입니다" 혹은 "언젠가는 그렇게 될 겁니다"와 같은 말은 책임지고 끝내야 하는 기한이 없다면 별 문제가 없어 보이지만, 실제로 정해진 기한이 없으면 목표를 이루어야겠다는 열정이 시들해지고 그만두고 싶어질 가능성이 높다. 특히 힘든 일이 생기면 더욱 그렇다. 완수해야만 하는 동기가 없으면 포기도 쉬워진다.

목표한 기한이 되었다고 해서 목표가 사라지는 것은 아니다. 진전 상황을 평가한 후, 근시일 또는 수년 이후에 완료할 수 있는 또다른 목표로 재정비할 수도 있다. 앞서 가정한 샘이라는 마라톤 선수가 3시간 16분의 기록을 수립한 후, 그해 가을에 다시 경기에 출전하여 3시간 14분의 기록을 세웠다면, 한 단계 발전한 것으로 볼 수 있다. 그러나 보스턴 마라톤 출전 자격인 3시간 10분 기록은 아직 달성하지 못했다. 그러므로 이 시점에서 샘은 자신의 훈련 방식을 비판적으로 점검하고 자신의 잠재력과 잘 맞는지 평가한 후 이듬해 새로운 목표를 세우고 도전을 시작할 필요가 있다. 3시간 10분 기록이 그에게는 비현실적인 일일 수도 있다. 또는 여름 내내 매주 60시간씩 일을 하느라 마라톤 훈련에 많은 시간을 쏟을 수 없을 가능성도 있다. 어느 쪽이든 먼저 평가를 실시하고, 그 결과로 획득한 피드백을 토대로 다음 해에 새로운 목표를 수립해야 하며 미래 계획도 다시 생각해봐야 한다.

목표 계획의 범위 정하기

누구나 꿈이 있다. 실제로 꿈을 이룬 사람들은 무엇이 성공으로 이르는 길인지 알아낸 것이 성공의 밑바탕이 된 경우가 많다. 전략적인 계획 수립은 단기 목표와 중기 목표, 장기 목표로 나뉜다. 이처럼 연속되는 목표를 수립하면 궁극적인 목표를 달성하기까지 어느 정도 진전되었는지 점검할 수 있는 구체적인 지점을 마련할 수 있다. 다음 [표 5.1]에 그 과정이 단계별로 나와 있다.

장기 목표　　　　　피라미드 형태로 나타낼 수 있는 목표 수립 과정에서 최종 목표 및 장기 목표는 맨 꼭대기에 위치한다. 장기 목표는 성취하기가 가장 힘들고, 달

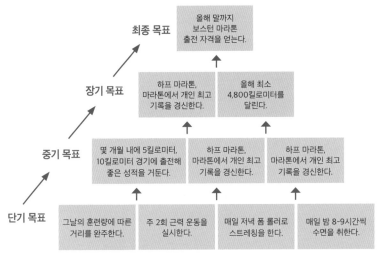

[표 5.1] 단기 목표는 중기 목표 달성에 도움이 되고, 중기 목표는 장기 목표 달성으로 이어진다.

성하려면, 가장 많이 노력해야 하는 경향이 있다. 그러나 장기 목표를 성공적으로 달성하면, 만족감이 오래 지속되고 자기 효능감도 높아진다. 자기 효능감(주어진 일을 자신이 해낼 수 있다는 믿음)이 높아지면, 더욱 까다로운 목표를 선택할 수 있게 되며 유연성 향상에도 도움이 된다Locke & Latham, 2006. 그리고 더 어려운 일에 도전해서 유연성을 키우면 성공 확률도 훨씬 높아진다.

달리기를 하는 사람들은 연간 계획, 또는 시즌별 계획을 위와 같이 수립할 수 있다. 만자노처럼 훨씬 더 먼 미래에 이루고 싶은 일을 미리 계획하는 사람들도 있다. 단기 목표를 달성하느라 장기적으로 얻을 수 있는 것들을 놓치지 않기 위해서다. 이렇게 하면 장기 목표는 최종 목표와 맞지 않는 일에 당장 달려들고 싶은 유혹이 들더라도 보다 넓은 차원에서 균형을 맞추는 기준점 역할을 한다. 예를 들어 1월에 속도를 높이기 위한 훈련을 하면 2월과 3월에 기량이 급속히 좋아지지만, 목표로 정한 경기가 6월로 예정되어 있을 경우 단기 목표만 쫓다가 경기를 망칠 수도 있다. 장기 목표를 기준으로 지금 당장 해야 할 일과 머지않은 미래의 일을 함께 처리해나가는 사람들이 성공을 거두는 경우가 가장 많다.

우리가 가정한 샘이라는 마라톤 선수에게는 3시간 10분이라는 기록을 달성해 보스턴 마라톤 출전 자격을 얻는다는 최종 목표가 있다. 그 기록을 깰 수 있을 만큼 속도를 높이고 싶다고, 그저 소망하는 것만으로는 충분치 않다. 훈련 계획을 세우고, 그에 맞게 생활 방식도 바꿔야 한다. 이를 위해 현재와 가까운 미래에 해야 하는 일들이 무엇인지 생각하고, 동시에 장기 목표가 행동의 방향타 역할을 해야 한다. 목표에 맞춰 계획을 수립하면 최종 목표를 달성할 확률도 높아진다.

중기 목표　　　　　　　　누구나 장기적으로 어떻게 해야 성공할 수 있는지 명확히 알고 필요한 계획을 적절히 수립해서 실행할 수 있다면, 세상은 지금보다 훨씬 단순하리라. 그러나 인간은 어리석은 짓을 할 가능성이 무궁무진한 존재다. 최종 목표는 너무 멀고 도저히 감당할 수 없는 일처럼 여겨질 수 있다. 달리기를 하는 수많은 사람들이 마라톤에 대비한 2년치 계획은 고사하고 20주치 훈련 계획도 버겁다고 느낀다. 이 경우 최종 목표를 향해 계속 나아갈 수 있도록 그리 멀지 않은 기한 내에 달성할 수 있는 중간 목표를 마련하는 것이 도움이 된다.

중기 목표의 기간은 이틀부터 두 달까지 다양하나 대부분 몇 주 단위의 계획을 수립한다. 중기 목표는 최종 목표가 아니지만 성공 여부를 평가하고 진행 상황을 확인할 수 있는 기회가 된다. 샘의 경우 장기 목표를 달성하기 위해 한 시즌 동안 어떻게 훈련할 것인지 계획을 수립할 수 있다. 예행연습 삼아 출전할 수 있는 대회도 몇 개 포함시킬 수 있다. 이러한 경기는 보스턴 마라톤보다 덜 중요하더라도, 자신에게 필요한 피드백과 함께 성취감을 얻는 기회가 된다. 가령 연습 삼아 하프 마라톤 대회에 출전해 1시간 30분대 기록으로 완주한다면 풀코스 마라톤 3시간 10분 완주 목표를 충분히 달성할 수 있으리라 확신할 수 있다.

달리기에서만 중기 목표를 활용할 수 있는 건 아니다. 3개월 안에 7킬로그램을 감량한다는 목표를 세웠다면, 첫 달에 2킬로그램을 줄인다는 중간 목표를 세워서 잘 진행되고 있는지 평가할 수 있다. 또 이번 달에 320킬로미터를 달리는 것이 목표인 사람은 매주 80킬로미터씩 달린다는 계획을 수립하면 더 큰 목표를 확실하게 달성하는 좋은 방법이 될 것이다.

단기 목표　　　　　　몰입 경험의 한 가지 공통적인 특징은 현재에 완전히 푹 빠져든다는 것이다. 단기 목표는 지금 하는 일과 관련이 있다. 단기간에 끝나는 작은 일들이 모여 중기 목표를 달성하고 최종 목표를 이룰 수 있게 만든다. 샘의 경우 달리기를 할 때 미리 정해놓은 속도를 지키고, 영양이 풍부

한 식사를 하고, 자는 시간을 몇 시간 늘리는 것과 같은 단기 목표를 세울 수 있다.

단기 목표를 수시로 달성하면 긍정적인 효과를 얻을 수 있으며 자기 효능감도 높아진다. 이 작은 성공이 차곡차곡 쌓여 자신의 능력을 믿는 자신감과 어떤 장애물도 극복할 수 있는 유연성이 더해지면 궁극적으로 최종 목표를 달성할 가능성이 커진다.

신체 기술 기르기

목표가 나아갈 방향을 알려주는 표지판이라면, 기술을 키우고 적당한 해결 과제를 찾는 것은 길을 따라 나아가는 모험 자체라고 할 수 있다. 모험을 성공적으로 마치려면 준비가 필요하다. 준비 단계부터 겁을 집어먹는 사람도 있지만, 현명한 사람은 달리기라는 모험이 선사하는 커다란 즐거움을 찾아낸다.

이 여정을 온전히 즐기려면 철저히 준비해야 한다. 정신적, 신체적 기술의 발전이 바로 그 준비에 해당된다. 만자노처럼 달리기로 올림픽 메달을 획득하는 것이 소망인 선수들은 그 목표를 위해 삶을 헌신한다. 하루 평균 최대 4시간까지 준비운동과 달리기, 맨몸 운동, 근력 운동, 장애물을 이용한 가동성 훈련, 스트레칭, 순발력 강화 훈련 등 달리기에 필요한 세부 운동을 실시한다. 만자노는 운동을 하지 않을 때도 좋은 성적을 내는 것을 우선순위로 두고 이를 위해 잘 먹고(특히 케일을 잘 챙겨 먹었다고 한다), 충분히 자고, 훈련 시간 사이사이에 잘 쉬려고 노력한다.

만자노가 훈련을 절반으로 줄이거나 심지어 3분의 1로 줄이더라도 뛰어난 선수가 되었을 가능성은 아주 크다. 그만큼 그가 지닌 재능이 우수하다는 의미다. 그러나 유명한 선수나 국가대표가 되는 것은 만자노의 목표가 아니었다. 그가 원한 건 세계에서 가장 뛰어난 선수가 되는 것이었다. 그만큼 최정상에 오르려면 다른 목표는 대부분 제쳐두고 오로지 그 목표를 이루기 위해 필요한 기술을 키우는 데 집중해야 한다.

달리기에 특출한 재능을 보유했거나 시간을 자유롭게 활용할 수 있는 사람이 아니라면 달리기를 인생에 가장 중요한 목표로 삼지 말아야 한다. 그보다는 자신에게 주어진 시간과 여유에 맞는 목표를 세우고 기술을 키우는 것이 바람직하다. [표 5.2]는 다양한 배경과 타고난 능력에 따라 어느 정도로 헌신해야 하고 어떤 기술을 갖추어야 하는지 정리한 것이다. 전국 대회나 지역 대회에 출전하고픈 사람이라면 달리기와 관련된 활동에 많은 시간을 할애해야 한다. 여가 시간에 취미로 달리면서 개인 기록 경신을 목표로 삼으면 목표를 달성할 가능성은 작다. 목표를 세우고 매진하기에 앞서, 자신에게 그 목표를 이루는 데 꼭 필요한 준비를 할 수 있는 시간이 있는지부터 확인해야 한다.

물리적으로 노력할 수 있는 수준으로 목표를 세웠다면, 이제 목표 달성에 필요한 기술을 키워나갈 차례다. 상세한 훈련 계획은 이 책에서 다루는 주제에서 벗어나지만, [표 5.2]에 언급한 여러 기술을 기를 수 있는 효과적인 방법을 간략히 정리하고 넘어가기로 하자. 달리기 실력을 한 단계 높이고 싶을 때 참고할 자료는 많다. 추

수준	필요한 기술	필요한 운동 시간
전국 마라톤 대회 출전 2시간 25분대 기록을 보유한 남성	지구력 **상** 체력 **상** 효율성 **상** 부상 방지 능력 **상** 근력 **중** 유연성 **충분한 수준**	**매주 15-20시간**(하루 평균 2시간) 장거리달리기나 장시간 훈련 시 더 길어질 수 있음. 근력 훈련, 스트레칭, 순발력 강화 훈련, 다른 종목과의 교차 훈련 시간 추가.
10킬로미터 지역 대회 출전 37분대 기록을 보유한 여성	지구력 **상** 체력 **중·상** 속도 **중·상** 근력 **중** 유연성 **중** 부상 방지 능력 **중·상**	**매주 10-15시간**(하루 평균 45-90분) 장거리달리기나 훈련량을 늘릴 경우 더 길어질 수 있음. 스트레칭, 맨몸 운동 시간 추가.
마라톤이 **취미**인 사람	지구력 **중·상** 효율성 **중·상** 체력 **중·상** 부상 방지 능력 **중**	**매주 8-12시간**(하루 평균 45-60분) 장거리달리기를 할 경우 더 길어질 수 있음. 일주일 중 달리지 않는 1-2일에는 가벼운 스트레칭, 다른 종목과의 교차 훈련 시간 추가.
5킬로미터 달리기를 갓 시작한 **초보**	지구력 **충분한 수준** 부상 방지 능력 **충분한 수준**	**매주 2-4시간**(하루 평균 20-45분) 일주일 중 달리기를 하지 않는 날이 많지 않음.

[표 5.2] 수준별 목표 달성에 필요한 기술과 시간

천할 만한 책은 잭 대니얼스 박사가 쓴《대니얼의 달리기 공식Daniels' Running Formula》, 피트 피츠진저와 필립 래터가 쓴《도로 경기, 더 빠르게 달려라Faster Road Racing》, 그리고 피터 코의《장거리 주자를 위한 훈련법Better Training for Distance Runners》등이다.

지구력　　　　　　지구력은 달리기와 같은 활동을 장시간
　　　　　　　　　반복할 수 있는 신체 능력을 의미한다.
학계에서는 유산소 능력으로도 많이 불린다. 지구력을 높이면 달리
는 거리가 늘어나도 피로감을 덜 느낀다. 3킬로미터 이상 달리는 장
거리 경기에서는 주로 유산소 에너지가 활용되므로, 5킬로미터 지
역 경기에 출전하는 선수부터 울트라 마라톤 선수까지 모두가 최우
선적으로 신경 써야 할 요소이다.

　　지구력을 키우는 가장 좋은 방법은 적당한 강도로 달리는 것이
다. 보통 최대 심박 수의 60~75퍼센트 수준으로 달리는 것이 좋다.
30분 정도로 짧게 달리거나 3시간까지 장시간 달리는 것 모두 근육
의 미세혈관 숫자와 심박 수가 늘어나고, 근육의 힘, 혈류의 적혈구
숫자도 함께 늘일 수 있다는 점에서 지구력 향상에 도움이 된다(유
전자 발현 등 더욱 복잡한 기전을 통한 기능 향상은 말할 것도 없다.). 대체
로 달릴 때 에너지 전환이 유지될 수 있을 만한 강도를 유지하면 유
산소 영역에 계속 머물게 되고 지구력이 향상된다.

　　매주 달리기를 하면, 지구력 향상에 좋은 영향을 준다. 출전하
려는 경기 종목과 개개인의 기량에 따라 달리는 거리를 정할 수 있
다. 다음 페이지의 [표 5.3]에는 달리기를 시작한 초보와 그보다 노
련한 숙련자를 기준으로 훈련 시즌에 일반적으로 달려야 하는 거리
가 나와 있다. 프로 선수들은 맨 오른쪽 칸에 적힌 숙련자보다 더 많
이 달리니 참고하도록 하자.

종목	초보	숙련자
5킬로미터	32-48	80-160
10킬로미터	40-56	88-193
20킬로미터(하프 마라톤)	48-64	104-209
42.195킬로미터(풀코스 마라톤)	56-80	128-225

[표 5.3] 종목별 매주 달려야 하는 거리

체력　　　　　　　　인체가 지구력을 충분히 발휘할 수 있게 되면 더 오랫동안 더 빠른 속도로 달릴 수 있다. 이것이 체력이고, 취미 삼아 달릴 때나 경기에 나갔을 때 모두 달리는 속도에 중요한 영향을 끼친다.

지구력 훈련을 지속하면 시간이 흐를수록 체력도 자연스럽게 늘어난다. 또는 최대 심박 수를 높인(최대 75-85%) 강도 높은 달리기를 통해 직접적으로 체력을 강화하는 방법도 있다. '템포 런'으로도 알려진 젖산 역치 운동이 이와 같은 달리기에 해당된다. 일반적으로 템포 런에서는 1시간 동안 달릴 수 있는 속도와 거의 비슷한 속도로 20~30분을 달리며(속도가 느린 사람은 보통 10킬로미터 경기에 임하는 속도로, 속도가 빠른 사람은 15킬로미터나 하프 마라톤 속도로 달린다), 크루즈 인터벌로 알려진 방식처럼 시간을 세분화하거나 파틀렉 방식의 간헐적인 달리기 형태로 실시할 수 있다. 비교적 쉬운 훈련과 힘든 훈련을 번갈아가며 지속하는 고강도 방식의 집중훈련도 있다.

3,000미터나 5,000미터를 달리는 속도로 빠르게 달리면 훈련 피로회복 능력을 키우고 점점 더 오랫동안 속도를 유지하는 능력을 키우는 데도 도움이 된다. 800미터 또는 1.6킬로미터 단위로 반복 훈련하는 전통적 인터벌 훈련은 VO₂max(운동 시 근육이 사용할 수 있는 산소의 최대치)를 증가시킨다. VO₂max는 달린 거리와 상관없이 성적을 정확히 예측할 수 있는 지표로, 특히 5,000미터와 10,000미터 경기에서 성적을 크게 좌우하는 요소다.

효율성 효율성은 충분히 훈련을 받은 사람일지라도 계속해서 개선해나가야 하는 경우가 많다. '달리기의 경제성running economy'으로도 알려진 효율성은 특정 속도로 달리기 위해 필요한 산소의 양으로 측정한다. 팔을 지나치게 많이 움직이거나 보폭이 과도하게 넓은 것처럼 생체역학적인 문제는 효율성을 떨어뜨린다. 근육의 힘이 약한 것도 마찬가지이다.

효율성을 높이는 방법은 코치와 운동과학자 사이에 견해가 엇갈리는 경우도 있지만, 대부분 두 가지 훈련으로 구성된다. 하나는 웨이트 트레이닝이나 단거리 훈련 등 폭발력을 키우는 운동을 통해 단시간에 근육이 급격히 수축하도록 근신경세포를 훈련하는 것이다. 이 경우 매 걸음마다 폭발력이 커지므로 일정 속도로 달릴 때 소모되는 에너지가 감소한다. 점프 훈련(순발력 강화 운동)은 특히 폭발력 향상에 효과적이다. 이와 정반대로 수년에 걸쳐 수천 킬로미터를 달리는 것은 인체가 근섬유를 보다 효율적으로 조합해 활용하는 데 도움이 된다. 불필요한 근육에서 사용하는 에너지를 줄여 힘을 아끼는 것이다Jung, 2003.

속도

장거리달리기의 성공이 숫자로 결정되는 것은 아니지만, 그래도 속도는 중요하다. 또는 오래전부터 익숙하게 들리는 문구처럼 스포츠에서 '속도는 생명이다.' 모든 달리기에서 선수의 역량은 일부 혹은 전면적으로 발휘된다. 200미터를 30초에 달릴 수 있는 사람이 1킬로미터를 5분 만에 달릴 경우, 총역량의 50퍼센트 정도만 발휘하면 되므로 달리기가 수월하게 느껴진다. 200미터를 40초만에 겨우 달리는 사람이 똑같은 속도로 달린다면 지구력이나 체력처럼 다른 요소가 보충되지 않는 한 속도가 더 빠른 사람에 비해 훨씬 더 힘들게 느껴질 것이다.

속도는 여러 측면에서 유전적인 특성에 좌우된다. 훈련을 아무리 열심히 해도 올림픽 챔피언 자리에 아홉 번이나 오른 우사인 볼트보다 100미터를 빨리 달릴 가능성은 거의 없다. 그래도 좁은 보폭 훈련이나 200미터 또는 400미터 반복 달리기 훈련, 근력 훈련, 순발력 강화 훈련은 속도 향상에 도움이 된다Paavolainen et al. 1999; Daniels 2004; Pfitzinger & Latter 2015.

근력

달리기를 하는 사람들 중 많은 수가 굉장히 싫어해서 아예 빼버리기도 하는 훈련 중 하나가 근력 훈련이다. 달리기 선수들은 역기가 가득한 체육관에 들어오면 자신감을 잃는다. 그러나 근력 훈련은 달리기에 유익하다. 부상에 대한 저항력을 키우고 보다 효율적으로 폭발적인 힘을 발휘할 수 있게 할 뿐만 아니라 경기 후반의 피로감을 이겨내는 데도 도움이 된다.

달리기를 목적으로 중량 운동을 실시할 경우, 체육관에서 역기를 50회 들어올리는 등 가벼운 무게를 상당히 여러 번 반복해서 들어올리는 것이 가장 중요하다고 생각할 수 있다. 그러나 실제로는 다소 무거운 무게를 4~8회씩, 2~3세트에 걸쳐 들어올리는 것이 오히려 더 도움이 되는 것으로 밝혀졌다. 예를 들어 벤치 프레스에서 들어올릴 수 있는 최대 중량이 45킬로그램이라면, 23킬로그램을 50회 들어올리는 것보다 36킬로그램을 4회씩 여러 세트 들어올리는 것이 더 도움이 된다. 달리기 자체가 지구력을 향상시키는 운동인만큼 가벼운 무게를 여러 번 들어 올리는 운동은 무익하기 때문에, 이와 같은 결과가 나타나는 것으로 보인다. 따라서 힘과 폭발력을 향상시키는 운동은 효율성 개선에 도움이 되고, 그만큼 얻는 효과도 크다Jung, 2003.

유연성　　　　　달리기에서 유연성은 잘못 해석되는 경우가 많다. 달리기에서 유연성이란 인체가 정상적인 가동 범위 안에서 자유롭게 움직일 수 있는 능력을 의미한다. 1970년대와 1980년대에 활동한 달리기 선수들은 일상적으로 정적인 스트레칭을 실시했고, 이 단계를 모두 마친 후에야 달리기를 시작했다. 그러나 1990년대에 들어 스트레칭이 근력을 저해할 가능성이 있다는 연구 결과가 발표되자, 많은 선수들이 스트레칭을 중단했다.

최근 연구에서는 정적 스트레칭을 짧게 실시하면 근력에 악영향을 끼치지 않는다는 사실과 함께 동적 스트레칭은 훨씬 더 도움이 된다는 사실이 확인됐다. 스트레칭은 달리기를 시작하기 전에 사용할 근육 전체를 움직임으로써, 혈류를 개선하고 기능적 관점에서 유연성을 향상시킨다. 레그 스윙, 몸통 회전, 여러 가지 형태의 줄넘기와 자세 훈련 등을 통해 앞서 설명한 효과를 얻을 수 있다. 허벅지 뒷근육(햄스트링)을 늘이는 운동처럼 긴 시간이 소요되는 정적 스트레칭은 달리기 후에 실시하는 것이 좋다. 달리기 전에 아킬레스건을 스트레칭하고 싶다면 주저 말고 그렇게 하면 된다.

부상 방지 능력　　　　　일반적으로 성공적인 달리기를 좌우하는 가장 큰 기준은 꾸준함으로 알려져 있다. 매일 달리는 것은 별것 아닌 일처럼 보일 수 있지만, 실력 향상에 꼭 필요한 지구력과 체력을 높이는 유일한 방법이다. 하지만 건강을 유지하지 못하면 매일 달릴 수 없으니, 부상 방지 능력은 건강을 지키는 핵심 열쇠이다.

부상을 막을 수 있는 마법은 존재하지 않는다. 그런 방법이 있다면 운동치료사들은 거의 다 일자리를 잃었으리라. 그러나 작은 노력으로 장기간 부상에 시달릴 위험을 최소화할 수 있다. 그중에서도 가장 효과적인 방법은 최근에 등장한 '사전재활prehab'이다. 부상을 당한 후에 실시하는 재활 훈련과 달리 '사전재활'은 갑자기 발생한 극심한 증상을 적극적으로 치료하는 과정이다. 문제가 발생한 부위에 얼음을 대는 것, 압박 붕대를 감는 것, 훈련량을 줄이는 것, 필요하면 항염증제를 복용하는 것 등이 이에 포함된다. 유연성 훈련과 체력 훈련도 기능 강도와 운동 범위를 높이므로, 부상을 방지하는 데 도움이 될 수 있다.

지금까지 살펴본 훈련법을 하나하나 꾸준히 실행에 옮기기는 힘들 수 있다. 그러므로 개인 목표에 따라 우선순위를 정하는 것이 중요하다. 달리기를 하는 유일한 이유가 몸매 관리라고 하더라도 운동을 시작하기 전에 달리기로 얻고자 하는 것이 무엇인지, 그 목표를 달성하기 위해 얼마나 많은 시간과 에너지를 투자할 수 있는지 충분히 짚어볼 필요가 있다. 물리적으로 철저히 준비할수록 꼭 필요한 순간 몰입을 경험할 가능성도 높아진다.

정신력 기르기

달리기에 도움이 되는 신체 기술과 함께 더욱 강인한 정신력을 키울 수 있는 기술과 훈련법도 있다. 달리기를 통해 몰입을 경험하고자 할 경우 정신력은 주로 다음 두 가지 형태로 기를 수 있다. 바로 시각화와 마음챙김 명상이다.

시각화　　　　2014년 소치 동계 올림픽에 출전한 미국 올림픽 대표팀은 총 아홉 명의 스포츠심리학자와 함께 러시아로 향했다. 주된 목적 중 하나는 대표팀 선수들의 시각화를 돕는 것이었다. 시각화 훈련은 출전하려는 경기를 머릿속으로 떠올리고 긍정적인 결과를 그려본다. 이 같은 훈련은

1960년대부터 시작되었으나, 10여 년 전부터 프로 선수들 사이에서 급속히 활용되기 시작했다[Clarey, 2014]. 시각화가 최고조에 이르면 가이드에 따라 최면 상태에 진입한 것과 비슷한 상태가 될 수 있다.

최근 들어 시각화 기술은 더욱 발전했다. 오늘날 선수들은 참가할 경기의 내용을 글로 작성해 경기가 시작할 때부터 끝날 때까지의 전 과정을 시각화하는 경우가 많다. 체조나 스키점프처럼 고도의 기술이 필요한 종목에서는 준비운동 단계부터 마지막 착지까지 반복적으로 훈련해온 모든 단계를 상상한다. 숙련된 선수들은 오감을 모두 동원하여 실제 일어난 일처럼 생생한 이미지를 떠올림으로써 의자에 가만히 앉아서도 실제로 경기에 출전한 듯한 기분을 느낀다.

머릿속으로 자신이 성공적인 결과를 얻는 장면을 그려보면 정신을 고양시키는 것 이상의 효과를 얻을 수 있다. 학계 연구에서는 근육을 움직이는 모습을 시각화할 때 나타나는 뇌의 활성 패턴이 실제로 해당 근육을 움직일 때와 비슷한 것으로 밝혀졌다. 시각화로만 훈련한 운동선수가 체력이 크게 증가한 것으로 밝혀진 연구 결과도 있다. 또한 시각화는 운동 제어 능력과 집중력, 인지 능력, 계획 수립에 영향을 주고 몰입 가능성을 높인다[LeVan, 2009].

달리기 경기에 나갈 예정인 사람들은 출발선에 섰을 때 느껴지는 향이나 냄새, 긴장을 떠올리고 출발 신호와 함께 순탄하게 출발하는 모습과 더불어 편안한 리듬을 찾고, 언덕이 나타나거나 바람이 불어도 힘차게 헤쳐나가고, 별 탈 없이 결승선을 통과하는 과정을 상상해보면 도움이 된다. 또 경쟁자에게 바짝 다가가서 보속을 높여 한 걸음 한 걸음 부드럽게 나아가고, 경기 막판에는 더 힘차게 앞으로 돌진하는 모습도 머릿속에 그려볼 수 있다. 모든 시나리오를 미리 떠올리면서 매번 좋은 성과를 거두는 장면을 그려보면 가장 중요한 순간에 실제로 성공적인 결과를 얻을 가능성도 높아진다. 대다수의 스포츠심리학자들은 시각화 기술을 완전히 터득하려면 일반적인 달리기 훈련과 마찬가지로 매일 최소 10분씩 연습할 것을 권장한다.

마음챙김 명상

최근 몇 년 동안 '마음챙김'이라는 용어가 여기저기서 들리다 보니 얼마 뒤 지나갈 유행으로 치부하는 사람도 있을 것이다. 하지만 마음챙김 명상 훈련은 달리기에 무궁무진한 도움이 된다. 앞서 1장에서 설명했듯이 마음챙김이란 '현재에 온전히 집중한 마음 상태'로 간단하게 정의할 수 있다. 생각은 자연스레 오가도록 하되 무엇이든 현재에 집중을 하면 과거의 후회나 미래에 관한 걱정은 걸러진다. 마음챙김 훈련의 핵심은 지금 떠오른 것을 비판 없이 받아들이는 것이다. 마음 상태를 그대로 수용하기 위해 생각을 억누르거나 다른 여러 가지 인지적인 방식으로 마음을 통제하는 것은 마음챙김과 다른 개념이다Aherne, Moran, & Lonsdale, 2011.

마음챙김 명상은 지금 해결해야 하는 일에 집중하게 하는 효과가 있다. 즉 달리기를 할 때 아직 1킬로미터는 족히 더 가야 나타날 높은 언덕을 미리 걱정하거나 집에 돌아가면 책상 위에서 기다리고 있을 과제더미를 떠올리지 않고, 지금 달리고 있는 발걸음 하나하나에 집중하게 한다. 하고 있는 일에 모든 정신을 집중하면, 나쁜 습관이 자동으로 활성화되어 현재에 몰입하지 못하도록 영향을 줄 틈도 없어진다Brown & Ryan, 2003. 스트레스 감소, 작업 기억력 향상, 집중력 향상, 정서적인 반응의 감소, 인지적 유연성 증대와 같은 효과도 얻을 수 있다. 최근에는 마음챙김 명상이 면역력 향상이나 스트레스 감소처럼 건강과 전반적인 행복 향상과도 관계가 있는지 연구하고 있다Davis & Hayes, 2011.

마음챙김 명상을 지속적으로 실시하면 긍정적인 영향이 누적되는 것으로 보인다. 레이첼 톰슨 연구진은 1년 이상 마음챙김 명상 훈련을 받은 장거리 선수들이 명상을 시작했다가 그만둔 선수들에 비해 1킬로미터당 속도가 더 빠르다는 사실을 확인했다Thompson, 2011. 연구진은 명상을 꾸준히 실시한 선수들이 통증 감각에 집중하지 않고 신체적인 불편을 더욱 잘 참아내는 특징을 보인 것이 이와 같은 결과로 이어졌다고 해석했다.

몰입에 관한 초기 연구에서도 마음챙김 명상 훈련이 몰입 확률을 높이는 효과가 우수한 것으로 나타났다. 아일랜드의 한 연구진은 대학생 연령대의 엘리트 선수들을 대상으로 운동을 하면서 경험한 몰입에 관한 설문 조사를 실시했다Aherne, Moran, & Lonsdale, 2011. 이 연구에 참가한 선수들은 총 6주간 일주일에 두 번씩 마음챙김 명상 훈련을 받았다. 호흡을 느끼고 몸에서 느껴지는 감각을 인지하는 것, 서서 하는 요가, 바디 스캔(짧은 시간 동안 자신의 몸 구석구석에 집중하는 것) 등으로 구성된 훈련이었다. 각 훈련은 10분씩 실시하고, 바디 스캔은 30분 정도 진행했다.

실험이 끝난 후 참가자들은 다시 한 번 개인 운동과 관련된 설문지를 작성했다. 그 결과 마음챙김 명상 훈련을 받은 운동선수는 목표가 더 뚜렷하고 피드백을 더 많이 확보하며 스스로 느끼는 통제력도 더 큰 것으로 나타났다. 간단히 정리하면 비교적 단기간 마음챙김 명상 훈련을 실시한 것만으로도 몰입을 더 쉽게 경험할 수 있는 상태가 된 것이다Aherne, Moran & Lonsdale, 2011.

생활 속에서 마음챙김을 실천하는 방법은 여러 가지가 있다. 마음챙김 기반 스트레스 감소 프로그램도 꾸준히 인기를 얻고 있다. 이러한 프로그램에 참가할 경우 숙련된 지도자를 통해 자세하게 배울 수 있다는 장점이 있다. 또는 다른 사람과 이야기를 나눌 때 상대방의 말에 비판 없이 주의를 집중하고, 달리기를 할 때 호흡과 주변 환경에만 집중하는 등 덜 체계적인 방식으로 직접 실천해보는 방법도 있다. 부정적인 생각, 현재 하는 일과 무관한 생각을 마음에서 의식적으로 몰아내면 주변 세상을 좀 더 가깝게 경험할 수 있으며, 몰입 경험을 목표로 달리기를 할 때 도움이 될 뿐만 아니라 현재에 정신을 더욱 집중할 수 있다.

적절한 해결 과제 찾기

기량이 일정한 수준에 도달했다면 이제 얼마나 발전했는지 평가할 차례다. 다른 사람, 또는 자기 자신과의 경쟁을 해보는 것도 그동안 실력이 얼마나 향상했는지 확인할 수 있는 방법이다. 모든 목표는 어느 정도 도달하기 힘든 부분이 있다. 이 난이도의 차이가 몰입 경험의 가능성을 높이거나 낮추는 중대한 역할을 한다.

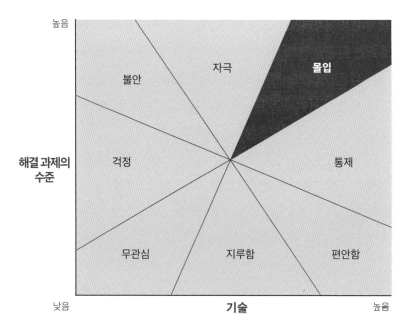

높음

해결 과제의
수준

낮음

불안　　　자극　　　몰입

걱정　　　　　　　통제

무관심　　지루함　　편안함

기술

높음

[표 5.4] 까다로운 과제를 해결할 수 있는 고도의 기술이 갖추어졌을 때 몰입 가능성이 가장 높다.

　　마이크 박사가 1975년에 해결 과제와 기술의 균형에 관한 개념을 처음 정립한 이후, 운동선수들은 몰입 가능성을 높일 수 있는 최적의 균형점을 찾고자 노력해왔다. 일부 학자와 스포츠심리학자들은 해결 과제가 현재 기량을 조금 넘어서는 수준일 때 최적의 자극제가 될 수 있다고 보지만, 실제로는 개인이 최대치로 발휘할 수 있는 기량을 넘나들 정도의 해결 과제가 그와 같은 기능을 한다고 보는 것이 적절하다. [표 5.4]에는 이러한 특징을 감안하여 새롭게 정립한 몰입의 개념이 나와 있다.

최근 연구에서는 두 가지 요소가 고도로 힘든 환경에서 몰입 여부를 좌우한다는 사실이 확인됐다. 바로 힘든 환경에서 하려는 활동이 자신에게 얼마나 적합한지와 자신이 그 활동을 어느 정도로 좋아하는지이다^{Keller & Landhäußer, 2012}. 심리학적 성향에 해당하는 이 두 요소는 정신과 신체의 상호작용이 중요하다는 사실을 명확히 보여준다. 철저히 훈련을 받은 사람일지라도 친구의 부추김이나 그밖에 다른 외적인 이유로 마라톤에 출전했다가 경기 중에 극복해야 할 문제가 점점 많아지면 정신적으로 포기할 수 있다. 마찬가지로 신체적으로는 준비가 덜 된 사람이라도 그 경기가 개인적으로 굉장히 중요한 의미가 있다거나 자신의 신체적인 한계를 한번 시험해보리라 결심하고 달린다면 자신의 한계를 뛰어넘어 잘 달릴 수 있다. 스스로 느끼는 중요도는 덜 까다로운 활동에서도 몰입을 경험하는 열쇠로 작용한다. 즉 특정 분야에서 최고의 자리에 올라선 엘리트 선수가 [표 5.4]의 '통제'나 '편안함'에 해당하는 연맹 주최 대회, 지역 챔피언십 등의 경기에 특별한 의미를 느낀다면 몰입을 경험할 수 있다.

굉장히 중요한 일에 참여해서 자신의 절대적 한계를 넘기 위해 가진 기량을 적극 발휘할 때 몰입을 경험할 가능성도 가장 높아진다. 만자노가 올림픽에서 메달을 따려고 애쓰던 그 순간에 몰입을 경험한 것도 당연한 결과다. 올림픽에서 메달을 따는 것은 드문 일이고 굉장히 이루기 힘든 목표이기 때문이다. 만자노는 자신이 해온 운동에서 가장 특별한 상이라 할 수 있는 올림픽 메달을 얻기 위해 극심한 피로와 의구심에 맞서 싸웠다. 그 결과 살면서 가장 힘든 도전을 성공적으로 마칠 수 있었다.

해결 과제와 목표, 기술의 균형점 찾기

목표를 설정할 때와 마찬가지로 도전 과제도 구체적이고 평가가 가능해야 달성 가능성이 높아진다. 달리기에서는 시간, 거리, 속도, 고도, 심박 수 등 흔히 활용되는 수치화된 값이 균형점을 찾는 기준이 된다. 가령 10킬로미터를 40분 내에 달린다거나 해발 300미터인 산길 13킬로미터 달리는 것은 구체적이고 평가 가능한 해결 과제이다. 일주일 동안 달릴 거리를 정하거나 속도나 심박 수를 기준으로 특정 강도로 운동한다는 계획을 세우는 것도 마찬가지이다.

달리기 외에 다른 목표를 세울 경우에도 동일한 방식으로 도전할 과제를 마련하면 성공 가능성이 높아진다. 3개월 내에 체중을 7킬로그램 줄이는 것은 목표 겸 해결 과제가 될 수 있다. 체중을 감량하는 것이 쉬운 일이라면 애당초 살을 빼야 할 일도 없었을 것이다. 자신이 세운 목표가 어려운 해결 과제라는 사실을 받아들이고 얼마나 진전되었는지 주기적으로 평가하면 목표의 어떤 부분을 언제 조정해야 하는지 파악할 수 있다.

주변에서 동료들이 어려운 일을 수월하게 해내는 모습을 보면 좌절감이 들 수 있다. 그렇게 어려운 일도 척척 해내는 활동적인 사람들은 기능 수준도 남달라서 어떤 일이든 도전해볼 만한 과제로 만든다. 어떤 일을 완수하는 능력과 꾸준히 의욕을 잃지 않는 특성은 유전적인 요소에 해당하는 것으로 밝혀졌다. 2013년 데이비드 엡스타인은 저서 《스포츠 유전자The Sports Gene》에서 일란성 쌍둥이와 이란성 쌍둥이를 대상으로 실시한 유럽의 연구를 통해 운동 빈도와 운동량의 50~75퍼센트는 유전적으로 정해진다고 밝혔다. 해당 연구를 실시한 연구진은 이와 같은 경향이 보상을 담당하는 뇌의 도파민 시스템에서 비롯된다고 보았다. 즉 지속적인 유산소 운동에서 남들보다 더 큰 보상을 얻는 사람이 있고, 같은 활동을 하더라도 즐거움을 덜 느끼는 사람이 있다는 것이다. 꾸준히 달리기를 하는 사람들도 있지만 달리기를 전혀 하지 않는 사람도 있는 이유를 알 수 있는 부분이다.

육체적으로 고된 목표를 향해 나아가는 과정을 즐기는 사람일지라도 모든 해결 과제에는 범위가 정해져 있다는 사실을 명심해야 한다. 거리에 나가 인근 지역을 달리는 것은 160킬로미터 경기에 출전하는 것과 난이도면에서 큰 차이가 있다. 주어진 과제를 어떤 강도로 수행해야 적절한지 판단하는 능력은 개개인의 경험에서 나온다. 훌륭한 훈련 계획을 살펴보면 대부분 몇 주에 걸쳐 다양한 강도로 달리기를 한다. 그 각각의 달리기마다 극복해야 하는 크고 작은 과제가 주어진다. 끊임없이 더 어려운 일에만 도전하려고 하면 회복력에 악영향을 주고 정작 중요한 시기에 빨리 달리지 못하게 만드는 요인이 되어 오히려 전체적인 훈련을 방해할 수 있다.

일정한 거리를 꾸준히, 자주 달리면 자신의 몸이 가진 힘과 한계를 더욱 정확하게 감지할 수 있다. 더불어 까다로운 도전에서 발생하는 불편한 문제들을 어떻게 처리해야 하는지도 익힐 수 있다. 유독 피로감이 심하고 훈련이 힘들게 느껴져서 조정이 필요한 시기도 있다. 반대로 몸이 가뿐해서 계획한 속도보다 더 빨리 달리고 싶은 날도 있다. 상황에 맞춰 자신의 상태를 유심히 살필 수 있게 되면 어떤 날이든 알맞은 수준으로 도전할 수 있다.

해결 과제를 성공적으로 끝내려면 목표와 기술에 알맞은 과제를 선정해야 한다. 너무 당연한 소리처럼 들리겠지만, 놀랍게도 많은 사람이 본인이 직접 수립한 장기 목표를 잘못된 훈련이나 자기 기량에 관한 오판으로 인해 달성하지 못한다. 앞에서 언급한 가상의 마라톤 선수 샘이 굉장히 성실하게 훈련을 해왔다고 가정해보자. 3시간 10분대로 완주한다는 샘의 목표도 점점 더 현실에 가까워지는 듯하다. 그런데 경기를 일주일 앞두고 샘은 마라톤 기록이 2시간 30분대인 친구와 함께 훈련을 한다. 평소 10킬로미터를 달릴 때보다 훨씬 더 빠른 속도로 달리고 있다는 사실을 깨닫고도 샘은 속도를 유지했다. 다음 날, 예정되어 있던 개인 훈련을 시작한 샘은 전날의 피로가 다 해소되지 않아 힘들어한다. 다음 날 친구와 다시 달리게 되었지만 막상 달리기를 시작하사 설반밖에 달리지 못한다. 다음 날 피곤한 상태가 이어지고, 원래 훈련량의 절반밖에 달리지 못한다. 마라톤 경기 당일 아침, 샘이 느끼는 피로감은 여전하다. 날씨는 완벽할 정도로 화창했지만 샘은 3시간 20분대 기록으로 경기를 마친다. 결승전에 들어서자마자 샘은 무리하게 도전했던 것을 후회한다.

노력한 만큼의 성과를 거두지 못했지만, 샘은 3시간 10분대로 완주할 수 있는 충분한 기량을 가진 선수이다. 이와 반대로 신체적인 조건상 결코 이룰 수 없는 목표를 세우거나 지나치게 쉬운 일을 목표로 삼는 사람들도 있다. 100미터 단거리 선수가 충동적으로 10킬로미터 경기에 도전하면 엄청난 고통과 좌절감을 맛보게 되듯이 10킬로미터 달리기 선수가 100미터 단거리 경기에 출전하면 패배감과 더불어 햄스트링 부상까지 얻을 수 있다. 개개인이 가진 근섬유의 유형은 유전적으로 정해져서, 특화된 훈련을 통해 단련할 수 있더라도 보통은 개인의 전문 분야에서만 좋은 성적을 거둘 수 있다.

같은 이치로, 체력 훈련을 아무리 많이 해도 유전적인 한계를 벗어날 수는 없다. 두 달 동안 5킬로미터를 1킬로미터당 평균 3분 45초대로 달렸다면, 지역 대회에 출전해서 아무리 강한 정신력으로 버틴다 한들 5킬로미터 기록을 5분대까지 줄일 수는 없다. 다만 경기 당일 아드레날린이 샘솟고 목표를 향해 끈기 있게 나아간다면, 기록을 몇 초 정도 앞당길 수는 있을 것이다.

이는 어려운 일에 도전할 때 개개인이 보유한 기량의 수준이 개인의 인식에 좌우된다는 흥미로운 사실을 뒷받침한다. 체력적으로 1킬로미터를 3분 40초 이내로 달릴 수 있는 사람도 미리 훈련을 해봐야 별 도움이 안 된다고 생각한다면 기록을 4분 이내로 줄이지 못한다. 스스로 너무 지쳤거나 불안하다고 느끼는 경우도 마찬가지다. 어느 정도의 긴장감은 교감신경계를 자극해서 필요한 노력을 다할 수 있도록 한다는 점에서 유익하다. 그러나 과도한 긴장은 교감신경계를 극단적으로 활성화시켜 달리기를 시작하기도 전에 에너지를 소진시킨다. 도전하는 일이 자신의 능력을 넘어선다고 느껴지거나 최선을 다해 열심히 노력해야 하는 수준이 아님을 알게 되었다면 달리던 중이라도 즉시 상황에 맞게 과제를 재조정할 수 있다.

친구들과 함께 하프 마라톤에 나섰다고 가정해보자. 함께 뛸 친구들은 2시간을 목표로 정했고 자신은 2시간 10분 이내로 완주한 적이 한 번도 없더라도, 그동안 훈련을 순탄하게 진행했다면 기록을 단축할 수 있다는 희망을 품어볼 만하다. 그러나 2시간대 기록을 위해 달리는 것이 힘들다고 느껴지면 개인 최고기록을 경신하는 것으로 목표를 재조정할 수 있다. 반대로 2시간대 기록을 세우기 위한 속도로 코스 절반을 달리고도 몸이 가뿐하다면 속도를 좀 더 붙여도 된다. 어느 쪽이든 중요한 것은 자신의 현재 기량을 있는 그대로 파악하고 도전 중인 과제에 맞추어 비교할 수 있어야 성취감을 느낄 수 있다는 것이다.

정확한 피드백 얻는 법

2012년 런던 올림픽 1,500미터 경기에서 만자노가 마지막 한 바퀴를 달릴 때 어떤 고투를 벌였는지 떠올려보면 몰입 상태에서 피드백이 맡은 역할을 확실하게 이해할 수 있다. 그선까지 만자노는 컨디션이 괜찮았다. 한 바퀴당 58~60초 속도로 챔피언십 경기에 적당한 수준이었다. 선수들은 한데 엉켜서 달렸고 누구도 앞으로 치고 나가지 않았다. 만자노 못지않게 다른 선수들도 힘에 겨워 거친 숨을 뱉어냈다. 당시 만자노는 알제리의 마크루피나 케냐의 아스벨 키프롭 등 뛰어난 경쟁자들의 움직임에 주시하는 등 경기 자체에 초집중한 상태라 자신의 몸 상태에 대해서는 걱정할 여력이 없었다.

한 바퀴 남았음을 알리는 종소리가 울리기 직전에 마크루피가 돌진하기 시작하자 모든 상황이 바뀌었다. 선수들이 달리는 속도는 급상승했고, 만자노는 불시에 습격을 당한 기분이었다. 앞서가는 10명의 주자 모두 속도를 높였다. 이런 광경을 바라보던 만자노는 자신이 느리고 남들보다 더 많이 지쳤을 뿐만 아니라 실력도 뒤떨어진다고 느꼈다. 스스로의 능력을 굳게 믿고 자신감이 넘치던 사람이 눈 깜짝할 사이에 절망과 자기연민에 빠져버린 것이다.

메달권에서 멀어지는 것처럼 보였지만 만자노는 생각을 가다듬기 시작했다. 앞서 달리는 선수들이 너무 일찍 속도를 과하게 높였다는 사실도 깨달았다. 자신은 아직 순탄하게 잘 달리고 있었다. 저 많은 선수들이 전술을 잘못 택했다는 사실을 깨닫자 새로운 희망이 솟아났다. 마지막 한 방을 날릴 시점이 되자, 만자노는 다른 선수들보다 훨씬 더 가뿐하게 달릴 수 있었다.

몰입이 깨질 만큼 침울한 감정에 빠져 있는 동안에도 만자노의 몸 상태는 바뀌지 않았다. 벨이 울리고 100미터만 남겨둔 시점이 되기 전까지 그는 똑같이 일정한 속도로 달렸다. 바뀐 것이 있다면 내면과 외부에서 주어진 피드백을 해석하는 방식이었다. 다른 선수들이 앞으로 나아가자 스스로 열등한 존재라는 생각이 들고, 다리도 "더 이상 기운이 없어"라는 신호를 보냈다. 하지만 지금 경쟁자들이 택한 전략이 어떤 의미인지 이성적으로 판단해 문제가 있다는 사실을 깨닫게 되자 갑자기 다리가 가볍고 가뿐해졌다. 이미 전국 대회를 통해 뛰어난 막판 스퍼트 실력으로 널리 알려진 만자노는 결국 다양한 종목의 국제 대회에서 두각을 나타내던 경쟁자들을 앞질러 결승선을 통과했다.

모든 피드백이 죽기 아니면 살기로 덤비게끔 이끌어주는 것은 아니지만, 몰입을 경험하기 위해서는 목표와 기대치, 그리고 피드백이 완전히 일치해야 한다. 내면의 정보와 외부에서 주어진 정보를 해석하는 과정이 동일해야 명확한 피드백이 된다. 반드시 긍정적인 내용이어야 하는 것도 아니다. 뭔가 잘못되고 있다는 사실을 뇌가 알려준다면 도움이 된다. 중요한 것은 몸과 마음이 문제 해결을 위해 함께 원활하게 움직이고, 발전적인 방향으로 나아가고 있는지 판단하는 것이다.

애매모호한 피드백의 위험성

이와 정반대로 모호한 피드백의 영향을 설명하기 위해 흔히 드는 예는 숲에서 달리다가 길을 잃는 사례이다. 20킬로미터를 달릴 때까지만 해도 생애 최고라 자부할 만큼 순탄하게 오르막도 오르고 강물도 훌쩍 뛰어넘으며 달려왔다고 가정해보자. 몸 상태도 좋고, 정신적으로도 어떠한 장애물을 만나도 완주할 수 있다는 자신감이 가득하다. 그런데 갑자기 길이 영 낯설게 느껴진다. 지름길을 놓쳤나 싶은 생각이 든다. 되돌아가야 할지도 모른다. 근처에 공중전화가 있나? 길을 잘못 들었으면 어쩌지? 온갖 의문과 걱정이 소용돌이치면서 몰입이 깨진다. 초조하고 불안한 기분에 휩싸이고 전전두피질이 모든 측면에서 활성화된다. 무슨 일이 벌어질지 모른다는 생각에 인체가 무의식적으로 열량 소모를 줄이기 시작하면서 달리는 속도도 느려진다. 아예 발을 멈추고 어떻게 할지 고민해야 하는 경우도 있다. 산을 다시 터덜터덜 걸어서 넘어가야 한다는 생각만으로 다리가 덜덜 떨리기 시작한다. 불과 1분 전까지만 해도 멀쩡했던 컨디션은 이제 양쪽 어깨에 20킬로그램이 넘는 모래주머니가 매달린 것 같은 상태로 바뀐다. 신체적으로 바뀐 건 전혀 없다. 이 모든 결과는 새로 맞닥뜨린 사태에 관한 심리적인 해석에서 비롯된 것이다.

　모호한 피드백은 사상 최고로 훌륭한 달리기도 망칠 수 있다. 마찬가지로 명확하고 긍정적인 피드백은 상상할 수 있는 최고 수준까지 기량을 끌어올릴 수 있다. 심장, 폐, 다리가 탄탄하게 느껴지고 코치와 시계, 관중, 주변 환경에서 수집한 피드백이 전부 긍정적이면 무엇을 하든 다 이루어질 것처럼 느껴진다. 지금까지 한 번도 도달하지 못한 속도로 달리고, 차마 갈 수 있으리라 생각지도 못했던 곳을 두 발로 디디는 일이 벌어진다. 고작 20분 정도 달린 것 같은 기분으로 2시간이 소요되는 거리를 완주할 수도 있다. 모두 몸과 마음이 하나로 움직일 때 가능한 일이다.

다양한 형태의 피드백　어떤 활동에 몰입한 동안에는 언제든 여러 가지 형태의 피드백을 얻을 수 있다. 기본적으로 피드백은 내적 피드백과 외적 피드백 두 가지로 분류된다. 내적 동기, 외적 동기와 달리 피드백은 이 두 가지 중 어느 한쪽이 더 가치 있다고 단언할 수 없다. 내적 피드백이란 몸 내부에서 나오는 모든 피드백을 일컫는다. 대부분 호흡 속도나 다리에 느껴지는 피로감 같은 신체 신호를 내적 피드백이라 부른다. 균형감, 자기 수용 감각, 심박 수도 다른 형태의 내적 피드백에 해당된다. 심리적인 작용도 마찬가지다. 생각, 태도, 전략 모두 내적 피드백으로 분류한다.

　외적 피드백에는 외부에서 주어지는 감각 정보가 모두 포함되므로 이론상 범위가 더 넓다. GPS 정보와 심박 수, 코치의 지시, 관중의 소음, 날씨와 온도, 경쟁자와 관련된 데이터가 모두 외적 피드백에 해당된다. 현재 자신의 위치나 트랙에서의 순위, 언덕과 평지, 평탄한 길과 고도의 기술을 요하는 지형 등 지금 달리고 있는 장소의 특성 같은 공간 정보 역시 외적 피드백이다.

이 두 가지 피드백은 특정한 순간에 주어진 일을 어떻게 수행할 것인지를 판단하는 기반이 된다. 피드백으로 수집한 정보는 상당 부분 암묵적 기억을 통해 자동적으로 처리되고 다루어진다. 심장 박동이 꾸준히 빨라지는 것, 경쟁자가 갑자기 돌진했을 때 본능적으로 그에 따른 반응을 하게 되는 것이 그러한 예다. 반면 의식적으로 피드백을 면밀히 검토해봐야 하는 경우도 있다. '이 속도로 계속 달릴 수 있을까?' '지금 이 무리에 좀 더 함께 섞여서 달려야 할까, 먼저 앞으로 나가야 할까?' 같은 의문이 항상 즉각적으로 해결되지는 않는다. 헤쳐나가려면 두 배로 더 애써야 하거나 위험을 감수해야 한다는 사실을 인정해야 할 때도 있다. 이러한 측면, 즉 해결 과제와 그 과제를 완수하기 위해 해내야 하는 일들이 현재 준비된 수준을 넘어서면 몰입 가능성은 멀어진다. 이와 같은 상황에 놓이면 가장 강력한 피드백을 따르거나 그냥 위험을 감수하고 몸이 자동으로 반응하도록 두어야 할 수도 있다.

어떤 도전을 하든 한 가지 의문은 늘 따라온다. '지금 수집한 피드백은 이 일과 관련이 있을까?' 워낙 다양한 형태의 피드백이 존재하는 만큼 잡음이 끼어드는 일도 흔하기 때문이다. 달리기를 하는 사람들 중에는 바람이 불거나 비가 내리는 날씨를 싫어해서 그런 날씨에서 뛰면 집중이 흐트러지는 사람들이 있다. 우스꽝스러운 행동을 하는 관중, 무례한 행동을 하는 경쟁자 때문에 경기에 몰입하지 못할 수도 있다. 정신을 온전히 집중할 수 있는 가능성이 가장 높은 산길에서조차 시계에서 수시로 경고음이 울린다면 몰입은 불가능하다.

도전 과제와 관련이 있는 피드백은 이와 전혀 다른 상황을 만든다. 많은 선수들이 스톱워치 기능이 겸비된 크로노그래프 시계를 GPS 시계로 바꾸는 추세인 것도 그럴 만한 이유가 있기 때문이다. 속도와 현재까지 달린 거리, 남은 거리를 바로바로 확인하면 진전 상황을 보다 확실하게 판단할 수 있다. GPS 시계는 인체 속도계처럼 너무 빨리 달리고 있다면 신속하고 정확하게 알려준다. 완벽한 기술이라고 할 수는 없지만, 적정 속도를 찾을 수 있는 귀중한 정보를 제공한다.

시계에서 얻는 것보다 더 소중한 정보를 코치나 박식한 동료가 제공해주기도 한다. 시계가 몸 내부에서 벌어지는 일들을 외적으로 알려준다면, 코치나 선수를 지켜보는 사람들은 경기 전체를 보면서 중요한 경쟁자나 지형과 관련된 현재 상황을 파악하도록 도와준다. 신뢰하는 사람이 짧게 외치는 몇 마디 격려의 말도 기분 좋은 자극이 되어 자신감 상승이라는 (꼭 필요한) 결과로 이어질 수 있다.

마음챙김 명상도 피드백을 보다 잘 활용하는 길이 될 수 있다. 세계적인 마라톤 선수들은 총 42.195킬로미터의 거리를 1킬로미터 단위로 쪼개서 마음을 집중하고 단위별로 경기를 운영하는 것으로 유명하다. 마흔세 가지 목표를 세우는 것과도 같은 이 방식은 단기 목표를 영리하게 활용하는 전략인데, 그만큼 피드백도 더 많이 얻을 수 있다. 1킬로미터를 무사히 완주할 때마다 긍정적인 강화가 일어나고 동기가 생기므로 더 큰 목표를 달성할 가능성도 커진다.

이 같은 마음챙김 방식을 확장시켜서 현재 상황을 평가하지 않고 그대로 해석하는 수단으로 활용할 수도 있다. 앞서 이야기한 가상의 선수 샘이 마라톤에 출전해서 40킬로미터까지 달렸을 때의 기록이 목표한 수준보다 느리다면, 이 시점에서 선택할 수 있는 길은 몇 가지가 있다. 속도가 느려졌다는 사실에 주목해 스스로를 질책할 수도 있고, 잃어버린 시간만큼 더 빨리 달려야 한다는 생각으로 혼란에 빠질 수도 있다. 또는 그냥 자신의 속도를 있는 그대로 받아들일 수도 있다. 놓친 시간을 보완하려고 속도를 높일 것인지, 아니면 속도가 느려진 건 조금 전에 언덕을 지났기 때문임을 기억해내거나 거리 표식이 잘못된 위치에 세워졌을 거라고 생각하면서 하던 대로 꾸준히 달릴 것인지는 전적으로 샘의 결정에 달려 있다.

총정리

이번 장의 서두에서는 적절한 목표를 세우는 방법을 설명했다. 그리고 그다음 단계인 기술을 키우고 적절한 해결 과제를 찾는 방법을 살펴보고 피드백의 역할도 알아보았다.

몰입의 선행 단계에 해당하는 과정들은 서로 관계하며 상승작용을 일으키는 경향이 있다. 즉 어떤 목표를 세우느냐에 따라 기술이 발전하고 더 까다로운 과제에 도전할 수 있는 것이다. 힘든 해결 과제를 성공적으로 해내면 한층 더 높은 목표를 세울 수 있다. 명확한 피드백은 과제를 수월하게 완료하는 발판이 되고, 이는 자신의 기량에 대한 인식을 높여서 더욱 더 까다로운 목표를 찾게 한다. 선행 단계는 순서와 상관없이 몰입에 이르는 토대를 만들어준다. 이어지는 6장과 7장에서는 다양한 형태로 나타나는 상승작용을 활용해 몰입 가능성을 높이는 방법을 알아보기로 하자.

몰입, 그리고 피로에 관한 중앙관리자 모형

    티모시 녹스는 철두철미함을 빼고 이야기할 수 없는 사람이다. 남아프리카공화국의 스포츠과학자이자 의사인 그는 총 944쪽에 걸쳐 장거리달리기의 과학적 특성과 역사, 훈련 철학을 정리한 저서 《달리기에 관한 지식Lore of Running》을 발표했다. 녹스의 연구는 여러 세대에 걸쳐 코치와 선수에 영향을 주었고, 이를 토대로 스포츠 분야에서 가장 영향력 있는 인물 중 한 사람이 되었다.

    그가 제시한 인상적인 아이디어 중 하나는 중앙관리자 모형이다Noakes, 2002. 간단히 설명하면 뇌가 인체의 물리적인 노력 수준을 제어한다는 내용이다. 뇌는 우리 몸의 내적 항상성(정상 상태)을 유지하는 기능을 한다. 그래서 심장 기능이 손상되지 않도록 하고 체온도 위험 수준까지 오르지 않도록 방지한다. 뇌의 상태도 자체적으로 점검해 글리코겐(혈당)이 너무 부족해지지 않도록 한다. 뇌는 근섬유의 활용도를 제한함으로써 이와 같은 기능을 수행하며, 이때 우리는 몸이 피로하다고 느낀다.

    녹스는 달리기에서 속도 전략이 바뀌는 과정을 중앙관리자 모형으로 설명했다. 즉 뇌가 인체의 내부기관이 위험한 상태가 되지 않도록 속도를 늦추게 만든다는 내용으로, 힘을 발산하는 능력을 통제하는 일종의 중앙관리자를 파견하여 달리는 속도를 안전한 범위로 유지한다는 의미이다.

녹스는 이렇게 설명했다. "피로감을 느낄 때 일어나는 모든 현상, '필요한 힘'이나 속도를 더 이상 유지할 수 없는 상태가 되는 것은 더 느리게 달리는 것을 비롯해 새로운 속도 전략에 적응한 것이다Noakes, 2002." 사람마다 유전적 특성과 재능이 다르고 그 외 변수도 모두 다르므로 중앙관리자가 등장하는 속도와 그로 인해 바뀌는 힘의 수준은 제각기 다르다.

해당 모형이 등장한 이후 정말로 중앙관리자가 존재하는지, 그리고 목표를 달성하기 위해 모든 것을 쏟는다면 한계를 뛰어넘을 수 있는지에 관한 진지한 의문도 제기되었다. 또한 이러한 의문은 선수가 몰입 상태에서 가장 중요한 과제를 이루기 위해 애쓰는 동안에는 중앙관리자의 지시를 무시할 수 있는지, 특히 전전두피질의 활성도가 낮아진 상태에서 이러한 현상이 나타날 수 있는지에 관한 의문으로 이어졌다.

레바논 베이루트에 위치한 아메리칸 대학교의 교수이자 이 책에서 여러 번 소개한 연구자 아르네 디트리히는 그럴 수 없다는 입장을 밝혔다. 녹스가 제시한 피로에 관한 중앙관리자 모형의 원리에는 동의하지만, 뇌 기전이 그에 맞게 변화한다고 확신할 수 없다는 것이 디트리히의 주장이다. 또한 뇌 특정 부위의 혈류가 바뀐 상황에서 열정과 욕구, 몰입이 중추신경의 피로를 넘어설 수 있다고 보기는 힘들다고 설명했다.

디트리히는 짤막한 이메일 인터뷰에서 이렇게 밝혔다. "전전두엽에서 이루어지는 기능, 즉 '의지'라고 불리는 기능이 그 한계를 조절할 수 있다고는 생각하지 않습니다. 가능하다고 해도 극히 한정적인 수준일 것입니다. 경쟁 상황에서 몰입하기 위해서는 작업기억 용량(외부 정보를 배제하는 능력)이나 집중 시간과 같은 다른 변수가 동원되어야 한다고 생각해요."

다시 말해 뇌의 일부분이 인체의 안전을 지키고 있으므로, 아무리 간절하게 원한다고 해도 인체의 한계를 넘어설 가능성은 낮다는 의미이다.

자레드 워드 Jared Ward

2016년 리우데자네이루 올림픽 미국 대표 선수
몰입의 순간: 2016년 리우데자네이루 올림픽 마라톤 대표 선발전

변화는 언제나 갑작스럽고 극적으로 일어난다. 2016년 올림픽 남자 마라톤 미국 대표 선발전에 나선 ZAP 피트니스 소속 타일러 펜넬은 26킬로미터 지점에서 리우데자네이루행 티켓을 확실히 거머쥘 때가 되었다고 확신했다. 그러나 푹푹 찌는 더위 속에서 펜넬의 속도가 1킬로미터당 3분대로 줄어들자마자 한 무리의 주자들이 앞으로 치고나왔다. 이 선발전에서 최종 우승을 차지한 갤런 럽과 보스턴 마라톤 우승자 맵 케플레지기는 펜넬과 함께 선두 그룹을 형성했다. 뜨거운 속도전이 이어지고 뒤따르는 선수들과의 격차도 점점 벌어지는 가운데 사람들은 과연 누가 올림픽 대표팀에 합류할 수 있을까 손에 땀을 쥐며 지켜보았다.

자레드 워드는 선두에서 달리는 세 명의 선수가 올림픽행 티켓을 모두 가져갈지도 모른다는 걱정에 빠지지 않으려고 애썼다. 그 시점까지 워드는 체력과 함께 정신력도 아끼면서 상황을 파악하고 주변 환경을 탐색하는 한편 수분과 영양을 충분히 확보하는 데 주력했다.

"저는 처음부터 마라톤을 넓은 관점에서 보았습니다. 경기 초

2016년 올림픽 남자 마라톤 대표 선발전에서의 자레드 워드.

반에 '우리 할머니가 너보다 빨리 뛰겠다'라던가 '이제 42킬로미터만 더 가면 돼' 같은 문구가 보이더군요. 그래도 저의 체력과 속도에 유념하고 경쟁에 너무 깊이 집중하지 않았습니다."

　선발전에 나서기까지 워드는 독특한 경력을 쌓았다. 브리검 영 대학교에 재학한 그는 모르몬교 전통에 따라 선교 여행을 하느라 다른 학생들보다 2년 늦게 졸업했다. 국가 대표 선수로도 여러 차례 선발됐던 시절에도 일주일에 6일만 훈련했다(그래도 매주 최소 193킬로미터를 달렸다). 지금도 자레드는 가족과 함께 안식일을 보내며 인생의 균형을 맞추려고 노력한다.

26킬로미터 지점에서 시작된 펜넬의 속도 변화는 경기의 균형을 깨뜨렸고, 워드에게 깊은 안도감을 주었다. 선두에서 달리던 세 선수 가까이 접근한 워드는 남은 16킬로미터를 자신이 유지할 수 있는 범위 내에서 가장 빠른 속도로 달리려고 노력했다. 그는 경기에 출전하면 바로 이 단계에 접어들었을 때마다 몰입을 경험하곤 했다.

워드는 이렇게 설명했다. "몰입 경험은 제가 운동을 하는 이유입니다. 경기에 완전히 집중하면 몰입의 순간에 더 가까이 가는 것 같아요. 그럴 때는 승부욕이 생기고, 제가 가진 잠재력을 어떻게 해야 최대한 발휘할 수 있을까 생각하게 됩니다."

자신의 잠재력이 인내심에서 비롯된다는 사실을 깨달은 워드는 경기 운영 계획도 그에 맞춰 유지했다. 32킬로미터 지점이 되자 펜넬은 더위와 그동안 달린 속도 때문에 지치기 시작했다. 워드는 35킬로미터 지점에서 펜넬을 따라잡았다. 올림픽에 출전할 수 있는 세 번째 자리이자 마지막 자리에 올라섰으니, 이제 따라잡히지만 않는다면 그 자리를 확보할 수 있게 되었다. 본격적으로 목표를 향해 모든 것을 쏟아낼 때가 온 것이다. 그는 두려움과 잡생각을 몰아내고 정신적, 육체적 수단을 모조리 동원하여 경기의 주도권을 잡았다.

"경기 초반에 에너지를 다 소진하지 않은 덕분에 마지막까지 집중할 수 있는 정신력이 생긴 것 같아요. 그때부터 남은 거리는 몰입해서 달렸습니다. 올림픽 대표팀에 들어가고 말겠다는 근본적인 목표가 힘을 더했고, 제가 꿈을 좇으며 살 수 있도록 많은 것을 희생해준 사랑하는 사람들도 함께 떠올랐어요."

긍정적인 생각은 몸속에 저장된 글리코겐과 집중력, 계속해서 몰입할 수 있는 힘까지 모두 바닥난 경기 막판에 꼭 필요한 것이었다. 마지막 1킬로미터를 달리는 동안 워드는 이러다 몸이 완전히 망가지는 건 아닐까 몇 번이나 진지하게 염려했다. 그럼에도 유타에서 온 선수의 목표 의식과 의지는 이제 그만 달리라는 신체의 경고마저 이겨내고 올림픽 출전권을 마지막 순서로 따낼 수 있을 만큼 강력했다. 결승선을 넘어 손에 미국 국기를 쥔 채로 바닥으로 쓰러진 워드는 생애 가장 큰 꿈을 이루었다는 사실과 함께 몸과 마음이 함께 작용할 때 얼마나 엄청난 힘이 발휘되는지를 제대로 깨달았다.

대표 선발전을 마치고 리우데자네이루 올림픽에 나가 6위라는 놀라운 성적을 거둔 워드는 이렇게 설명했다. "저는 몰입하기 위해 경기에 나갑니다. 승부욕은 고통과 방해가 되는 모든 요소를 잠재우는 놀라운 힘을 발휘해요. 제 몸이 그와 같은 경지에 오르도록 만드는 건 일종의 기술이라고 생각합니다."

핵심 요약

■ 몰입의 선행 단계 중 첫 번째인 목표 수립을 위해 SMART를 활용할 수 있다.
SMART란 구체성Specific, 평가 가능성Measurable, 달성 가능성Attainable,
관련성Relevant, 시간제한Time bound의 약자로, 이러한 요건을 유념하면
뚜렷한 목표를 세울 수 있다.

■ 최종 목표나 장기 목표를 세운 후에는 작은 목표를 세우자.
이를 통해 진행 상황을 점검하고 자기 효능감을 키울 수 있다. 자기 효능감은
최종 목표를 향해 낙관적으로 꾸준히 나아가는 데 도움을 준다.

■ 목표를 달성하려면 시간을 얼마나 투자해야 하는지 현실적으로 판단하자.

■ 기술 향상은 목표를 이루기 위해 반드시 필요한 과정이다.
목표 달성에 필요한 기술에는 신체적 기술과 함께 정신적 기술도 포함된다.

■ 몰입의 두 번째 선행 단계인 해결 과제와 기술의 균형은 사람마다
기준이 다르다. 어려운 과제를 수행할 때 몰입을 경험하는 사람도 있고,
보유한 기술과 거의 비슷한 수준의 도전을 해야 몰입할 수 있는 사람도 있다.

■ 세 번째 선행 단계인 피드백은 명확해야 하며, 목표와 관련이 있어야 한다.
피드백은 내적 피드백(심박 수, 호흡, 생각)과 외적 피드백(지형, 타인의 지시,
GPS 데이터 등)으로 나뉜다.

■ 피드백이 명확하면 목표를 향해 잘 나아가고 있는지 판단하는 데 도움이 된다.
또한 현재 기량의 수준과 목표를 조정할 때도 활용할 수 있다.

■ 중앙관리자 모형은 신체적 기량을 뇌가 조절, 관리한다고 본다.
이와 같은 조절 기전은 뇌와 신체 기관이 무리하거나 손상되지 않도록 보호한다.

6장
일상적인 달리기와 몰입

치리포 산은 코스타리카에서 가장 높은 휴화산이다. 생태 투어에 나선 관광객들이 열대우림을 가로지르는 짚라인에 몸을 맡기는 이곳은 세계에서 가장 유명한 산이기도 하다. 해발 3.8킬로미터에 이르는 정상까지의 왕복 거리는 38.6킬로미터로, 대부분의 등산객이 정상까지 다녀오는 데 2~3일이 걸린다. 고도에 적응하기 위해 정상에서 4.8킬로미터 떨어진 베이스캠프에서 하룻밤 묵는 사람들도 많다. 그러나 서른세 살 벳시 도셋은 이 과정을 단 하루 만에 끝내기로 마음먹었다.

10월 말의 어느 날, 자정에 일어난 도셋은 헤드램프와 물주머니를 챙겨서 코스타리카의 밤공기 속으로 나섰다. 해가 뜨고 다시 어두워질 때까지 하루 종일 이어질 긴 여정이 시작됐다. 칠흑 같은 밤하늘에 더욱 선명하게 드러나는 번개와 달리 바닥에 고인 웅덩이와 진흙탕은 잘 보이지 않았다. 헤드램프까지 꺼져서 여분으로 챙겨온 것을 꺼내야 했다. 흙과 진창 속에서 미끄러지고 넘어지고 사방에 물을 튀기면서도 도셋은 계속 앞으로 나아갔다. 다시 안전하고 쾌적한 호텔 방으로 돌아가고 싶었다. 하지만 되돌아가고픈 생각이 들 때마다 짤막한 문장 하나가 주문처럼 떠올랐다. '오늘 하루는 계속 가야 해.'

6시간 동안 산을 오른 뒤, 도셋은 베이스캠프가 있는 쪽으로 거의 기다시피 다가갔다. 극심한 고산병 증상 때문에 어지럽고 몽롱했다. 기압 변화로 머리가 온통 울리는 기분이었다. 이런 환경에 오랜만에 노출됐다는 사실도 고통을 더하는 요소가 되었다. 지난 몇 주 동안 해변에서 훈련을 했고 수개월 전부터 높은 곳에 오른 적이 없었다. 앉아서 감자 몇 알과 에너지 보충제를 먹고 나니 상태는 조금 나아졌지만, 이렇게 험한 지형을 한참 더 올라야 한다는 생각이 들자 겁이 났다.

그래서 도셋은 걸음을 세기 시작했다. 한 걸음 디딜 때마다 숫자를 세고 또 세었다. 머릿속에 흘러가는 숫자는 정신이 피로에 집중하지 않고 하던 일을 계속할 수 있도록 도와주었다. 갖가지 문제가 많았지만 어쨌건 계속 나아갔다. 그렇게 계속하다 보니 무감각해졌다. 해발 3킬로미터에 달하는 험한 산속을 오르는 중이었지만 괜찮았다. 산을 오르는 것 외에 다른 건 중요치 않았다.

그즈음 해가 뜨고 새들이 지저귀는 소리가 들렸다. 둘러보니 나무보다 더 높은 곳에 와 있었다. 길도 건조하고 말끔했다. 베이스캠프에서 출발한 등산객들도 보였다. 도셋은 보통 속도로 걸어서 사람들을 따라잡았다. 공기가 희박해서 걸음이 계속 느려졌지만 꾸준히 걸었다. 길이 워낙 가팔라서 거의 기어서 올라가야 하는 구간도 있

치리포 산 정상에 오른 벳시 도셋.

었으나 평소 암벽등반을 취미로 해온 덕분에 거뜬히 지나갔다. 마침내 바람에 나부끼는 커다란 코스타리카 국기가 눈에 들어왔다. 정상에 도착한 것이다. 날씨가 맑은 날에는 정상에 서면 나라 전체가 한눈에 다 들어온다.

도셋은 산에서 내려온 뒤에 일기를 썼다.

"정상에 도착했을 때는 아무도 없었다. 울고, 고함치고, 펄쩍펄쩍 뛰다가 주저앉고 싶었지만 그러지 않았다. 이제 절반을 왔다는 생각이 들었다. 그곳에 잠시 앉아 바람과 함께 내 몸을 휘감는 구름을 지켜보았다. 발아래 골짜기가 보이고 산들이 갈라졌다가 다시 한 곳에서 만나는 것도 볼 수 있었다. 자리에 앉아서 그 모든 풍경을 간직했다. '내가 이렇게 먼 곳까지 왔구나, 하지만 더 걸어야 해'라고 생각했다."

서둘러 달려서 하산하고 싶은 생각이 간절했다. 하지만 해발 3,000미터 위에서 19킬로미터를 걸어 내려갈 때 어떤 위험이 벌어질 수 있는지 상기하며 속도를 조절했다. 마지막 5킬로미터 정도는 온몸의 근육이 다 쑤셨다. 발톱도 하나 빠졌다. 다른 하나도 거의 빠지기 일보 직전이었다. 초췌하고 시뻘겋게 충혈된 눈으로 치리포 산 아래 마을에 도착했다. 박수쳐주는 사람은 아무도 없었다. 축하해주는 사람도 없었다. 그렇게 도전은 끝이 났다.

"이 강렬한 경험을 말로 설명할 수 있을지 모르겠다. 고통스럽고, 졸린 와중에도 어둠과 고산병을 뚫고 계속 나아간 나 자신이 너무나 자랑스러웠다. 즐거움을 느낄 수도 없을 만큼 힘들었지만 다 끝난 후에 내가 얼마나 행복했는지 도저히 설명할 수가 없다. 몸과 마음이 감당할 수 있는 한계를 벗어나면 놀라운 일이 벌어진다. 실오라기 하나 걸치지 않은 알몸이 된 기분이 된다. 그런 과정을 거치지 않았다면 결코 깨닫지 못했을 방식으로 나를 드러내고, 스스로를 들여다보게 한다."

대회 출전을 목표로 훈련한 적은 한 번도 없었다. 벳시는 샌프란시스코의 여가활동 지원 사업단에서 커뮤니케이션과 신사업 개발을 담당하는 평범한 직장인으로, 달리기와 사이클도 대학에 들어간 후에 시작했다. 경기에 나간 경력이라고는 정식 마라톤 대회 한 번뿐이고, 그보다 짧은 거리의 대회도 고작 몇 번 출전한 게 전부였다. 편하게 달리면 보통 1킬로미터를 7분 정도로 달리는 실력이었다.

경쟁을 해본 경험은 별로 없었지만 도셋은 늘 목표를 세우고 더 큰 도전을 적극적으로 찾아다녔다. 치리포 산 등반에 나서기 얼마 전에는 그랜드 캐니언의 북쪽 끝부터 남쪽 끝까지 이동한 후, 다시 북쪽으로 되돌아가는 67.5킬로미터 구간을 완주했다. 그 방대한 코스에는 고도가 6,400미터 이상 높아지는 곳도 포함되어 있었다. 요세미티에서 캘리포니아 데솔레이션 자연보호구역까지 48킬로미터를 달린 적도 있었다. 훈련 강도가 높아질수록 꿈도 커졌다.

도셋은 이렇게 말했다. "장거리 산악 달리기를 시작한 이유는 그저 예쁜 풍경을 보고 모험을 하고 싶어서였습니다. 야외로 나가 즐기는 한 가지 방법이었어요. 데솔레이션 자연보호구역에서 다른 사람들은 주말 내내 돌아다녀야 볼 수 있는 풍경을 반나절 만에 전부 눌러볼 수 있어서 신나고 재미있었어요. 그런 사실 때문에 산악 달리기가 더 매력적으로 다가왔어요. 그런 생각이 '어디까지 가보면 좋을까, 얼마나 멀리 갈 수 있을까, 얼마나 힘들까, 얼마나 많은 것들을 보게 될까'라는 궁금증으로 바뀌었죠."

도셋이 길고 고된 여정에만 도전한 것은 아니다. 도셋의 표현을 빌자면 평탄한 산길이나 '달리기에만 푹 빠질 수 있는' 평지를 달릴 때 가장 인상적인 몰입의 순간이 여러 번 찾아왔다. 달리는 리듬에서 얻는 위로는 마음을 차분하게 가라앉히고 몸이 움직이는 감각을 그대로 즐길 수 있는 바탕이 되었다.

치리포 산을 오를 때처럼 엄청난 도전과 마주할 때 훨씬 더 깊은 깨달음을 얻었다.

도셋은 일기에 이런 글을 남겼다.

"그날, 어느 순간 내 안의 무언가가 바뀌었다. 13시간 동안 내가 한 것이라곤 그저 앞으로 나아간 것이 전부였다. 힘들어서 그만두고 싶고 안 아픈 곳이 없었다. 인생이 꼭 그와 같다는 생각이 들었다. 고통스러워도 앞으로 나아가야만 한다. 어쩌면 바로 그럴 때 더 나아가야 하는지도 모른다. 그것밖에는 할 수 있는 일이 없으니까. 때로는 치리포 산에 올랐던 그날처럼 출발점으로 되돌아와야 한다. 하지만 다시 돌아왔을 때 우리는 다른 사람이 되어 있으리라."

달리기가 선사하는 큰 즐거움 중 하나는 일반적인 기준을 초월할 수 있다는 것이다. 우연히 그러한 몰입의 순간이 찾아올 수도 있지만, 순위를 다투지 않는 일상적인 달리기에서도 몇 가지 중요한 변수를 고려하면 몰입 가능성을 세밀하게 키울 수 있다. 이번 장에서는 함께 달리는 운동 파트너와 음악, 풍경, 자신에게 중요한 의미가 있는 해결 과제를 찾아내는 능력이 몰입에 어떤 영향을 주는지 살펴본다. 더불어 몰입 경험을 추구할 때 발생할 수 있는 문제, 몰입으로 발휘되는 창의성, 비경쟁 달리기에서 얻은 몰입 경험을 순위를 다투는 달리기로 이끌 수 있다는 점에 대해서도 다룰 예정이다.

의미 있는 일 찾기

미국 동부 해안가에 살던 도셋은 10년 전에 캘리포니아 북부로 삶의 터전을 옮겼다. 이유는 간단하면서도 명확했다. 인생을 재미있고 만족스럽게 살 수 있는 여가 활동과 일자리가 있었기 때문이다. 3시간만 이동하면 시에라네바다 고원지대에서 스키를 즐기거나 사막에서 달리기를 할 수도 있고, 요세미티에 가서 등산을 할 수도 있다. 이러한 활동은 도셋의 전부가 되었다. 배우고 익혀야 할 기량과 목표를 계속 제시하고, 꾸준히 노력하고픈 열정을 심어주는 원천이기도 했다.

"저는 그럴 때 행복해요. 밤새도록 달리고 다음 날 해가 뜰 때까지 50킬로미터 정도를 달린 적도 있는데, 그때도 그랬어요. 햇빛이 요세미티 국립공원 내에 위치한 캐서드럴 피크를 때리고 몸은 너무 피곤했던 기억이 나요. 제 자신이 작고 보잘 것 없는 존재가 된 것 같은 기분도 들었어요. 하지만 정말 놀라운 경험이었습니다."

중앙아메리카 최고봉에 오르고 세계에서 가장 거대한 협곡을 횡단해야만 몰입을 경험할 수 있는 건 아니다. 도셋의 경우에도 그랜드 캐니언을 왕복하는 노전을 시작하기 전, 큰 모험을 앞두고 주말마다 앞으로 애리조나 사막에서 겪게 될 고도 변화와 등반에 대비하느라 몇 주에 걸쳐 시에라네바다 산맥의 멋진 풍경 속을 달렸던 시간들이 전부 즐거운 기억으로 남아 있다.

"밖에 나가서 달려야 하는 이유를 만들어준 것 같아요. 친구 한 명과 함께 휘트니 산(약 4,400미터)에 오르기도 하고, 데솔레이션 자연보호구역에서도 여러 가지 훈련을 했어요. 또 요세미티 국립공원의 캐서드럴 피크에도 오르고, 밤을 새서 약 50킬로미터를 달렸죠. 그랜드 캐니언에서의 도전을 준비하면서 다른 여러 가지 도전을 했고, 그 과정 덕분에 더 큰 즐거움을 느낀 것 같아요."

모든 사람이 산이나 바다, 사막에 손쉽게 갈 수 있는 곳에서 사는 건 아니다. 그러나 누구나, 어디에서든 개인적으로 의미 있는 달리기와 모험을 찾을 수 있다. '목표+기량+해결 과제+피드백=몰입의 기회'가 너무 기계적인 공식처럼 느껴질 수도 있겠지만, 실제로 일상생활에서는 특정 상황을 완전히 터득했다고 느낄 때 몰입하는 경우가 많다. 컨디션 회복을 목적으로 달리기를 하는 날 다리가 유독 힘차고 가볍게 느껴질 때, 혹은 언덕길을 올라도 힘이 솟아오를 때 몰입 경험이 찾아올 수 있다.

체력 강화를 목표로 여가 시간에 달리는 사람이나 차분히 컨디션을 회복하면서 대회를 준비하는 선수에게 '목표'나 '도전' 같은 표현은 왠지 위협적으로 느껴질 수 있다. 그런 표현 속에 철저한 계획, 치밀하고 꼼꼼한 성격, 경쟁의 의미가 모두 함축된 기분이 들기 때문이다. 그저 한두 시간 자연 속에서 즐기고 싶을 뿐인데 대체 왜 체계적인 노력이 필요할까?

1시간 동안 달리는 것처럼 단기간에 끝나는 간단한 목표라도 충분한 연습이 뒷받침되면 몰입할 수 있다. 힘이 넘치고 순탄하게 달릴 수 있다는 피드백을 얻고 나면 달리기가 더 즐거워지고 수월해지며 불필요한 정신 에너지도 아낄 수 있다. 무엇보다 가장 중요한 것은 개인적으로 중요한 의미가 있는 일을 할 때 집중력을 더 오랫동안 유지할 수 있다는 점이다. 크게 까다롭지 않은 일이라도 마찬가지다.

집중력을 유지하는 기술

크리스천 스완 박사는 2011년 세 명의 동료들과 함께 인터넷으로 몰입과 운동의 관계에 관한 정보를 샅샅이 검색했다. 관련 자료를 모두 찾아서 분석하는 것이 이들의 목표였다. 〈엘리트 스포츠에서 몰입 경험과 발생, 통제 가능성에 관한 체계적인 검토〉라는 논문 제목만 봐도 연구진이 무엇을 목표로 했는지 충분히 알 수 있다 Swann et al., 2012. 연구진은 검색 과정에서 반복해서 등장하는 주제가 있다는 사실을 알게 되었다. 그중에서도 가장 자주 등장한 단어는 집중력의 연장이었다.

달리기나 다른 의미 있는 일을 수행할 때, 목표나 기술, 해결 과제, 피드백이 아무리 훌륭해도 집중력을 대신할 수는 없다. 달리기의 경우도 자동조종장치가 작동하는 것 같은 상태가 될 수 있는데, 특히 수월한 달리기에서 그와 같은 현상이 일어난다. 즉 신체 활동이 암묵적 기억으로 제어되어 마음이 어디든 원하는 방향으로 자유롭게 떠돌아다니는 상태가 되는 것이다. 그러나 그 정도가 과해서 달리기라는 행위가 갖는 의미까지 사라지면(의식적으로 즐겁다고 느끼는 게 아니라 호흡처럼 그저 자동으로 행하는 일이 되면) 몰입 기회도 사라진다.

그러므로 몰입하려면 오랜 시간 집중할 수 있어야 한다. 경우에 따라 달리기를 하는 동안 내적인 행복을 느끼거나 큰 도전을 해야 할 때 장시간 집중력이 유지될 수 있다. 기분이 너무 좋으면, 또는 이겨내야 하는 장애물이 너무 많으면 생각이 흐트러질 만한 여유가 없기 때문이다. 정신이 현재에 머물게 하려면 기술이 필요하다. 그리고 모든 기술이 그러하듯 주의를 모으고 집중하는 기술 역시 연습을 하면 발전한다.

수 잭슨과 마이크 박사가 쓴《몰입과 스포츠》에는 집중력을 유지하는 능력을 키우는 다양한 방법을 소개하고 있다. 이 책에서 가장 권장하는 방법은 주의를 기울일 방향을 찾는 것이다. 달리기에서는 달리고 있는 방향에 해당한다. 예를 들어 산길을 달릴 때는 땅에 돌부리나 나무뿌리가 없는지 살펴보면서 달리는 것에 익숙해질 필요가 있고, 도로를 달릴 때는 차량과 주변 풍경을 좀 더 넓은 시야에서 읽을 줄 알아야 한다. 또한 어떤 상황이든 호흡, 심박 수 등 내적인 신호를 감지할 수 있어야 한다. 잭슨은 앞으로 맞닥뜨릴 상황과 비슷한 환경에서 이와 같은 기술을 연습할 때 집중력 향상 효과가 가장 크다고 설명했다.

의도적으로 주의를 기울일 방향을 바꾸는 것도 연습할 만한 가치가 있다. 정신없이 흘러가는 현대 사회에서 사람들의 정신은 일과 휴대전화, 곧 다가올 마감, 다른 곳으로 떠나고 싶은 욕구 사이를 쉴 새 없이 오간다. 전쟁터 한가운데 서 있는 것 같은 혼란스러운 생활 속에서 사람들은 문득 자신의 생각이나 일을 통제할 수 없다고 느낀다.

달리기에서 그와 같은 상황이 벌어진다고 가정해보면, 집중력을 오래 유지하는 연습이 왜 힘들 수밖에 없는지 알 수 있다. 산길을 달릴 때 발아래 나무뿌리나 돌을 잘 살펴야 할까, 호흡이 일정하게 유지될 수 있도록 숨소리에 귀 기울여야 할까, 아니면 맑은 공기를 마음껏 즐겨야 할까? 혼잡한 도심 속에서 달릴 때는 주변을 오가는 자동차 소리나 다른 소음에 귀를 기울여야 할까, 내면의 소리를 따라가야 할까? 안전에 문제가 되지 않는다면 어느 쪽이든 정답은 없다. 여가 활동의 하나로 달리기를 할 경우, 지금 현재 집중한 일(달리기의 경우, 뛰는 행위와 주변 환경)에 초점을 맞추는 법을 익혀야 몰입 가능성을 가장 크게 높일 수 있다.

꾸준히 달리기를 하면 힘과 근력이 좋아지듯이 집중해서 무언가를 해내는 연습을 하면 집중력을 유지하는 능력도 좋아진다. 명상도 집중력 강화 효과가 우수하다는 사실이 입증되었다. 5일 동안 하루에 20분만 명상을 해도 그와 같은 효과가 지속되는 것으로 확인됐다Menezes & Bizarro, 2015. 집중을 방해하는 외적 요소를 의도적으로 차단하는 것, 한 단락이나 종이 한 장에 단어가 몇 개나 쓰였는지 그 수를 세거나 100부터 0까지 집중해서 숫자를 거꾸로 세어보는 것, 어떤 목록이나 시를 외우는 것 역시 집중력을 키울 수 있는 좋은 방법이다. 이와 같은 방법을 매일 한두 가지 이상 반복적으로 실천하면 단기간에 놀랄 만큼 집중력을 키울 수 있다.

외부 환경과 몰입

달리기는 지극히 단순한 활동처럼 보이지만, 외부와 단절된 상태에서는 절대 불가능하다. 드넓은 들판, 도시의 거리, 등산로, 집의 지하실까지 이 모든 것이 달리는 동안 헤쳐나가야 하는 환경에 포함된다. 환경은 정적인 변수가 아니며, 달리기에서 얻는 즐거움과 몰입 가능성에 강력한 영향을 준다.

주변 환경을 탐색하고 그 속에 푹 잠기면 달리고 싶은 의욕이 샘솟고, 몰입을 경험하는 데 꼭 필요한 힘든 해결 과제의 역할을 대신한다. 실제로 멋진 산길 속에서 꾸준히 달리다 보면 자연과 하나가 된 기분이 들고, 이것이 긍정적인 영향을 주어 몰입을 유도하는 경우가 많다. 마이크 박사도 수많은 저술 활동을 통해 자연은 몰입을 촉발하는 엄청난 효과를 발휘한다고 밝혔다. 다른 수많은 요소와 비교하면 자연은 몰입을 쉽게 유도하는 촉진제 역할을 한다Csikszentmihalyi, 1990.

산에서 시간을 보낼 때 얻을 수 있는 회복력에 관한 연구에서 외부 환경이 자신이 처한 현실에서 벗어나게 해준다고 느끼거나 자연의 흥미로운 요소에 정신을 집중할 때 더 쉽게 몰입할 수 있는 것으로 밝혀졌다Wöran & Arnberger, 2012. 해당 연구진은 특히 초목과 산의 풍경, 방향을 확실하게 알려주는 지형물, 공원처럼 체계적으로 조성된 장소에서 특히 마음이 차분해질 가능성이 크다고 설명했다. 위치나 장소에 관한 표지가 없는 울창한 숲이나 끝이 보이지 않을 만큼 드넓은 평원과 같은 자연환경은 익숙한 곳이 아니라면 오히려 혼란과 스트레스를 유발하고 길을 찾느라 집중력이 흐트러질 가능성이 크다.

자연과 몰입의 관계와 관련하여 최근 들어 주목받기 시작한 이론이 하나 더 있다. 자연에 노출되면 집중력이 좋아질 수 있다는 **주의 회복 이론**Attention Restoration Theory이다Kaplan, 1993. 일터에서나 학교에서, 또는 아이를 키우는 동안 사람들은 많은 시간 특정한 일에 집중을 해야만 한다. 완전히 집중해야 하는 일인 경우 정신적으로 큰 에너지를 소모해야 몰두할 수 있고, 이는 **지향성 집중에 따른 피로**directed attention fatigue 상태로 이어진다. 위의 연구에서는 자연에서 시간을 보내고 나면 지향성 집중을 장시간 요하거나 정신적인 소모가 많은 일을 원만하게 해내는 능력이 향상되는 것으로 나타났다^{Kaplan, 1993}.

회복 효과의 근간에는 **부드러운 매혹**soft fascination 으로도 알려진 가벼운 자극이 있다. 구름의 모양, 나뭇잎의 색깔, 개울이 졸졸 흐르는 소리처럼 자연환경에는 깊은 생각을 이끌어내는 기분 좋은 요소가 많다. 인파와 기계, 인위적인 구조물로 가득 찬 도시 환경과는 완전히 다른 방식으로 뇌가 크게 애쓰지 않아도 집중하도록 만드는 것이다. 자연환경은 생물학적 다양성이 크고, 이것이 회복 효과를 증대시킨다. 나무와 풀, 동물, 그밖에 다양한 환경 요소는 자연에 친숙하지 않은 사람에게도 도움이 된다^{Fuller et al., 2007}. 집중력이 회복되면, 자연환경은 물론이고 훨씬 혼잡하고 정신없는 대회에서도 몰입 가능성이 커진다.

야외 활동에서만 이러한 효과를 얻을 수 있는 것도 아니다. 한 연구에서는 자연 풍경을 영상을 통해 바라본 참가자들이 얻은 효과가 실제로 야외에 나간 사람들과 비슷한 수준인 것으로 나타났다^{Wells & Evans, 2003}. 그리고 이와 같은 효과는 집중력을 더 오래 유지하는 데 도움이 된다. 수술 후 회복기에 병원 창문으로 바깥 풍경을 바라보면 회복 기간이 크게 줄어든다는 연구 결과도 있고^{Ulrich, 1984}, 성인과 아동 모두 자연에 노출되면 심리적인 행복감이 높아지고 스트레스 요소와 마주해도 쉽게 회복할 수 있다는 사실 역시 연구를 통해 확인됐다^{Wells & Evans, 2003}.

종합해보면 반드시 낯선 환경에서만 몰입이 촉발되는 것은 아님을 알 수 있다. 봄꽃이 가득한 풍경이나 가까운 곳에 마련된 잘 관리된 연못과 공원에서도 위험한 장애물만 없다면 똑같이 몰입 가능성을 키울 수 있다. 도시의 멋진 스카이라인처럼 인공적인 환경도 달리는 동안 깊이 생각할 수 있는 환경이 된다. 지하도나 고가다리를 활용해서 만든 자전거 도로 역시 자연과 인공적인 아름다움이 뒤섞인 안전한 환경에서 큰 걱정 없이 혼자만의 생각에 푹 잠길 수 있는 좋은 기회를 제공한다.

눈앞에 펼쳐진 환경만큼 중요한 것은 눈 아래 풍경이다. 특히 지형과 발에 닿는 땅은 몰입 경험을 향상시키거나 깨뜨리는 중요한 요소이다. 달리는 속도가 빠른 편이고 기록 단축을 목표로 하는 사람은 언덕이 많거나 생각보다 고도의 기술이 필요한 길과 만나면 낙심할 수 있다. 마찬가지로 자연 속에서 달려야 에너지를 얻는 사람에게는 집들이 빼곡하게 들어선 조깅 코스가 영 낯설게 다가온다. 달리는 환경에서 아무런 감흥도 느끼지 못하고 자신과 잘 맞지 않는 느낌이 든다면 마음에 드는 곳을 찾아보자. 고급스러운 분위기와는 거리가 먼 곳에도 어딘가에 매력이 숨어 있다. 오래된 건축물이나 앞마당에 조성된 자그마한 정원도 얼마든지 달리기에 맞는 장소가 될 수 있다.

눈 깜짝할 사이에 몰입이 끊어지는 환경에서는 안전이 보장되지 않는다. 깊이 몰입한 상태라도 우리의 뇌는 무의식적으로 주변 환경을 살피고 현 상황, 그리고 목표와 관련된 정보를 추적해서 안전에 문제가 없는지 점검한다. 디트리히는 일시적 전두엽 기능저하 이론을 통해 몰입해서 달리는 동안 전전두엽과 편도체의 불필요한 영역이 활성화되지 않는다고 밝혔으나 Dietrich, 2003, 생존 본능의 기능까지 중단되지는 않는다. 뇌는 계속해서 주변에 잠재적인 위험 요소가 없는지 살피고 모니터링한다. 그러므로 달리는 동안 위험을 감지하고 그로 인해 교감신경계가 활성화되면 몰입이 저해되거나 깨진다.

이와 같은 불확실성 때문에 트랙이나 러닝머신에서 달리는 것을 선호하는 사람들도 있다. 정적이고 안전한 환경에서는 주어진 일에만 몰두할 수 있고, 차량이나 땅을 살피느라 에너지가 분산되지 않는다. 자연을 사랑하는 사람도 러닝머신에서의 리드미컬한 움직임이 촉발하는 일종의 최면 상태를 즐긴다. 디스플레이 창에 표시된 정보만 뚫어져라 응시하지 않고, 도셋의 이야기처럼 '달리기에 푹 빠지면' 러닝머신과 트랙에서도 이상적인 몰입을 경험할 수 있다.

달리면서 하는 대화

앨런 실리토는 1959년에 발표한《장거리 주자의 고독The Loneliness of the Long Distance Runner》에서 제2차 세계대전 이후 영국이 겪은 고난과 사회계급의 갈등을 전했다. 집집마다 책장 속에서 먼지를 뒤집어쓰고 잊힌 후에도 제목만은 많은 사람들의 기억에 생생히 남아, 장거리 주자들은 홀로 기나긴 거리를 말없이 달리는 내성적인 사람이라는 선입견을 굳혔다.

그러나 실제로는 반대인 경우가 많다. 최근에는 달리기 용품 전문점이나 소규모 행사에서 만난 사람들끼리 함께 달리는 것이 점점 인기를 얻고 있다. 한 번에 100명 정도 그룹을 이뤄 함께 뛰는 경우도 많다. 그런 사람들은 달리기라는 스포츠에 내포된 사회적인 특성을 즐기고, 친구들과 함께 시간을 보낼 수 있는 기회로 달리기를 활용한다. 다른 사람들과 이야기를 나누다 보면 시간도 금세 지나간다. 그리고 일부는 그와 같은 대화를 통해 몰입을 경험한다.

관심사가 같은 친구들과 함께 달리면, 대화에 푹 빠져 먼 거리도 수월하게 달릴 수 있다. 대화는 지루함과 일상생활의 압박감에서 벗어나도록 도와줄 뿐만 아니라 시간이 금방 흘러간 것처럼 느끼게 한다. 더 높은 경지에 이르러 시간 개념을 잊는 기술을 더 깊이 습득하면, 대화가 몰입으로 이어질 수 있다. 코우덴부르흐와 포스트메스, 고르디진은 쉴 새 없이 매끄럽게 흘러가는 대화에서 화자가 만족감과 함께 **사회적 확인**social validation을 느낀다고 밝혔다Koudenburg, Postmes & Gordijn, 2013. 즉 자신의 감정이 옳고 정당하다는 느낌을 받는 것이다. 또한 대화가 술술 흘러가면 소모되는 에너지가 줄어, 남는 에너지를 다른 곳에 쓸 수 있다. 순탄한 대화는 춤을 추는 것처럼 사람들의 상호작용이 매끄럽게 오가게 하므로 대화가 깊어지면 몰입 상태에 들어갈 수 있다. 반면 짤막하게 끊기고 어색한 침묵이 많은 대화는 불안감을 주고 집중력이 흐트러지게 하며 자신의 생각과 의견이 잘못된 건 아닌지 걱정하게 만든다.

친구들과 함께 달리거나 여러 사람과 무리지어 달리면 대화를 나눌 수 있다는 것 외에 또 다른 장점이 있다. 바로 **사회적 촉진**social facilitation이다. 사회적 촉진 이론에서는 다른 사람들이 있는 곳에서 어떤 일을 충분히 연습하면 그 일을 더욱 잘하게 되는 경향이 나타난다고 본다. 달리기 하는 사람들을 대상으로 사회적 촉진을 조사한 연구 결과에 따르면, 혼자 달릴 때보다 다른 사람들과 함께 달릴 때 속도가 더 빨라지는 경향이 나타난다^{Strube, Miles & Finch, 1981}. 다른 사람들과 계속해서 앞다투어 달리다 보면 평소보다 더 빨리 달리게 되고, 극복할 수 있는 난이도도 높아진다. 취미로 달리기를 하는 사람이라도 이러한 경쟁 환경에 충분히 노출되면 더욱 까다로운 해결 과제도 성공적으로 해낼 만큼 사회적 촉진 효과는 뚜렷하게 나타난다. 단, 같은 상황에서 잘하지 못하는 일을 하면 이와 정반대의 결과가 발생한다. 어떻게 해야 할지 모르는 일을 남들이 보는 앞에서 기꺼이 하려는 사람은 아무도 없기 때문이다.

내향적인 사람에게는 무리 지어 달리면서 수다를 떨고 다 함께 속도를 높이는 일이 끔찍한 악몽처럼 들릴 수 있다. 이 경우 그룹 달리기는 불필요하게 기운을 소진시키고 달리기에 쏟아야 할 에너지를 빼앗길 가능성이 크다. 내향적인 성격이라면 혼자 달리는 것이 가장 좋고, 그래야 달리기를 즐길 수 있다. 혼자 달리면서 고요함을 즐기는 동안 마음을 채우고 주변의 아름다움을 만끽하는 동시에 에너지를 얻는 것이다. 또한 시끌벅적하고 소란스러운 삶에서 벗어나 몸과 마음에 꼭 필요한 회복의 기회도 얻을 수 있다.

비트를 줄여야 할 때

달리기 하는 사람들 사이에서 음악만큼 의견이 분분한 주제도 없을 것이다. 어떤 장르가 좋고 어떤 뮤지션이 좋은지 묻는 게 아니다. 논쟁의 핵심은 달리는 동안 귀에 이어폰을 꽂고 음악을 듣는 것이 도움이 되는지 아닌지이다. 이는 특정 분야에 해당하는 논쟁이 아니다. 오늘날에는 원하는 달리기 속도, 보속과 분당 비트가 일치하는 노래로만 구성된 체계적인 플레이리스트를 판매하는 웹사이트도 여러 곳 있다. 인체공학적으로 설계된 헤드폰으로 수백만 달러의 수익을 올리는 기업도 있다. 이에 뒤질세라 과학자들도 이 분야에 달려들어 음악이 유산소 운동에 어떤 영향을 주는지 연구한다. 우리 삶의 대부분이 그러하듯 특정 상황에서의 음악의 유익성은 개개인의 성격 유형과 생리학적 특성, 환경에 종합적으로 영향을 받는다.

음악은 인간의 창의력이 발휘된 결과물 중에서도 심층적인 연구가 이루어진 분야로, 긍정적으로 영향을 주는 부분이 많다는 사실이 확인되었다. 〈스포츠 · 운동심리학 국제 리뷰〉에 실린 카라게오르기스와 프리스트의 연구에도 그와 같은 내용이 담겨 있다 Karageorghis & Priest, 2012.

"현재까지 확인된 증거에 따르면, 음악은 집중을 유도하고 정신을 고양시키며 다양한 감정을 촉발한다. 또한 기분 전환과 조절, 기억 자극, 업무 성과의 향상, 기분을 들뜨게 만드는 효과와 함께 여러 기능 수준을 높이며 방해 요소를 줄이고 리드미컬한 움직임을 촉진하는 효과가 있다."

이와 같은 효과 중 상당 부분이 잘 달리기 위한 요건과 일치한다. 음악과 유산소 운동의 관계를 조사한 연구에서, 모든 종류의 음악은 중간 강도로 운동을 할 때 힘들다는 인식을 약화시키는 것으로 나타났다^{Potteiger, Schroeder & Goff, 2000}. 이와 같은 효과는 음악이 수동적으로 정신을 분산시켜 힘들고 피곤하다는 느낌에 집중하지 못하는 결과로 보인다(심지어 자신의 숨소리조차 들리지 않는 경우도 있다). 음악 특유의 리드미컬한 특징 때문이든 개인적인 감상이든 의욕을 고취시키는 음악은 피로가 찾아오는 시점을 늦추고 밖으로 분출하는 힘을 증대시키는 것으로도 확인됐다. 이와 같은 생리학적 반응은 사람마다 다른 양상으로 나타난다. 같은 노래라도 반응은 저마다 다르게 나타난다는 뜻이다^{Karageorghis & Priest, 2012}.

음악에 내재된 긍정적인 특징이 이토록 많다면 달릴 때마다 무조건 음악을 들어야 하지 않을까? 그러나 음악에는 고립 효과도 있다. 달리는 도중에 마주치는 사람들과의 상호작용을 차단할 뿐만 아니라 주변의 소리도 일체 차단한다. 자연이 달리기에 강력한 동기로 작용할 경우, 바로 옆에서 흐르는 개울 소리가 들리지 않는다면 숲을 달릴 때 얻을 수 있는 수많은 효과도 줄어든다.

오감의 하나인 청각은 환경을 주시하고 대비하게 하는 기능을 한다. 달리다 보면 차가 먼 곳에서 다가오고 있음을 소리를 듣고 알게 될 때가 많다. 차가 뒤에서 다가오거나 시야가 확보되지 않은 커브 길에서 갑자기 나타나는 경우, 실제로 그런 일이 자주 벌어진다. 공원이나 보도에서 음악을 들으면서 달리면, 근처에 오가는 사람을 제대로 감지하지 못해 갑자기 행인과 부딪혀 화들짝 놀라거나 더 위험한 상황에 처할 가능성이 크다. 범죄 영화나 드라마에도 야간에 헤드폰을 쓰고 달리던 사람이 뒤에서 누군가에게 공격당하는 장면이 수시로 등장한다. 사람들의 공포심을 일부러 노린다고 생각할 수도 있지만, 공격자가 가까이 다가와도 소리를 듣지 못한다면 인체의 투쟁-도주 반응이 제대로 발휘되지 못하는 건 분명한 사실이다.

안전이 보장되는 상황이라도 음악이 인간이 가진 가장 중요한 기능 중 하나인 창의력을 빼앗는 경우도 많다. 노래 가사나 리듬에 집중하면 생각에 빠질 기회가 사라진다. 평온한 상태에서 달리는 동안 생각이 이리저리 흘러갈 수 있다는 점, 강렬한 몰입 경험은 문제 해결에도 큰 도움이 된다는 점을 고려하면 안타까운 결과라 할 수 있다.

직장에서 업무실행 계획에 문제가 생겼거나 글을 써야 하는데 딱 막혀서 진도가 안 나간다고 상상해보자. 문제에서 벗어나려고 아무리 정신 에너지를 쏟아부어도 전혀 도움이 되지 않는다. 하지만 그 문제에서 한발 물러나 그 일과 무관한 다른 일에 전념하다가 다시 문제를 살펴보면 해결책이 떠오를 때가 있다. 운이 좋았다거나 우연히 깨달음을 얻었다고 생각할 수도 있지만, 실제로는 문제와 무관한 일을 하는 동안 무의식이 다양한 선택지 중에 꼭 맞는 답을 찾기 위해 열심히 노력한 결과다.

한 연구에서 그와 같은 숙고의 시간에 인지적으로 과도하게 힘들이지 않고 시간을 다양하게 투자할 수 있는 일을 하면 최상의 성과로 이어진다는 사실을 밝혀냈다Sio & Ormerod, 2009. 크게 힘들이지 않는 달리기는 이런 요건에 완벽하게 들어맞는다. 음악 대신 달리기 자체에 집중하면 몰입을 경험할 수 있을 정도로 정신 에너지를 아낄 수 있고, 몰입을 통해 창의적인 해결책을 떠올릴 수 있다.

몰입의 위험보상비율

이 책에서는 지금까지 높은 기술 수준, 강력한 도전 과제와 명확한 목표, 정확한 피드백이 있을 때 몰입을 할 수 있다고 조명했다. 그렇다면 달리기 자체를 즐기면서도 수시로 몰입을 경험하는 사람들은 어떻게 설명할 수 있을까? 한 단계 발전하거나 색다른 도전을 위해 스스로 감당해야 할 몫을 계속해서 늘려가는 사람들은? 4장에서 소개한 맥스 킹과 이번 장에 등장한 도셋의 사례는 이에 해당한다. 달리기를 통해 일종의 '몰입 중독자'가 되는 건 좋은 일일까? 단점이 있다면 무엇일까?

인생에서 이루고자 하는 우선순위와 균형을 맞추고 스스로를 위험에 빠뜨리지만 않는다면, 몰입을 쫓아 한계를 뛰어넘으려고 노력하는 것은 대체로 좋은 일이다. 새로운 도전 과제를 찾기 위해서는 새로운 기술도 있어야 하고 기량을 다듬기 위해 노력해야 한다. 이 노력을 통해 달리기 실력은 향상된다. 정상까지 절반도 다 오르지 못해 헉헉대던 사람이 가장 높은 봉우리까지 오를 수 있게 되고, 30분 정도 달리던 사람이 1~2시간을 달리게 된다. 자신의 한계를 확장시키면 감히 엄두조차 내지 못했던 경험과 시야가 열린다. 그리고 경계가 확장되면 인식의 범위도 함께 확장되어 가능할 거라 여기는 일도 많아진다. 머리 위를 막고 있던 지붕이 사라지면 세상은 가능성으로 가득해진다.

그러나 이 같은 장점에도 불구하고 조심해야 할 것들이 있다. 희열을 선사하는 마약처럼, 달리기를 통해 몰입을 쫓는 것 역시 중독될 수 있다. 다른 중독과 마찬가지로 달리기와 몰입만 추구하느라 삶의 다른 부분이 망가지면 달리기라는 스포츠와의 건강한 관계가 무너졌다고 봐야 한다. 주말에 시에라네바다 산맥까지 차를 끌고 간 다음 그곳에서 멋진 풍경을 보며 달리는 것과 직장을 그만두고 가족과도 떨어진 채 산속에서 은둔하며 달리는 것에는 큰 차이가 있다.

몰입을 쫓다가 맞이할 수 있는 가장 큰 위기는 아마도 중요한 도전이 단숨에 물거품이 되는 순간일 것이다. 도셋은 그랜드 캐니언에서 달리다가 발목을 다쳤을 때 그와 같은 위기를 겪었다. 8킬로미터 정도만 더 가면 계획한 루트를 완주할 수 있는데 발목이 제 기능을 못하게 되었고, 도셋은 그랜드 캐니언에서 벗어나 도착 지점까지 걸어서 이동해야 했다. 절뚝대며 걸었던 그 시간은 결코 유쾌하지 않았다. 그러나 도셋에게는 그랜드 캐니언 전체를 달리는 것보다 다친 발목이 더 중요했다.

이보다 좁은 범위에서도 사람들은 늘 이와 같은 위험보상비율을 생각한다. 다리가 아프니 평지에서 계속 달릴까, 아니면 언덕길로 가서 더 멋진 풍경을 볼까? 5분 정도 속도를 높여서 달려야 할까, 10분은 더 지금의 속도를 유지해야 할까? 1시간 동안 달릴까, 1시간 30분 동안 달릴까? 이와 같은 고민을 하는 순간에는, 큰 보상을 얻을 수 있지만 위험성이 큰 전략과 보수적이지만 안전한 길 중 어느 한쪽을 택할 때 신체적, 정신적 컨디션에 영향을 준다.

그런데 사람들이 위험한 쪽을 택하는 경우가 많은 이유는 무엇일까? 그 해답은 2장에서 살펴본 것처럼 자신감 향상, 자의식 상실, 시간 개념의 변화 등 즐거운 감정에서 비롯되는 여러 변화와 관련이 있는 경우가 많다. 몰입하면 기분이 좋아지고 스트레스가 감소한다. 그리고 몸이 나아가고 있다는 운동감각적 인식이 선명해지고 피로감이 사라지며, 마음이 평온해진다. 심지어는 세상과 하나가 된 것 같은 기분이나 유체이탈처럼 훨씬 더 놀라운 감각을 경험했다고 이야기하는 사람들도 있다Swann et al., 2012. 이와 같은 즐거운 경험은 그 활동이 끝난 후에도 유지될 수 있다. 그리고 사람에 따라 고양된 기분을 느끼는 데 시간과 노력, 위험을 감수할 만한 가치가 있다고 생각한다.

경쟁에 대비하기

일상적인 달리기에서 몰입을 경험하는 것은 놀랍고 의미 있는 일이다. 몰입해서 달리면 더 큰 보상을 얻을 수 있고 자연과 더 깊은 유대를 형성할 수 있을 뿐만 아니라 의욕과 기분이 고취된다는 점에서 몰입은 충분히 추구할 만하다. 취미 삼아 달리기를 하던 사람도 몰입을 자주 경험하면 지금까지 대회에 출전해본 적이 없더라도 한 번쯤 경기에 나가보고 싶은 마음이 들 수 있고, 늘 경기에 출전했던 사람은 몰입 경험이 기량을 얼마나 향상시킬지 궁금할 것이다.

다음 장에서는 경쟁 상황에서 몰입이 어떤 영향을 주는지 살펴보고, 중요한 과제를 수행할 때나 매우 까다로운 일에 도전할 때가 어째서 인생에서 가장 인상 깊은 기억으로 남는지 그 이유를 알아보기로 하자.

움직이면서 명상하기

가장 순수한 형태의 명상은 정적을 유지하고 마음을 통제하는 것이다. 달리기는 몸이 앞으로 나아갈 수 있도록 모든 노력을 다한다는 점에서 그와 정반대되는 행위다. 몰입의 두 가지 핵심 요건은 현재에 머무르는 것, 그리고 집중력을 유지하는 것이다. 이 두 가지가 명상을 하는 주된 이유에도 해당한다는 점을 고려하면 이런 의문이 든다. 과연 움직이면서 명상을 하는 것이 가능할까?

마음챙김 명상을 널리 알리는 데 크게 기여한 수많은 스님들은 가능하다고 본다. 태국 북동부에 자리한 깊은 산중에서 수양하는 스님들은 석가모니가 깨달음을 얻기 전에 인지했다고 전해지는 공空을 찾기 위해 먼 옛날부터 작은 암자 주변의 숲을 몇 시간씩 거닐었다Cianciosi, 2007. 달리기의 관점에서 볼 때 걷기 명상은 두 가지 목적을 이룰 수 있다. 마음을 현재에 오랫동안 집중하는 능력을 키우는 것, 그리고 몸을 계속 움직이는 동안에도 그와 같이 집중하는 법을 익히는 것이다.

몸을 움직이면서도 명상하기 위해서는 장애물이 없고 출발지점과 종료지점이 고정된 길을 찾아야 한다. 거리는 20미터가 넘지 않는 것이 좋다. 먼저 곧게 서서 팔을 편안하게 내리고 양손을 허리께에 둔 자세로 걷기 시작한다. 눈은 몇 걸음 앞의 땅을 응시한다. 한

걸음 한 걸음 집중해서 걷는다. 발이 바닥에 닿았다가 다시 땅에서 떨어지는 것을 느껴본다. 그 외에 다른 생각은 모두 저 멀리 두려고 노력한다. 다른 생각이 스멀스멀 떠오르면 다시 발걸음에 집중한다. 길 끝에 이르면 마음 상태가 어떤지 살펴보고, 시작한 지점으로 돌아간다. 이와 같은 방식으로 정신이 현재에 머물고 지금 하고 있는 일에 집중하도록 연습할 수 있다Cianciosi, 2007. 초보자는 10분 정도 연습해도 충분하지만, 익숙해지면 30분까지 시간을 늘린다.

걸으면서 명상하는 법을 터득하고 나면 달리기에도 적용해볼 수 있다. 《명상하는 마음으로 달리기Running with the Mind of Meditation》의 저자 사콩 미팜은 명상을 하는 주체와 달리기를 하는 주체가 다르다는 사실을 예리하게 집어냈다. 동시에 명상에 필요한 정신력은 달리기에 필요한 육체적인 힘과 비슷하다고 설명한다. 빨리 달리기 위해 오랜 기간에 걸쳐 뼈와 근육, 힘줄의 힘을 키우는 훈련을 해야 하듯이, 명상을 마스터하려면 수년간 명상과 마음챙김이 최고 경지에 이를 수 있도록 집중력을 키워야 한다.

미팜은 명상을 할 때 가장 주목해야 하는 요소가 호흡이라고 밝혔다. "숨을 내쉬고 들이쉬는 행위에 집중하면 몸과 마음에 지극히 이로운 영향이 발생한다. 마음의 독인 스트레스, 부정적인 생각, 후회처럼 안 좋은 감정들이 호흡을 통해 제거된다. 호흡은 물이 고여 한 자리에 머물지 않도록 하는 파도와 같다. 보통 우리의 마음 상태가 정체되는 것은 과거나 미래에 관한 생각 때문이다Mipham, 2012."

달리면서 명상을 하려면 마음이 현재에 머물러 있으며, 작고 세세한 부분에 집중할 수 있어야 한다. 달리다 보면 창의적인 생각이

번뜩일 때도 많지만, 그에 못지않게 과거나 미래에 관한 생각으로 마음이 채워지는 경우도 많다. 달리는 동안에는 그런 생각을 차단하는 것이 좋다. 단, 야외에서 달리기를 할 때는 생각을 완전히 차단하는 것이 불가능하다. 지형, 오가는 행인, 눈앞의 장애물은 모두 달리면서 암묵적 기억으로 처리해야 하는 요소이고, 아무리 최선을 다해서 마음을 다잡아도 이 부분은 어쩔 수 없다.

미팜은 달리면서도 명상하는 방법을 다음과 같이 제안했다. "명해지거나 다른 생각을 하려 하지 말고 발과 호흡에 편안하게 집중하라. 지나치게 옥죄지도 않고, 그렇다고 너무 느슨하지도 않게 마음챙김의 균형을 찾는 것이 중요하다. 그 균형을 찾으면 갑자기 마음이 리듬감을 얻는다. 우리는 이 같은 변화가 우연히 일어난다고 생각하지만, 마음속에서 몇 가지 요건이 한꺼번에 충족될 때 얻을 수 있는 결과다Bond, 2008."

위와 같은 설명은 몰입과 일치하는 부분이 상당히 많다. 몰입 가능성을 최대한 끌어올리려면 작은 것부터 시작해야 한다. 말끔한 길을 선택하고 호흡과 발이 땅과 닿았다가 떨어지는 움직임에만 집중한다. 숨을 들이마시고, 다시 내뱉고, 발이 땅에 닿고, 발가락이 떨어지는 과정 하나하나에 주의를 기울인다. 나중에는 이 같은 방식을 확대하여 안전한 길에서 조금 더 멀리 떨어진 곳까지 달리며 적용해본다. 충분히 익숙해진 후에는 고도의 기술을 요하는 지형에서 달리기를 할 때도 같은 기술을 적용하고 마스터한다. 단, 생각이 마음의 고요한 심연 속으로 너무 깊이 들어가 안전이 위태로워지지 않도록 주의해야 한다.

도시에서 몰입하기

정지, 그리고 다시 이동. 파란불, 노란불, 빨간불. 거리는 오가는 행인과 산책 나온 개들, 자전거와 자동차 등 각종 교통수단으로 가득하고 사방에서 빵빵대는 경적 소리가 들려온다. 혼잡한 도시에서 달리는 동안에는 명상은 고사하고, 어떻게 길을 찾아야 할지 걱정과 불안을 느끼는 사람들이 많다. 북적북적한 도시 속에서 과연 몰입을 경험할 수 있을까? 놀랍게도, 답은 '그렇다'이다. 성격적 특성이 도시 환경에서 극복해야 할 문제와 잘 맞는다면(그리고 그 환경이 너무 과할 정도로 엉망진창이 아니라면) 충분히 가능하다.

도시 환경에서 몰입에 가장 큰 방해가 되는 요소는 도로와 인도를 오가는 차량과 행인 들의 통행 패턴을 예측할 수가 없다는 점이다. 몰입하려면 자신의 목표와 내적, 외적 피드백에 정확히 집중해야 한다. 자동차 경적 소리가 터져나오고, 정장을 차려입은 사람들이 건물에서 한꺼번에 쏟아져나와 한 방향으로 걷기 시작하면 집중이 깨질 확률이 높다. 어마어마한 숫자의 차량으로 늘 정체되어 있는 도시에서는 사이사이를 뚫고가는 것 자체가 진 빠지는 일이다. 이미 몰입 상태에 들어간 경우라도 교통 상황이 갑자기 바뀌면 안전을 생각하느라 몰입이 단박에 깨진다. 그렇지 않으면 위험천만하게 족히 몇 톤쯤 되는 금속 덩어리와 부딪힐 것이다.

도시에서만 달리기 훈련을 하는 사람들은 이처럼 몰입 상태가 수시로 바뀌는 문제를 최소화할 요령을 찾게 마련이다. 혼잡한 출퇴근 시간 이전 또는 이후에 달리거나 신호등이 적고 통행량이 많지 않은 간선도로, 도심 공원이나 자전거 도로에서 주로 훈련하는 것도 그와 같은 방법에 속한다. 뉴욕, 보스턴, 시카고와 같은 대도시에는 근교에 이런 사람들이 활용할 수 있는 대규모 공간이 조성되어 있다.

　　교외까지 차를 몰고 가서 훈련을 하는 사람들도 있지만, 도시의 통제된 혼란 속에서도 잘 달리는 사람들이 있다. 이런 사람들은 이중주차된 자동차 사이를 지나고 횡단보도 신호가 깜박일 때 총알처럼 길을 건너는 등, 도시의 온갖 불협화음에 도전장을 내민 것처럼 전투적으로 달린다. 이와 같은 마음가짐은 특히 두 가지 성격 특징에서 비롯한다고 볼 수 있다. 바로 행동 활성화 체계와 행동 억제 체계다.

　　모든 사람이 이 두 가지 체계를 갖고 태어나지만 사람마다 각 체계가 활성화되는 수준은 다양하다. 까다로운 해결 과제를 즐기는 실행 동기형은 행동 활성화 체계와 관련이 있고, 회피 동기형은 행동 억제 체계와 관련이 있다. 행동 억제 체계가 주로 작용하는 사람은 복잡한 도시에서 달리는 동안 잠재적인 위험 요소가 많다고 여겨 위험 행동을 할 가능성이 적다. 반면 행동 활성화 체계가 더 많이 작용하는 사람은 끊임없이 바뀌는 교통 상황과 장애물을 즐거운 도전으로 받아들인다. 이들에게 도시는 살아 숨 쉬는 곳이며, 환경이 계속해서 변화하는 곳에서 달리는 경험은 그 어떤 곳에서의 달리기와도 비교할 수 없다고 여긴다. 누군가에게는 까마득한 산처럼 느껴지는 곳이 다른 사람에게는 그저 평탄한 길일 수도 있다.

크리스틴 웨인코프 듀란소 Christine Weinkauff Duranso

    인디애나 북부의 어느 화창한 여름날, 나는 러닝화 끈을 단단히 묶었다. 2년 만에 이곳을 다시 찾았기 때문에 삼림보호구역에 펼쳐진 평평한 길을 달릴 계획이었다. 내가 사는 캘리포니아의 익숙한 산길을 달리는 것도 무척 좋아하지만, 눈앞에 펼쳐진 평지 외에 아무것도 없는 곳에서 수 킬로미터를 달렸던 시간이 늘 그리웠다. 얼마 후 샌프란시스코에서 열릴 나이키 여성 마라톤 대회에 대비해 최대한 멀리 달려볼 계획이었으므로, 적당한 속도로 숲의 풍경과 소리, 냄새를 즐기며 약 30킬로미터를 달리기로 했다.

    평일 이른 아침이라 아스팔트가 깔린 길은 전부 내 차지였다. 졸졸 흐르는 개울 물소리와 윙윙대는 호박벌 소리, 나무가 늘어선 길 반대편의 울타리 쳐진 마당을 지날 때 가끔 개 짖는 소리가 들려올 뿐이었다. 1킬로미터가 지나가고 금세 3킬로미터로 달린 거리가 늘어났다. 호흡과 심장 박동이 편안하게 일치했다. 머릿속은 아들 가족을 만나서 느낀 즐거움과 그날의 목표를 위해 잘 나아가고 있는지 알려주는 속도 계산기 사이를 이리저리 오갔다.

    '내 아들 브래드가 이토록 멋진 아빠가 될 줄이야! 온 집안에 웃음소리가 가득한 걸 보니 인생이 정말 살 만하다는 생각이 들어. 아들이 너무 자랑스러워. 벌써 5킬로미터로군. 속도는 괜찮은 편이야.

손녀 애나는 또 얼마나 영리한지! 자신감도 넘치고! 애나는 꼭 성공할 거야. 6킬로미터다. 속도를 높여야지. 우리 며느리 리디아가 애나와 손자 링컨을 보살피는 방식도 참 마음에 들어. 두 아이들이 벌써 색칠놀이도 할 줄 알고, 축구도 하고, 글도 쓰잖아. 8킬로미터. 그나저나 캘리포니아에 두고 온 다른 아이들은 뭘 하고 있나 모르겠네. 보고 싶다. 10킬로미터니까 목표에 맞게 속도를 조절하자.'

오래 달릴수록 다리가 자동으로 속도를 유지하는 것처럼 느껴졌다. 커브를 돌고, 가끔 반대쪽으로 가는 사람들과 마주쳐 잠시 멈춰야 할 때도 몸과 마음은 적시에 필요한 동작을 수행했다. 두 발이 땅에 닿는 리듬이 심장이 뛰는 리듬과 하나가 된 것이 기분 좋게 느껴졌다. 이후 달리는 동안 다리의 움직임이 계속 그대로 느껴졌다. 달린 거리가 두 자리 수를 넘겼는데도 이렇게 가뿐하다니! 개 짖는 소리가 더 자주 들려왔다. 산들바람도 나를 반기듯 얼굴에 와 닿았다. 미소가 절로 났다. 얼굴의 땀을 닦아내는 동안에도 발걸음은 흔들림이 없었다. 이대로 영원히 달릴 수 있을 것만 같았다. '대회에서도 이렇게 달릴 수 있었으면 좋겠네!'라고 소망할 정도였다.

익숙하지 않은 길이라 나오기 전에 컴퓨터로 경로를 미리 확인했었다. 절반쯤 왔음을 알려주는 표지도 대충 어디쯤인지 기억해두었다. 그 표지가 보이면 방향을 반대로 돌려서 왔던 길을 되돌아가야 하는데, 아직 보이지 않았다. 그래도 걱정되지 않고 에너지가 넘쳤다. 내가 가지 못할 길이 없을 것 같은 기분이었다.

'20, 21, 22킬로미터. 다리가 아주 가뿐해. 딱 내가 원했던 속도로 달리고 있어. 잠깐만, 속도? 속도! 대체 지금 내가 어디까지 온 거야?' 머릿속으로 다급히 계산을 해보니, 25킬로미터를 달려왔다는 결과가 나왔다. 8킬로미터 전에 되돌아가야 했다는 의미였다. '자, 되돌아가자. 계속 달려. 하하하하. 정말 대단한 일이다!'

집을 향해 방향을 바꿔서 계속 달리는 동안, 나는 꽤 오랜 시간 몰입했다는 사실을 깨달았다. 달리기 외에 다른 일들을 생각하면서도 속도를 확인했었는데, 반환지점을 넘었다는 것을 인지할 만큼 세세하게 확인하지는 않았던 모양이다. 그럼에도 너무 기분이 좋아서, 되돌아가야 한다는 사실이 전혀 염려되지 않았다. 그렇게 약 32킬로미터를 계획하고 시작한 달리기는 50킬로미터 달리기가 되었다.

'내가 끝까지 달릴 수 있을까? 그랬으면 좋겠어. 50킬로미터를 달린 적은 한 번도 없잖아. 집에는 생각보다 늦게 들어가겠네. 가족들이 너무 걱정하지 않아야 할 텐데! 어쨌든 너무 기분 좋은 일이야! 내일은 무조건 하루 쉬어야겠어. 그래도 괜찮아. 가족들과 더 많은 시간을 보낼 수 있으니까. 35킬로미터. 속도 좋은데. 39, 40, 41킬로미터. 속도가 조금 느려졌어. 다시 올리자. 걱정 마, 해낼 수 있어. 속도를 유지하자. 발이 조금 피곤하지만 심하진 않아. 계속 달리자. 45, 46, 47킬로미터. 이제 조금만 더! 집에 거의 다 왔어! 시간이 언제 지나갔지? 18킬로미터나 더 달려야 했는데 시간이 쏜살같이 흘러서 힘든 줄도 몰랐네! 50킬로미터. 끝났다.'

계획보다 18킬로미터를 더 달리고도 대부분의 시간 동안 일정한 속도가 유지됐다. 다리에 기운이 빠지고 발도 아팠지만 오랜 시간 달려본 경험을 통틀어 최고의 경험, 최고로 몰입해서 달린 경험이었다.

일상적인 달리기에서 몰입 가능성 키우는 법

• 달성 가능한 목표를 세워라

아무리 작은 목표라도 달성하면 자신감이 높아지고 해당 활동에 긍정적으로 몰두할 가능성도 커진다. 달리기를 시작하기 전에 작은 목표를 세우자. 그 일을 얼마나 능수능란하게 해낼 수 있다고 느끼는지에 따라 목표 수준을 조정하자. 너무 시시하다는 생각이 들면 목표를 높이고, 불안할 정도로 어렵다고 느껴지면 뒤로 물러나 목표를 낮추어야 한다. 가장 이상적인 방법은 단계적으로 목표 수준을 높이는 것이다. 어려운 일을 해낼수록 몰입 경험도 더 깊어지고 충만해진다.

• 자연 속에서 달리는 것을 좋아한다면,
인지적 에너지가 과하게 소모되지 않는 곳을 찾자

공원, 산책로, 표지판이 잘 마련된 등산로에서는 길을 잃으면 어쩌나 걱정하지 않고 풍경과 감각을 즐길 수 있기 때문에 몰입을 경험할 가능성도 크다. 지도나 스마트폰을 참고해서 달리는 것이 거추장스러울 수도 있으나 외딴 곳에서는 유용한 도구이기 때문에 마음 편히 달릴 수 있고, 그만큼 몰입 가능성도 커진다.

• 오래 집중하는 연습을 하자

집중 시간을 늘리는 좋은 방법은 명상이다Lutz et al., 2009. 가만히 앉아서 집중하는 것이 너무 부담스럽다면 하루에 몇 분만 시도해보거나 강사를 통해 명상법을 정확하게 배우면 된다. 5장에서 소개한 시각화도 집중력을 키우는 방법 중 하나이다. 두 가지 방법 모두 더 오랫동안 집중하는 데 도움이 된다.

그밖에 한 단락에 포함된 단어를 집중해서 세어보는 방법도 있다. 단락의 길이를 점차 늘려보고 한 번에 묶어서 세는 단어 그룹의 크기도 매일, 또는 매주 다양하게 바꿔보면, 집중력 향상에 도움이 된다. 100부터 0까지 숫자를 거꾸로 세는 것, 목록이나 시를 외우는 것도 좋은 방법이다. 짧은 목록이나 시를 외울 수 있게 되면 좀 더 긴 글을 외우면서 한 가지 목표에 오롯이 집중하는 연습을 하자. 하루에 10~20분 정도 이와 같은 연습을 실천하면 일상생활은 물론 달리기를 할 때도 집중력이 크게 향상된다.

• 음악이 자신에게 도움이 되는지 확인해보자

달리기를 할 때 반드시 음악을 들어야 하는 부류와 아닌 부류가 있다. 음악이 달리기 의욕을 북돋우는 강력한 도구인지 아닌지 확인하는 유일한 방법은 일단 시도해보는 것이다. 이어폰을 꽂고 달리다가 안전 문제가 생길까봐 걱정이 된다면 러닝머신에서 음악을 들으며 달려보자. 이어폰을 한쪽만 꽂고 달리는 것도 좋은 방법이다. 이렇게 하면 음악과 함께 주변 소리도 들을 수 있다.

핵심 요약

■ 몰입하려면 집중해야 한다. 그러나 목적이나 목표 없이 달리면 몰입할 수 없다.

■ 집중력을 유지하는 것은 몰입에 꼭 필요한 기술이다.
  집중력은 이번 장에서 소개한 여러 훈련 방법을 통해 키울 수 있다.

■ 달리는 환경도 중요하다.
  등산로, 트랙, 러닝머신 등 좋아하는 환경에서 달릴 때 몰입 가능성도 커진다.

■ 자연환경에서는 다른 곳보다 더 쉽게 몰입할 수 있다.

■ 다른 사람과 함께할 때 더 빨리 달리게 되는 경향을 사회직 촉진이라고 한다.

■ 음악을 들으면서 달리면 통증과 불편한 감각, 힘들다는 인식이 분산될 수 있다.
  빠른 음악은 속도를 높이는 데 도움을 준다. 반면 달리는 동안 떠오를 수 있는
  창의적인 생각에 방해가 되고, 주변 소리를 통해 얻을 수 있는 즐거움을 빼앗을
  수 있으며, 안전 문제가 생길 수 있다.

7장
몰입과 경쟁

스웨덴 스톡홀름에는 구시가지의 자갈길 너머 훨씬 먼 곳까지 느껴지는 마법 같은 특별함이 있다. 고딕 건축물이 자아내는 분위기일 수도 있고, 탄탄한 몸매의 건강한 사람들이 자전거를 타고 돌아다니는 풍경이나 시내에서 가까운 곳에 위치한 국립공원이 주는 느낌일 수도 있다. 정확히 무엇인지 집어낼 수는 없지만, 전미대학체육협회 챔피언 출신인 케이티 폴렛 맥키는 2015년 7월의 어느 오후에 성처럼 생긴 스톡홀름 올림픽 경기장의 터널을 통과한 순간 엄청난 기회가 도사리고 있음을 감지했다.

1912년 올림픽을 맞아 지어진 스톡홀름 경기장은 현재 축구장과 콘서트장으로 활용된다. 하지만 1년에 한 번 이곳에서 개최되는 다이아몬드리그 스톡홀름 대회로 전 세계 육상선수들의 관심이 쏠린다. 그 기간이 되면 스톡홀름은 다양한 행사로 구성된 다이아몬드리그 개최지가 된다.

미국의 엘리트 장거리 선수인 맥키도 자신의 기량을 한 단계 더 높이겠다는 생각으로 이날 대회에 출전했다. 불과 몇 주 전, 맥키는 세계육상선수권대회 5,000미터 팀 대표 선발전에서 한 바퀴 반을 남겨두고 넘어지는 바람에 출전권을 따내지 못했다. 그래도 좌절하지 않고 벨기에와 런던에서 뒤이어 열린 1,500미터 대회에 나가 좋은 성적을 거두었다. 다이아몬드리그 3,000미터 경기에서 우승을 차지하면, 이번 시즌 성적을 한 차원 높은 수준으로 올릴 수 있는 상황이었다.

맥키는 다음과 같이 설명했다. "제 자신과 다른 사람들에게 저의 위치를 증명해 보이고 싶었어요. 1만 달러라는 큰 상금이 걸린 대회도 처음이었습니다. 체력에는 꽤 자신이 있었어요. 3,000미터는 자신 있는 부문이어서, 준비가 끝났다는 기분이 들었어요. 함께 출전한 다른 선수들을 다 알 수는 없었어요. 그래도 모두 실력이 좋고, 최선을 다해 달릴 거라고 생각했습니다."

출발을 알리는 총소리가 터진 순간부터 이번 경기가 전술 싸움이 되리란 징후가 뚜렷했다. 맥키는 트랙 안쪽을 달리며 에너지를 아꼈고, 바레인, 폴란드, 에티오피아, 아랍에미리트연합국에서 온 선수들이 번갈아가며 속도를 높였다. 경기 분위기는 두 바퀴를 남겨두고 에티오피아 출신 바레인 선수 미미 빌리트와 아랍에미리트연합국의 베틀렘 데살렌 선수가 앞으로 치고 나오면서 바뀌기 시작했다. 전속력으로 달린 두 사람은 67초 만에 한 바퀴를 돌았다. 맥키의 최고기록과 맞먹는 수준이었으나 두 선수 모두 그만큼 속도를 올리고도 전혀 힘들어 보이지 않았다.

맥키가 그날을 회상하며 설명했다. "우승을 목표로 달리는 선수

케이티 맥키는 몰입을 통해 선수로서 자신의 역량을 입증했다.

들이 몇몇 있다는 사실을 알고 있었어요. 다른 선수들이 선두 그룹에서 낙오되지 않으려고 안간힘을 쓰는 동안, 저는 집중해서 조금씩 속도를 높이려고 노력했습니다. 종소리가 들렸을 때는 선두 그룹에 바짝 붙었습니다. 300미터가 남았는데, 문득 이런 생각이 들었어요. '젠장, 기분이 너무 좋은데!'"

선두 그룹이 전속력으로 질주하는 동안 맥키는 1, 2위로 달리던 두 선수에 따라붙었다. 마지막 곡선 구간이 다가오고 속도에 탄력이 붙은 맥키는 2번 레인 쪽으로 갔다. 이제 되돌아갈 수도 없고, 겁을 내거나 걱정할 틈도 없었다. 마지막 직선 구간에서 맥키는 빌리트와 데살렌을 따라잡았다.

"마치 누가 뒤에서 저를 밀어주는 것처럼 전혀 힘이 들지 않아서 혹시 내가 꿈을 꾸나 싶었어요. 주변에 선수가 한 명도 보이지 않았는데, 그 사실을 믿을 수도 없었고요. 결승선을 넘자마자 가장 먼저 이런 생각이 들더군요. '이게 꿈이야 생시야?'"

중계 카메라가 재빨리 트랙 안으로 들어와 맥키가 고향의 친지들에게 미소를 지으며 입맞춤을 보내는 장면을 담아냈다. 주최측은 맥키에게 빨간 장미 한 송이를 선사했다. 가장 중요한 순간, 모든 것을 잘 해냈음을 보여주는 작은 상징이었다. 숨을 고르는 동안 맥키의 머릿속에는 1만 달러의 상금을 타게 되었다는 사실이나 미국 선수로는 역사상 네 번째로 다이아몬드리그에서 우승을 차지했다는 사실이 전혀 떠오르지 않았다. 그저 순수한 기쁨으로 가슴이 벅차올랐다.

"그저 끝까지 믿음을 잃지 않고 굳건히 열심히 노력했던 그 모든 시간들과 훈련을 전부 다 보상받은 기분이었습니다. 경기가 끝난 후에 그 믿음이 근육과 다름없다고 생각했던 기억이 나요. 많이 쓸수록 더욱 강해지는 거죠."

다이아몬드리그라는 중요한 대회, 적정한 경쟁 수준, 먼저 겪은 실패로 생긴 성공 의지, 그리고 자신의 체력에 대한 믿음이 상승 효과를 발휘하여 성공에 이르는 발판이 되었다. 스톡홀름에서 맥키가 거둔 성과는 운이 좋아서 생긴 일도, 우연히 일어난 일도 아니었다. 철저히 완비된 신체적, 정신적 기능이 최고조에 오른 결과였다.

이번 장에서는 몰입이 달리기 대회에 끼치는 영향과 함께 경쟁 상황과 몰입의 관계에 대해 살펴볼 것이다. 5,000미터 대회부터 울트라 마라톤에 이르기까지, 다양한 경기에 출전했을 때 몰입에 도움이 될 만한 전체론적 훈련 방식도 소개한다. 이번 장에 담긴 정보는 스포츠심리학과 마음챙김 명상, 의욕과 동기부여에 관한 연구 결과, 운동생리학 연구 결과를 종합한 것이다. 각기 다른 이 모든 요소가 상승작용을 일으킬 때 앞서 소개한 경험을 내 것으로 만들 수 있는 가능성을 크게 높임과 동시에 누구든 달리기를 통해 경쟁을 즐기게 될 것이다.

경쟁 속에서 몰입 기회를 높이는 기술

인간은 천성적으로 경쟁적인 존재이다. 경쟁을 통해 개개인이 가진 최고의 능력을 발휘할 수 있다. 자신과의 경쟁도 강력한 동기가 될 수 있으나 다른 사람과의 경쟁은 그보다 훨씬 더 강한 자극이 된다.

사회적 촉진 이론(6장 참고)도 이와 같은 현상을 잘 설명한다. 이 이론의 핵심은 다른 사람들이 보는 앞에서, 혹은 타인과 경쟁하는 상황에서 어떤 일을 수행할 때 사람들의 생리학적 활성이 높아진다는 것이다. 그러나 단순한 운동 패턴이 동원되는 숙달된 과제는 다른 사람들 앞에서도 대체로 잘 수행하지만, 불편하고 까다로운 과제는 잘 해내지 못하는 경우가 많다. 달리기 선수Worringham & Messick, 1983, 사이클 선수Triplett, 1998, 역도 선수Rhea et al., 2003를 대상으로 한 연구에서도 이와 같은 경향이 확인됐다.

달리기는 그 과정이 한층 더 복잡하다. 대회에 출전하려면 최소 수개월에서 수년까지 준비를 해야 하기 때문이다. 장기 · 중기 ·

단기 목표를 각각 세워서 장기적으로 필요한 기술을 키울 수 있는 동기를 마련하는 것도 대회 준비에 필요하다. 또한 자신이 가진 역량을 최대치로 이끌어내고, 피드백을 살펴서 전략을 조정해야 한다. 피드백을 제대로 파악하기 위해 꾸준히 집중하고 마음을 분산시키는, 달리기와 무관한 일상의 소소한 일들에 관한 생각도 차단해야 한다. 그리고 이 모든 과정의 바탕에 의욕이 자리해야 한다. 즉 훈련에 돌입하게 만드는 강렬한 불꽃이 전제되어야 한다. 더 빨리 달리고 싶다, 내 한계를 시험해보고 싶다, 경쟁자를 이기고 싶다는 열망은 때때로 피로의 영향(혹은 피로하다는 자신의 판단)도 거스르게 만드는 무형의 동력으로 작용한다.

이와 같은 이점은 함께 경쟁하는 모든 사람에게 영향을 주며, 몰입을 이끄는 선행 단계이기도 하다. 그리고 실제로 몰입하게 되면 거대한 꿈이라 여겼던 일을 실현할 수 있는 기회가 생긴다(맥키가 스톡홀름에서 거둔 놀라운 성과처럼). 도전 과제보다 자신이 현재 보유한 기술이 더 뛰어난 경우에도 경쟁이 중요한 의미를 갖는다면 그것이 몰입의 동기로 작용할 수 있다Engeser & Rheinberg, 2008. 특히 크로스컨트리 등 팀을 이뤄 달리는 대회, 즉 개인의 성공보다 팀 점수가 더 중요한 경우에는 이 같은 효과가 더 크게 발휘된다.

몰입의 선행 단계가 갖추어지더라도 중요한 경기에서 반드시 몰입을 경험한다고는 그 누구도 보장할 수 없다. 다만 몰입 기회를 높일 수는 있다. 자신이 원하는 것이 무엇인지 파악하고 인지적 전략을 활용한다면, 그리고 정기적인 연습과 훈련을 확고하게 실시하는 한편 통제 가능한 요소는 통제하고 과거의 몰입 경험을 발판으

로 삼는다면 가장 중요한 순간에 최상의 기분으로 달리게 될 가능
성이 커진다.

의욕의 효과

몰입은 갑자기 일어나는 일이 아니며 내적·외적·행동적 요
소가 모두 함께 작용할 때 나타나는 직접적인 결과라 할 수 있다
Swann, Keegan, Piggot & Crust, 2012. 내적 요소 중에서 몰입에 가장 강력한
영향을 발휘하는 것은 의욕이다. 의욕이 있으면 목표를 세우고 기량
이 발전할 때까지 인내심을 갖고 기다릴 수 있게 되며, 어려운 문제
도 끈질기게 도전해 해결하게 된다. 일부 연구자들은 바로 이 특징
을 감안하여 의욕이 몰입을 유도하는 열 번째 요소일 수 있다는 전
제로 연구를 거듭해 왔다Swann, Piggot & Crust, 2012. 의욕이 강하면 강할
수록 걸림돌이 생기더라도 다시 회복할 확률이 크다.

맥키 역시 2015년 국제육상경기연맹의 세계육상선수권대회에
출전할 기회를 놓쳤을 때 완전히 낙심했다. 경기 내내 선두 그룹을
유지했을 뿐만 아니라 같은 그룹의 선수들 중에서도 가장 빠른 속
도로 달릴 때까지는 오랜 시간 참고 견딘 훈련이 미국 대표팀의 일
원이 되는 것으로 모두 보상받으리라 믿었다. 그러나 트랙 가장자리
에 발이 부딪혀 휘청하는 바람에 동력을 잃었고, 안타깝게도 그 사
이 귀중한 시간은 흘러갔다. 막판에 다시 한 번 도약했지만 휘청댄
순간 리듬은 이미 깨졌고 경쟁자들은 맥키를 앞질러 결승선에 더 가
까이 다가갔다.

상실감은 가슴을 찢었다. 그래도 맥키는 견뎌냈다. 다시 유럽으로 향하기 전까지 철저히 훈련했고, 시즌 후반부에 열린 여러 대회에서도 연이어 성공적인 결과를 거뒀다. 맥키의 아버지가 스톡홀름까지 날아가 딸의 첫 번째 다이아몬드리그 도전을 지켜본 것도 도움이 되었다. 맥키는 출발선에 선 순간 육체적으로나 정신적으로 최고의 기량을 발휘할 준비가 되었음을 직감했다. 맥키에게 의욕을 불어넣은 요소는 다섯 가지로 나눌 수 있다. 각 요소는 제각기 다른 측면에서 영향을 주었다.

1. 시간 기록
2. 경쟁자
3. 개인적 증명
4. 팀
5. 외적 보상

경기를 준비하다 보면, 여러분도 이와 같은 의욕이 여러 가지로 조합되어 자신에게 영향을 주고 있음을 느낄 것이다. 의욕은 지극히 개인적인 욕구이므로, 위의 항목 가운데 어느 한 가지가 다른 것보다 더 큰 영향을 주더라도 이상한 일이 아니다. 몰입이 목표라면 어떤 유형의 의욕이든 전혀 없는 것보다 낫다.

시간 기록 어떤 경기든 처음부터 우승을 노리고 달리는 사람은 매우 드물다. 대회마다 경쟁의 양상은 크게 달라지므로, 기량을 안정적으로 평가할 수 있는 기준은 시간 기록이다. 완벽하게 화창한 날씨와 엄청나게 빠른 속도로 달릴 수 있는 여건을 갖춘 일반 도로나 트랙에서는 해당 시즌 또는 평생의 최고기록을 세울 수도 있다. 같은 경기에 여러 번 참가한 사람은 이전 대회보다 더 빨리 달리고 싶다는 목표가 생길 수도 있다. 아직 시즌 초반이라 자신의 몸 상태를 확신할 수 없는 사람은 지금까지의 훈련 상황을 토대로 기록을 예상해 실제 경기에서 그 기록을 달성하기 위해 노력할 수도 있다.

시간 기록을 통해 나온 의욕은 구체적이고 피드백도 풍성하다는 장점이 있다. 5,000미터를 18분대로 완주하는 것이 목표라면 1킬로미터를 3분 40초 안에 달려야 한다. 실제로 달려보니 1킬로미터당 소요시간이 3분 30초 걸리면 잘하고 있다는 생각에 힘이 나지만, 3분 50초를 기록하면 속도를 더 올리거나 목표를 수정해야 한다. 성공에 가까이 다가갈수록 목표를 달성하겠다는 의욕도 더욱 강해진다. 또한 이처럼 피드백을 해석하는 과정은 몰입을 한 발 더 가까이 이끈다.

실제로 맥키는 마지막 바퀴를 63초 만에 달리며 이 목표를 달성했다. 맥키는 "제 목표는 개인 기록 갱신이었어요. 체력적인 부분은 꽤 자신이 있었습니다"라고 설명했다.

시간 기록에서 비롯된 의욕은 경기를 끝마치게 하는 동력일 뿐만 아니라, 개인 최고기록 갱신이 목표라면 훨씬 더 가벼운 기분으로 노력하게 되고 그만큼 생애 가장 빠른 속도로 달릴 확률도 높아진다. 그리고 경쟁 상황에서 몰입할 가능성도 더욱 커진다.

경쟁자 어떤 대회든 우승자가 있다. 여성 부문이
든 남성 부문이든, 마스터 혹은 그랜드마
스터 타이틀을 거머쥐든, 사람들은 누가 경기에 가장 잘 대비해서
가장 빠르게 달렸는지 가려내고 싶어 한다.

맥키는 유서 깊은 다이아몬드리그에서 우승을 차지하기 위해
마지막 남은 한 방울의 힘까지 모두 짜냈다. 결승선까지 두 바퀴를
남기고 선두 주자들에 꽤 많이 뒤처졌을 때도 우승을 위한 싸움을
멈추지 않았다. 대신 언제 마지막 도약을 해야 하는지 정확히 파악
하기 위해 수집한 피드백을 면밀하게 살펴보았다.

맥키는 이렇게 설명했다. "마지막 바퀴를 알리는 종이 울릴 때
선두 그룹에 들어간다면 남은 300미터는 앞에서 누가 달리든 싸워
볼 만하다는 확신이 있었습니다. 그 시점에 남은 체력을 바탕으로
내린 결론이었어요. 곡선 구간을 왜 넓게 돌았는지 저도 잘 모르겠
어요. 그 순간 제가 얻은 피드백에서 나온 결정이겠죠. 수년 동안 달
리기를 하면서 알게 된 사실은, 그런 일들이 거의 무의식적으로 일
어난다는 거예요. 제 근처에서 달리는 선수들의 호흡이 얼마나 거
친지, 속도가 살짝 느려지고 있는지, 달리는 자세가 흐트러지기 시
작했는지 등과 같은 정보를 통해 얻은 결론이죠. 경기 내내 이런 점
들을 끊임없이 살피게 됩니다. 잘 모르는 선수와 함께 경쟁할 때는
더욱 그래요."

그러나 경쟁의 진짜 가치는 우승 또는 실패라는 절대적인 성적
을 넘어선 곳에 있다. 다른 사람과의 경쟁은 같은 성별, 비슷한 연령
대의 동료 선수들 사이에서 자신이 어떤 위치에 있는지 확인하는 기

회가 되고, 이것이 동기로 작용한다. 자주 경쟁하는 사람들과는 우호적인 라이벌 관계가 형성된다. 그리고 이번 장 앞부분에서도 다뤘듯이 경쟁은 개인이 가진 최고 기량을 자연스럽게 이끌어낸다.

개인적 증명　　　　　　　인간은 경쟁적인 동시에 약한 존재다. 확인받고 싶어 하고, 인정받고 싶어 한다. 맥키처럼 1킬로미터를 2분 40초 안팎으로 달리는 일류 선수도 때로는 과연 자신이 프로 선수라 불릴 만한 실력을 갖추고 있는지 확인하고 싶어 한다.

　맥키는 처음으로 출전한 다이아몬드리그를 이렇게 표현했다. "제 자신과 다른 사람들에게 저의 위치를 증명해 보이고 싶었어요. 함께 출전한 다른 선수들을 다 알 수는 없었어요. 그래도 모두 실력이 좋고, 최선을 다해 달릴 거라고 생각했습니다."

　스스로를 입증해 보이는 것은 자부심 이상의 의미가 있다. 대회에 출전하면 자신의 능력이 최고로 발휘될 수 있으므로 체력의 절대적 한계를 평가해볼 이상적인 기회로 삼을 수 있다. 훈련할 때는 늘 좋은 기록을 세우고도 경기만 나가면 기록이 나오지 않는 사람은 긴장하고 쫓기는 상황에서도 잘 해낼 수 있음을 증명해 보이겠다는 목표를 세우면 그것이 강력한 동기가 된다. 또 최근 들어 성적이 영 시원찮았다면 경기에 나가 좋은 결과를 얻는 것으로 안 좋은 기억에서 벗어나 계속해서 발전할 수 있다. 과도한 자부심에서 비롯된 것만 아니라면 이와 같은 동기는 몰입으로 향하는 지름길이 된다.

팀

팀을 이뤄 달리기를 해본 적이 한 번도 없다면, 고등학교 크로스컨트리 대회를 꼭 관전해보기 바란다(참고로 크로스컨트리 시즌은 가을이다). 똑같은 유니폼을 입은 소년 소녀들이 자신이 속한 팀이 더 높은 등수에 올라가도록 최선을 다해 노력하는 모습을 볼 수 있다. 크로스컨트리 대회는 타임아웃도 없고 선수를 교체할 수도 없으며 재출발을 요청할 기회도 없다. 모 아니면 도의 원칙으로 진행되는 만큼, 경기에 나간 청소년들은 스스로 경험한 적 없는 기술과 인내를 발휘하게 된다.

나이가 들수록 팀 스포츠가 더욱 싫어질 수 있다. 그렇다고 영 불가능한 것도 아니다. 미국육상경기연맹 홈페이지에는 대학 졸업자 이상의 연령대 선수들이 참여할 수 있는 달리기 클럽 목록이 수천 개 이상 나와 있다. 이들 클럽 중 다수가 팀 점수를 기록하는 경기에 출전한다. 같은 지역에서 달리기를 하는 사람들을 한 자리에 모으는 사교 모임 성격이 짙은 경우도 있으나, 이런 모임은 집 근처에 사는 다른 선수들과 만나 서로 응원하거나 함께 경쟁할 수 있는 좋은 기회를 제공한다. 팀 동료가 생기면 자신의 성적을 다른 관점에서 보게 되고, 이는 사회적 촉진을 통해 기량을 향상시킬 수 있다는 점에서 또 다른 이점이 된다.

전 세계 프로 육상대회는 거의 대부분 개인 성적에 주목하는데, 엘리트 선수들 대다수는 스포츠 용품 업체가 후원하는 팀에 소속되어 있다. 맥키도 시애틀에서 엘리트 선수인 브룩스 비스츠와 함께 훈련한다. 팀 동료와 함께 운동하고, 각자 대회에 출전할 때 격려해주는 것이 맥키에게는 최선을 다하는 동기로 작용한다. 동시에 미국육상경기연맹 주관 크로스컨트리 대회 같은 전국 규모의 경기에 출전할 때는 미국 전역에서 온 다른 클럽 선수들과 맞서 비스츠와 함께 달린다.

외적 보상 대회에서 좋은 성적을 거두면 물질적인 보상이 따를 때도 있다. 트로피나 메달이 수여되기도 하고 상금이 주어지기도 한다. 맥키는 스톡홀름 경기를 앞두고 2013년 세계육상선수권대회에서 미국 대표로 메달을 딴 브렌다 마르티네즈와 만나 식사를 했다. 그 자리에서 마르티네즈는 당시 받은 상금으로 어린 소녀들을 위한 달리기 유망주 훈련캠프를 지원했다고 밝혔다. 맥키가 상금을 좋은 목적으로 쓸 수 있다는 사실을 깨달은 순간이었다.

맥키는 이렇게 말했다. "'1만 달러는 아주 큰돈이야'라고 생각했던 기억이 나요. 그리고 만약에 제가 우승하면 시애틀에 여자아이들을 위한 훈련캠프를 만들 수 있겠다는 생각이 들었죠." 고향인 시애틀에 아이들의 자긍심과 자신감을 키우고 영양도 관리해주는 달리기 워크숍을 만들 수 있다는 비전은 그날 맥키가 고군분투를 벌이는 내내 머릿속에 남아 있었다.

그러나 상이나 상금, 우승만을 바라고 달리는 것은 몰입과 더 멀어지게 만들기도 한다. 후원사가 요구한 표면적인 조건을 따라야 하는 경우, 그리고 우승 외에는 다 실패라고 여기는 선수들은 특히나 더 그렇다. 반면 보상에 대한 필요가 오히려 집중력을 날카롭게 가다듬어 수행 과제에 더욱 몰두하게 만들기도 한다. 저명한 스포츠

심리학자인 신드라 캠포프는 하루가 끝나면 그런 상태에서 빠져나오는 것이 가장 중요하다고 지적한다Kamphoff, 2015. "내적 동기가 얼마나 강력한지 우리 모두가 알고 있다. 즐거움과 만족감에서 비롯된 의욕은 놀랍도록 강력하다. 외적 동기는 일종의 결과에 해당한다. 어떤 형태이건 외적 동기도 동기인 것은 분명하므로 이를 자신에게 유리한 방향으로 활용하면, 즉 휘둘리지 않고 다른 사람과의 경쟁에만 치중해서 의사결정을 내리지 않으면 외적 동기도 유리한 요소가 될 수 있다."

통제 가능한 요소 통제하기

강력한 동기가 마련되어 행농에 박차를 가할 수 있는 상태가 되었다면, 이제 몰입을 이끌고 좋은 성과를 얻을 가능성을 키워주는 여러 변수를 통제할 차례다. 의욕과 마찬가지로 이와 같은 변수는 개개인마다 영향을 주는 정도가 다르지만, 엘리트 선수들을 대상으로 한 연구에서 반복적으로 나타나는 요소가 있다고 확인됐다Jackson, 1992; 1995; Sugiyama & Inomata, 2005; Chavez, 2008. 이 공통 요소를 관리하면 몰입할 수 있도록 스스로의 행동을 통제하는 훌륭한 출발점이 될 것이다.

준비 앞서 5장에서도 설명했듯이, 완벽하게 준비를 마치는 것은 몰입을 경험하는 가장 좋은 방법 중 하나이다. 대회를 앞두고 신체 훈련을 하는 것, 심리적으로 굳건한 마음과 자신의 운명을 스스로 통제할 수 있다는 믿음을 유지하는 것 모두 이와 같은 준비에 포함된다. 준비를 잘 마친 선수는 자신의 기량을 현실적이면서도 긍정적으로 판단할 가능성이 크다. 또한 구체적이고 평가 가능한 목표를 수립하고 힘든 해결 과제도 받아들이며 자신의 몸과 주변 환경에서 주어지는 피드백을 해석해 상황에 원만하게 적용할 가능성 역시 크다.

육체적인 준비가 덜 되었을지라도, 목표를 조정하고 자아가 달리는 속도를 관리하면 충분히 몰입할 수 있다. 생각보다 이 조건을 지키기 어려운 이유는, 대부분의 사람이 경기 초반에 경쟁자들이 저 멀리 앞서가는 것을 못 견디기 때문이다. 초반 속도 조절에는 신중한 판단이 필요하다. 경기 초반부터 공격적으로 달리면, 특히 훈련을 충분히 하지 못했거나 경기 직전까지 컨디션이 좋지 않았다면 그로 인해 에너지가 전부 소진되어버리는 결과를 초래한다. 경기가 아직 절반이나 남았는데 등에 샌드백을 지고 달리는 것처럼 몸이 무거워진다면 그만큼 자신감이 꺾이는 일도 없을 것이다(그러다 중도에 포기해야 할 수도 있다).

철저한 준비로 얻을 수 있는 가장 큰 효과는 통제권을 갖게 된다는 점이다. 부상이나 질병이 달리기에 걸림돌이 될 수도 있지만 만성적인 문제만 아니면 대부분 이겨낼 수 있다. 달리기 훈련을 빼 먹는 것, 매일 밤 늦게 잠자리에 드는 것, 패스트푸드를 먹는 것 모두 스스로 통제할 수 있는 일이다. 달리기가 자신의 인생에서 우선 순위에 속하고 달리기를 통해 몰입을 경험하고 싶다면 세심하게 설계된 훈련 계획을 잘 따라야 하며 그날의 목표량을 모두 달성하도록 열심히 훈련해야 한다.

최적 각성

떨리고 긴장되는 현상은 경기 전에 흔히 발생한다(그보다 빈도는 낮지만 힘든 훈련을 앞둔 경우에도 마찬가지다). 결과가 염려되거나 주변 상황이 불확실해서 걱정이 될 때도 우리는 긴장을 하게 된다. 평온함을 유지하는 것처럼 보이던 선수들도 십중팔구 경기가 시작되기 전 아드레날린이 급작스럽게 폭발해 그로 인한 여파로 감당할 수 없는 긴장감에 사로잡히는 경우가 많다.

아드레날린은 약효가 변덕스러운 약물과 같다. 교통사고를 당한 사람을 구하기 위해 차를 번쩍 들어 올리는 영웅적 행동을 이끄는 두생-노주 호르몬이기도 하지만, 잘못된 타이밍에 과도한 양이 쏟아지면 온몸이 마비 상태가 되고 만다. 미국 내분비학회에 따르면 아드레날린은 심박 수와 혈압을 높이고, 동공을 확장시키며, 갑작스러운 움직임에 동원되는 큰 근육 단위로 향하는 혈류를 증가시킨다_{미국 내분비학회, 2015}. 그러므로 기량을 최대한 발휘하기 위해서는 [표 7.1]처럼 반드시 가장 적절한 각성 수준을 찾아야 한다.

불안은 통제가 불가능한 요소라고 생각할 수 있다. 그러나 긴장으로 온몸이 마비되는 부작용 없이 아드레날린의 효과를 활용할 수 있는 여러 가지 방법이 밝혀졌다. 그중에서도 가장 효과가 뛰어난 방법은 마음챙김 명상이다. 이번 장 뒷부분에서 더 자세히 살펴보겠지만, 긴장감은 앞으로 일어날 일을 너무 깊이 생각하는 데서 비롯하므로 이와 반대로 현 순간에만 집중하면 긴장감을 크게 줄

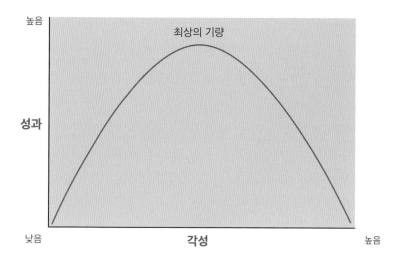

[표 7.1] 최상의 기량을 발휘하려면 각성 수준이 너무 높지도, 낮지도 않아야 한다.

일 수 있다.

　인지행동치료에서 쓰이는 또 한 가지 방법은 사고 중지, 사고 전환이라고 알려진 방법이다. 즉 부정적인 생각이나 긴장을 유발하는 생각이 떠오르면 의도적으로 다른 일에 집중함으로써 생각을 멈추거나 생각의 방향을 바꾸는 것을 의미한다. 출발선에 다른 선수들과 부대끼며 서 있는 상황을 상상하는 것만으로도 온몸에 소름이 돋는다면 즐겁고 편안한 일을 떠올려보자. 많은 사람에게 효과가 있는 방법이지만 자신이 느끼는 두려움과 걱정을 과도하게 인식할 수 있다는 위험성이 있다.

　6장에서 살펴보았듯이 음악도 기분과 준비 상태에 영향을 줄 수 있다. 음악을 들으면 기분이 크게 좋아지는 사람은 헤드폰을 챙거가서 준비운동을 할 때 활용하자. 큰 경기를 앞두고 익숙한 음악이나 의욕을 높여주는 음악에 귀를 기울이면 긴장감을 극복하고 생리학적으로 최상의 상태를 유지하는 데 도움이 될 수 있다.

긍정적인 마음가짐

케이티 맥키에게 스톡홀름 다이아몬드 리그 참가는 큰 결단이었다. 세계 최고 수준의 선수들과 나란히 출발선에 서는 일인 만큼 두려움과 불안을 느낄 만한 일이었다. 개인 최고기록만 보면 맥키의 기록을 크게 뛰어넘는 선수도 많았다. 질 수 있다는 위험, 그것도 아주 크게 질 수도 있다는 걱정이 현실이 될 확률이 아주 높았다. 형편없는 성적을 거두는 모습이 전 세계에 방송되는 부끄러운 상황에 처할 수도 있고, 앞으로 다이아몬드리그에는 출전하지 못하게 될 수도 있었다.

하지만 맥키는 이런 생각을 정반대로 뒤집었다. 다이아몬드리그를 엄청난 기회로 본 것이다. 뛰어난 선수들과 함께 달릴 것이고, 그 과정이 자신이 가진 최상의 기량을 이끌어낼 수도 있다. 맥키는 경기를 잘 마치는 자신의 모습을 시각화해서 떠올렸다. 그리고 매순간 이겨내야 하는 것들에 집중해 결국 우승을 차지했다.

날씨나 경쟁, 수면 시간 등은 마음대로 조절할 수 없지만, 주변 상황을 해석하는 방식은 스스로 조절할 수 있다. 건강한 현실 감각에 뿌리를 둔 긍정적인 생각은 몰입 가능성을 가장 크게 높인다. 자신이 소망한 일들을 실제로 가능하도록 만들 수 있고, 최선을 다할 수 있다는 믿음은 장기적으로 그 꿈을 현실로 만드는 발판이 된다.

성공 가능한 계획 수립하기

　　맥키와 실제로 만나보면 가장 먼저 성격이 아주 강하다는 인상을 받게 된다. 맥키는 명랑하고 위트가 넘치는 사교적인 성격으로, 함께 대화하는 상대방에게 관심을 기울이고 상대의 특별한 매력을 찾으려고 한다. 프로 선수라는 꿈을 위해 살아가는, 적응력이 뛰어난 사람이다. 뒤를 받쳐주는 든든한 팀과 좋은 동료들도 있다. 그리고 지난해부터는 스포츠심리학자의 도움도 받고 있다.

　　맥키는 전문가의 도움을 받는 것을 전혀 부끄러워하거나 숨겨야 할 일로 생각하지 않는다. 심리학자는 맥키가 달리기와 달리기 관련 스트레스를 좀 더 수월하게 관리할 수 있도록 필요한 기술을 익히는 것을 도와준다. 나아가 꼭 필요한 순간 그 기술을 활용할 수 있는 구체적인 방안을 제시한다.

　　그런 해결책이 필요한 순간들은 불가피하게 찾아온다. 통제 가능한 요소를 아무리 잘 통제해도 경기 당일이 되면 감정과 걱정이 고조될 가능성이 크다. 그래서 맥키를 비롯한 엘리트 선수들은 아래와 같은 전략을 활용하여 경기 전이나 경기 도중에 갑자기 발생하는 난관을 헤쳐나간다. 아래 소개하는 것들은 모두 신체적, 정서적인 문제 해결에 도움이 된다는 사실이 입증된 방법들이다.

고정된 절차　　　　　브라이언 클레이는 2008년 베이징 올림픽 10종경기에서 우승을 차지하며 "세계에서 가장 뛰어난 선수"라는 호칭을 얻었다. 10종경기는 이틀에 걸쳐 단거리달리기, 장애물달리기, 멀리뛰기, 장대높이뛰기, 던지기,

장거리달리기 등 열 가지 경기를 치러야 하는 종목이다. 특성상 다음 경기가 갑자기 시작되고 끝날 수밖에 없는데, 클레이는 그 과정에서 수시로 몰입을 경험했다. "저는 항상 몰입하려고 최선을 다해 노력합니다. 몰입할 수 있는 상태를 만드는 것이죠. 훌륭한 선수들은 모두 그렇게 해요. 제 경우에는 얼마나 반복해서 시도해보았는지, 그리고 어떤 과정을 거쳤는지가 중요해요."

클레이의 설명은 계속된다. "하지만 준비 단계도 중요합니다. 저에게는 반드시 지키고 따르는 고정된 절차와 방식이 있어요. 그런 걸 미신이라고 여기는 사람들도 있지만, 그렇게 하면 몸과 마음이 다음 일에 대비할 수 있습니다. 젊은 선수들이 몰입을 자주 경험하지 못하는 이유는 그런 고정된 절차가 없기 때문이라고 생각해요."

종목과 상관없이 베테랑 선수들에게서 클레이가 지적한 부분을 공통적으로 발견할 수 있다. 중요한 훈련이나 대회 전에 항상 따르는 고정된 절차와 방식이 있다는 점 말이다. 일반적으로 달리기 선수들은 경기 전 가볍게 달리기, 반복 훈련, 스트레칭, 걷기를 통해 준비운동을 실시한다. 달리기를 갓 시작한 사람은 이런 절차를 모두 마치는 데 15분 정도를 소요하지만, 올림픽에 출전할 정도의 실력을 갖춘 선수는 그보다 세 배 이상의 시간을 소요하기도 한다. 매번 아침 식사를 같은 메뉴로 선택하거나 같은 색 양말만 신는 사람도 있다.

"이런 고정된 절차가 정신 나간 짓처럼 보일 수도 있어요. 세세한 부분까지 다 똑같이 지키니까요. 머릿속으로 떠올리는 혼잣말까지 똑같죠. 그렇게 제 마음과 몸, 그리고 정신을 '오케이, 이제 시작해볼까'라고 준비를 마치게 하는 겁니다. 파블로프의 개처럼 조건화하는 것이기도 하고요. 우리 몸은 이와 같은 고정된 절차를 통해 가르침을 얻습니다."

이미 나름대로 정한 절차에 따라 준비운동을 하고 있다면, 아마도 맨 처음에는 코치나 동료 선수가 힘든 달리기를 시작하기 전에 신체적인 대비가 필요하다고 일러준 것들을 챙기는 것으로 시작했을 가능성이 크다. 실제로 준비운동을 했는지 하지 않았는지에 따라 경기 결과는 크게 달라질 수 있다Hajoglou et al., 2005. 5,000미터 경기에서 17분 30초로 들어오느냐, 18분 1초로 들어오느냐가 완전히 다른 의미라는 점을 생각하면, 결코 사소한 차이가 아니다.

고정된 준비 절차를 지키다 보면, 이 과정이 불확실하고 스트레스가 가득한 환경에서 마음을 안심시키고 일관되게 유지해주는 효과가 크다는 사실을 깨닫게 된다. 경쟁자들이 경기에서 무엇을 어떻게 할 것인지는 마음대로 제어할 수 없지만, 출발 45분 전에 조깅을 하거나 익숙한 반복 훈련을 실시하면서 대비할 수는 있다. 경기용 러닝셔츠를 입고, 신발을 갈아신는 것도 준비 절차에 포함된다. 이와 같은 일들은 마치 부적처럼 어떤 문제가 닥쳐도 대처할 수 있게끔 마음을 단단히 먹고 경기를 계속 이어나가도록 이끌어준다. 또한 좋은 성적을 거두는 열쇠인 편안한 마음으로 경기에 임할 수 있다.

맥키의 설명이다. "큰 경기와 훈련을 앞두고 늘 해오던 방식대로 준비운동을 하면 잡생각을 몰아내고 해야 할 일들에 몰두할 수 있습니다."

여행 과정이나 날씨, 기타 자력으로 어찌할 수 없는 상황 때문에 정해진 준비 절차를 실시할 수 없는 상황이 되더라도 조바심 내지 않으려고 노력하자. 불안은 몰입을 깨뜨리고 성적에도 악영향을 끼친다. 그와 같은 경우 지금 통제할 수 있는 부분이 무엇인지 집중해서 생각해보자. 그리고 주어진 상황에 맞춰 가장 비슷한 방식으로 절차를 이어가보자. 준비운동을 전혀 하지 않는 것보다는 어떤 식으로든 (간소하게나마) 하는 편이 훨씬 낫다. 경기 직전에 미처 준비하지 못한 부분이 있더라도 막상 경기가 시작되면 솟구치는 아드레날린의 긍정적인 영향으로 상쇄되는 경우도 많기 때문이다.

긍정적인 혼잣말　　사람은 생각하는 존재이고, 사람이 하는 생각에는 목소리가 있다. 우리 속에 있는 이 화자는 긍정적이고 고무적인 말을 건넬 수도 있지만, 축 처지게 할 수도 있다. 메이요 클리닉은 혼잣말을 "입 밖으로 꺼내지 않는 생각들이 머릿속 곳곳을 끊임없이 흐르는 것"이라고 정의했다 Mayo Clinic, 2014. 이 목소리에 따라 세상을 바라보는 관점이 좌우된다.

긍정적인 혼잣말의 의미는 명칭에 그대로 담겨 있다. 즉 머릿속의 음성이 긍정적인 결과 쪽으로 향하는 것이다. 긍정적인 생각을 더 많이, 더 자주 할수록 인생을 낙관적으로 바라볼 가능성도 커진다. 이와 같은 긍정적인 태도는 대회 준비처럼 스트레스가 극심한 상황을 잘 이겨내는 데 도움이 된다. 또한 해묵은 아이디어, 습관처럼 틀에 박힌 생각을 버리고 새로운 방향으로 생각이 흐르게끔 스스로 뇌 활성을 바꿀 수 있다.

긍정적인 혼잣말을 가능하게 하는 핵심 요건 중 하나는 자신이 대체로 부정적인 눈으로 보는 문제가 무엇인지 찾아내는 것이다. 속도를 올리는 연습을 할 때마다 '트랙은 정말 싫어'라는 생각이 떠오른다면 '내가 잘하는 분야가 아니지만 어쨌든 이 훈련으로 속도를 높일 수 있어'라고 생각하는 사람보다 좋은 성과를 거둘 가능성은 적다.

부정적인 혼잣말에는 절망적이고 우울한 생각과 더불어 부적절한 생각, 잘못된 해석도 포함된다. **최악의 상황을 상상하는 사람**은 일이 계획대로 진행되지 않아 하루를 다 망치게 될 것이라 결론짓고, **부정적 필터로 생각을 거르는 사람**은 긍정적인 생각이나 칭찬을 무시하고 비판이나 실수에 집중한다. 또한 **극단적으로 생각하는 사람**은 경기나 훈련이 완벽하지 않으면 망했다고 판단한다Mayo Clinic, 2014. 이와 같은 잘못된 사고에 유념하고(인지행동치료에서 구분하는 것처럼) 사고 패턴이 낙관적으로 흐를 수 있도록 노력한다면 불안이 엄습하는 상황도 잠재적인 성장 기회로 바꿀 수 있다.

현재에 머물 것　　　　이 책을 처음부터 끝까지 다 읽은 독자는 마음챙김 명상이 거의 모든 장에서 빠짐없이 언급된다는 사실을 눈치챘으리라. 현 순간에 머무는 것은 (과거에 저지른 실수를 곱씹거나 앞으로 일어날 일을 생각하는 것과 달리) 큰 도움이 되고, 스스로의 행동을 더 수월하게 통제하는 수단이다.

현재에 머무는 것이 앞뒤 가리지 않고 무조건 돌진한다는 뜻은 아니다. 그보다는 현재에 완전히 몰두해 가능한 한 모든 주의를 기울인다는 의미다. 지금을 유일한 순간이라고 생각하면 현재 일어난 일을 해결하는 데 더 많은 에너지를 쏟을 수 있다. 고되고 힘든 훈련이나 경기에서는 과속방지턱처럼 앞을 가로막는 일이 생기게 마련이다.

맥키의 설명이다. "경기가 계획대로 진행되는 경우는 별로 없어요. 그래서 오늘 나는 최고의 경기를 펼칠 것이고 그런 방법을 스무 가지는 알고 있다는 식으로 자신감을 유지하면, 썩 좋지 않은 상황이 와도 평정심을 유지할 수 있습니다. 감정적으로 대처하지 않고 해결할 방법을 찾다 보면 현재에 머물 수 있죠. 아무것도 놓치지 않고, 바보 같은 실수도 안 하게 되고요."

맥키가 이야기한 "바보 같은 실수"가 2015년 세계육상선수권 대회에서처럼 트랙 가장자리에 발이 부딪혀 휘청한 일만 가리키는 건 아니다. 달리던 속도를 되찾자마자 얼른 돌진해서 앞서가는 선수들을 전부 다 따라잡아야겠다는 감정적인 판단도 그런 실수에 해당된다. 선두 그룹을 단시간에 따라잡는 것은 결코 쉬운 일이 아니다. 맥키의 경우 선두 그룹과 10미터 뒤처진 상태로 좀 더 달리다가 나중에 시간을 수습할 수도 있었다. 그러나 맥키는 곧바로 속도를 내어 선두 그룹 앞으로 나아갔고, 100미터를 더 달린 후 다시 따라잡혔다. 우승자가 모두 가려질 즈음 맥키는 6위로 겨우 경기를 마쳤다.

이 실수로 맥키는 스포츠심리학자가 훈계했던 내용이 옳았음을 다시금 깨달았다. 이후부터 맥키는 감정을 배제하려고 노력해왔다. 마음챙김 명상에는 주변의 모든 것을 무비판적인 입장으로 대하는 것이 포함된다. 그저 있는 그대로 보는 것이다. 맥키는 달리다가 발이 걸린 그 순간을 미국 대표팀이 될 수 있는 기회가 날아가고 수

년간의 노력이 다 물거품이 되었다고 해석했고, 그로 인해 감정적으로 반응했다. 발이 걸렸다는 사실을 받아들이고 다시 주자들 틈으로 들어가서 차분하게 선두 그룹을 쫓는 데 집중했다면 에너지를 크게 아껴서 막판 스퍼트에 활용할 수 있었을지도 모른다.

귀인 재훈련

귀인 이론에 따르면 "사람들은 자신이 속한 환경에서 일어난 결과와 사건을 설명할 수 있는 원인을 찾는다. 특히 예기치 못한 일, 중요한 일, 안 좋은 일일수록 그러한 경향이 더욱 명확하게 나타난다^{Kallenbach & Zafft, 2004}." 문제는 자기 자신에 관한 선입관을 원인으로 여기는 경우가 너무나 많다는 것이다. 예를 들어 시험에서 75점을 받았다고 가정해 보자. 어려운 과목이었다면, 자신이 C라는 학생보다 점수를 더 낮게 받은 것은 머리가 나빠서라고 생각하는 식이다. **귀인 재훈련**^{attributional retraining}은 이런 생각을 완전히 반대로 바꿔서 시험 점수가 안 좋은 이유는 머리가 나빠서가 아니라 준비가 부족했기 때문일 수도 있다는 사실을 인지하도록 돕는다. 그러면 더 나은 공부 습관이 생기면 점수도 좋아질 가능성이 있다는 생각도 할 수 있다.

달리기에서는 속도가 충분히 나지 않는다거나 재능이 부족하다는 생각이 들 때 활용할 수 있다. 비록 유전적인 한계가 있지만, 시간 기록은 각자가 보유한 능력을 총동원해서 발전시킬 수 있는 몇 안 되는 요소 중 하나이다. 보다 현명한 훈련과 향상된 회복력, 최상의 영양 섭취, 더 나은 장비를 갖추는 것도 시간 기록을 앞당기는 데 도움이 된다.

또한 귀인 재훈련은 경기를 대하는 접근 방식이 잘못된 경우에도 이를 깨닫도록 도와준다. 예를 들어 5,000미터 경기에 나갔다고 가정해보자. 경쟁자 가운데 단거리 기록이 자신보다 좋은 선수들은 5,000미터 경기에서도 실력이 더 좋을 거라고 추정한다. 그래서 결승선을 향해 그 선수들이 전력 질주하는 상황이 오면 자신은 당해낼 도리가 없다고 포기할 수도 있다. 그러나 실제로는 예상과 달리 경기 중간부터 속도를 높여 앞으로 돌진하거나, 결승선을 좀 더 많이 남겨둔 시점부터 돌진하기 시작하면 단거리에 강한 선수들의 기록을 따라잡을 수 있을 뿐만 아니라 결승선을 더 먼저 통과할 수도 있다.

이런 설명이 이 책 앞부분에 등장했던 내적, 외적 통제와 비슷하다고 느낀 독자들도 있을 것이다. 두 개념은 비슷한 부분이 많다. 귀인 재훈련은 인생에서 마주하는 무수한 결과를 얼마나 현실적으로 제어할 수 있는지 파악하는 데 도움이 된다. 이를 통해 자신의 강점을 인지하고, 그 강점을 가장 유리한 방향으로 활용하면 한 단계 더 발전할 수 있다.

이번 절에서는 감정 제어 능력을 되찾고 당장 해결해야 할 과제에 집중력을 유지하도록 도와주는 여러 기술을 소개했다. 오랜 시간 집중력을 유지하는 것은 몰입의 핵심이다. 거기서 한층 더 발전할 수 있도록 정신 집중이 이루어지는 과정과 함께 중요한 경기의 시작부터 끝까지 집중력을 유지할 수 있는 방법도 살펴보자.

경기에서 집중력 유지하기

　　몰입의 느낌을 한 단어로 표현한다면 "흡수"가 가장 적당할 것이다. 몰입으로 이어질 수 있는 유일한 방법은 어떤 일에 완전히 몰두하는 것이다. 즉 의식적으로나 무의식적인 방법으로 집중을 흐리는 모든 요소를 분리할 수 있어야 한다. 엘리트 스포츠 연구자인 에드워드 차베스는 이를 다음과 같이 설명했다. "운동선수가 몰입하기 위해서는 외적인 생각을 모두 제거해서 경기에 완전히 몰두해야 한다. 그래야 경기를 해도 전혀 힘이 들지 않거나 마치 자동으로 이루어지는 것과 같은 기분이 든다Edward Chavez, 2008."

　　경기에 온 정신을 집중하는 것과 경기에서 실제로 뛰는 것은 전혀 다른 일이다. 실제 경기에서는 정신이 흐트러져서 두려움이나 좌절, 의구심으로 흘러가기 십상이다. 상황이 순탄하게 잘 풀리지 않을 때는 더욱 그렇다. 때로는 경기나 힘든 훈련 중에 우연히 다른 곳에 정신을 팔기도 한다. 생각이 이곳저곳을 떠다니면 우리 몸은 거칠어진 호흡과 빨라진 심장 박동을 원상태로 되돌리려고 애를 쓰게 되므로 달리는 속도가 느려질 가능성이 크다.

　　집중 시간은 노력하면 늘일 수 있다. 집중하는 시간이 늘어나면 집중력을 보다 수월하게 유지할 수 있다. 이 기술을 익히면, 기량이 한층 더 좋아지고 수시로 몰입을 경험하게 된다.

**집중해야 할 대상에
집중하기**

경기 환경은 제각기 다르다. 트랙 경기에서는 관중 속에서 수십 바퀴를 달려야 하지만, 시골길이나 산길을 달리는 경기는 단 한 명의 관중도 없을 수 있다. 이처럼 경기 환경은 제각기 달라서 곧 출전할 경기의 계획을 수립할 때는 반드시 그 특징을 고려해야 한다. 대도시에서 열리는 마라톤 대회 참가자는 자신이 지금 몇 위로 달리고 있는지 집중해서 살펴야 할까, 친근한 경쟁 선수를 주시해야 할까, 아니면 시계에 뜨는 정보에 초점을 맞추어야 할까? 언덕이 많은 산길에서 경기 중인 선수는 심장 박동이나 호흡을 반드시 모니터링 해야 할까? 코치가 건네는 조언에 귀를 기울여야 할까, 관중들의 함성에 집중해서 힘을 얻어야 할까?

사람마다 답은 전부 다르겠지만, 전부 이 책에서 설명한 의욕의 기본적인 틀과 관련이 있다. 주로 시간 기록에서 의욕을 얻는 사람이 속도를 높일 수 있는 평평한 코스에서 진행되는 경기에 출전한다면 경쟁 선수들이 어떻게 달리든 속도를 가능한 한 일정하게 유지하는 것이 적절하다. 다른 선수들과의 경쟁을 즐기고 자신의 노력을 평가하는 내적 능력이 우수한 사람은 굳이 시계를 찰 필요가 없다. 또 시끌벅적한 환경보다 아름다운 시골 풍경이나 오랜 역사를 간직한 도시에서 큰 의욕을 얻는 사람은 눈앞에 펼쳐진 산이나 오래된 건축물에 집중해야 한다. 반대로 주변 환경이 경쟁자와 실력을 겨루는 배경에 불과하다고 느끼는 사람은 특정 경쟁자에 집중하고 경치 구경은 시상식이 끝난 뒤에 하는 편이 좋다.

맥키가 바로 그런 경우였다. 스웨덴에 도착해 멋진 건축물과 환경을 마음껏 구경했지만, 출발선에 서서 총이 울린 순간부터는 트랙 옆에 빼곡하게 서 있던 관중에 모든 정신을 집중했다. "집중력이 면도날처럼 날카로워졌어요. 그러자 경기가 엄청나게 빨리 흘러갔습니다. 계획한 대로 안 되는 일이 생겨도, 무슨 일이 일어나든 무조건 선두 그룹에만 집중하려고 노력했죠. 그 외에는 아무것도 중요하지 않다고 생각했어요."

인체 내부의 상황은 집중력에 큰 영향을 준다. 집중력을 가장 크게 방해하는 요인은 피로이다. 일단 피로를 느끼면 아무 방도가 없을 것 같지만, 5장에서 살펴본 것처럼 우리가 느끼는 생리학적 감각은 모두 뇌에서 가장 먼저 조절하고 가장 많은 부분을 제어한다. 다리가 끊어질 것처럼 힘든 것은 뇌가 다리에서 전해진 신호를 그렇게 해석했기 때문이다. 굉장히 중요한 경기에 나가 그 순간에 온전히 집중하면 피로를 이겨내고 속도를 유지할 가능성이 매우 커진다. 그러나 지금 쏟아내는 노력이 뇌를 조금이라도 손상시킬 수 있는 수준에 이르면 달리는 속도가 느려진다. 훈련이나 경기를 통해 가끔 그 이상에 도전하면, 자신의 한계를 더 먼 곳으로 밀어낼 수 있다.

애쓰지 않아도 집중하는 능력

4장에서 소개한 디트리히의 일시적 전두엽 기능저하 이론은 집중력과 집중력을 유지하는 능력을 반직관적이고 인상적인 관점에서 설명한다. 다시 한 번 간단히 정리하면, 달리기처럼 오래 지속해야 하는 운동에서는 여러 기능이 협응해야 하므로 뇌에서 큰 에너지가 소모된다는 것이 이 이론의 주요한 내용이다. 디트리히는 설계가 아주 단순한 로봇이 체스 게임에서 단 8.5회 말을 움직여서 인간을 이길 수 있지만, 빛의 속도로 작동하는 마이크로프로세서를 동원해 최근에 개발한 로봇은 살아 있는 사람처럼 움직일 수 없다는 사실을 예로 들었다Dietrich & Stoll, 2010. 뇌는 그만큼 많은 에너지를 소모하고, 활용할 수 있는 연료를 어디에 어떻게 쓸 것인지 재배치한다. 그 결과 뇌에서 지속적인 움직임에 꼭 필요하지 않은 영역의 기능은 저하시킨다. 전전두피질의 기능이 저하되면 앞으로 일어날 일을 걱정하거나 지난 일을 곱씹지 않고 모든 에너지가 지금 현재 하고 있는 일에 집중된다. 그리하여 행동과 인식이 한 점에서 만나고, 몰입 가능성도 더욱 커진다.

애쓰지 않아도 집중할 수 있게 되면 일을 즐겁게 해낼 수 있다는 장점도 있다. 달리기처럼 자유롭게 선택할 수 있는 일과 공부처럼 의무적으로 해야 하는 일에서 모두 이와 같은 즐거움을 느낄 수 있다. 마라톤에 나가 열심히 달리다가 자신이 가진 역량이 최고조에 오르면 엄청난 만족을 느낄 가능성이 매우 크다. 뇌에서 감정을 처리하는 부분으로 할당되던 혈액과 에너지가 차단된 상태인 만큼 이를 진정한 행복이라고 할 수는 없지만, 외부 세계는 빠르게 흘러가는 가운데 암묵적 기억이 발휘되어 마치 자동조종장치가 켜진 것처럼 힘들다는 느낌 없이 달릴 수 있게 된다.

애쓰지 않아도 집중하는 능력의 가장 흥미로운 특징은 뇌 일부 기능이 저하되면서 얻은 결과임에도 불구하고 그 순간 가장 필요한 쪽에 '더 큰' 집중력을 발휘한다는 점이다. 암묵적 기억으로 처리되는 일들이 많아질수록 자동으로 이루어지는 것처럼 보이는 일들이 늘어나고, 따라서 집중력이 필요하다는 작은 징후에 즉각 대응할 수 있는 여유가 생긴다. 팔다리를 모두 움직이면서 달리는 와중에 과거의 일이나 미래를 염려한다면 자신이 달리는 속도가 조금 느려져도 알아채지 못하고 경쟁자가 저 멀리 앞서간 사실도 깨닫지 못할 수 있다. 반면 달리는 동작이 자동화된 것처럼 이루어지면 몸과 마음, 모든 것이 오직 달리기에만 집중된다.

힘들여 노력하지 않아도 집중하는 능력은 두 가지 방식으로 유도할 수 있다. 명상 또는 마음챙김 명상을 연습하는 것이 그중 한 가지 방법이다. 초점이 현재로 향하면 내면의 부정적인 소음을 줄이는 데 도움이 된다. 자신에게 중요하고 의미 있는 달리기라면 매 거리, 매 시간, 매 걸음 달리는 것에만 집중하고 다른 생각을 모두 배제해야 한다. 그래야 온전히 집중하게 되고 몰입도 더욱 가까워진다. 다른 한 가지는 간접적인 방식으로, 가진 능력 선에서 최선을 다해 과제를 수행하면서 시간이 흐르면 애쓰지 않아도 자연히 집중하게 될 것이라 굳게 믿는 것이다. 이를 통해 실제로 장시간 집중할 수 있게 되면 닭이 먼저냐, 달걀이 먼저냐 따질 것도 없을 만큼 자연스럽게 집중할 수 있게 된다.

깨진 몰입 되살리기

경쟁 상황에서는 몰입할수록 유리하다. 하지만 겨우 성공했는데 몰입이 깨져버렸다면? 1,500미터 선수인 레오 만자노와 케이티 맥키는 둘 다 중요한 경기에서 몰입을 경험했지만, 예상치 못한 일로 인해 몰입 경험이 순식간에 끊어지는 일도 공통적으로 경험했다. 만자노의 경우 결승선까지 400미터가 남았을 때 느닷없이 자신의 능력에 관한 의구심과 제대로 결승선을 통과할 수 있을지 모르겠다는 불확실한 마음이 들었고 결국 몰입이 깨졌다. 맥키에게는 2015년 미국 챔피언십 대회에서 달리다 넘어질 위기에 처한 순간이 그랬다. 만자노는 다시 다른 선수들을 따라잡고 은메달을 획득했지만, 맥키는 감정적으로 반응하다 6위에 만족해야 했다.

몰입해서 무언가를 하다가 갑자기 그 상태가 깨지면 몸과 마음에 충격이 발생한다. 마치 다 안다고 생각했던 모든 것이 한순간 증발해버리는 것과 같다. 경기 중에 이와 같은 일이 생기면 발을 헛디디거나 엉뚱한 곳에서 방향을 바꾸기도 하고, 과도하게 에너지를 발산하거나 더위와 탈수로 무너지는 결과로 이어질 수도 있다. 코치나 팀 동료들이 뭔가를 목청 높여 외치는 소리, 시계에 뜬 복잡한 피드백, 신발에 들어간 작은 돌멩이 하나가 몰입을 깰 수도 있다. 원인이 무엇이든 몰입이 깨지면 즐거웠던 짧은 순간이 사라지는 것으로 끝나지 않는다. 애초에 몰입할 수 있었던 이유, 이성적이고 냉철한 사고 능력까지 잃을 가능성도 있다. 그렇다면 경기 중에 깨진 몰입을 다시 되살릴 수도 있을까?

차베스는 이 의문을 풀기 위해 연구를 진행한 결과, 대학 소속 선수들의 81퍼센트는 다시 몰입 상태로 되돌아갈 수 있다는 결과를 발표했다Chavez, 2008. 긍정적인 생각은 깨진 몰입을 되살리는 가장 효과적인 방법으로 여겨진다. 즉 현재 상황을 긍정적으로 바라보고 힘이 되는 말을 혼잣말처럼 되뇌면 하던 일에 다시 정신을 집중할 수 있다. **과제 지향성**task orientation(지금 수행 중인 일에 집중하는 능력), 마음을 편하게 먹는 것, 생각을 가다듬는 것도 다시 몰입을 이끌어 내는 중요한 요소이다.

이러한 사실들을 종합하면 해결 지향적인 방식이 어째서 체계를 회복하고 다시 몰입을 경험하는 데 도움이 되는지 알 수 있다. 갑자기 한꺼번에 여러 가지 일들이 와락 쏟아지면 어떻게 해야 할지 해결 방법을 모색하게 되고, 달리기 중에 이런 일이 벌어질 경우 최대한 빨리 경기에 집중해야 한다. 대체 뭐가 잘못된 걸까 실수를 더듬어보거나 큰 참사가 일어난 것처럼 대응하면 몰입은 저 멀리 달아난다.

　　다른 사람들과 경쟁해야 하는 환경에서 몰입하면 큰 용기가 생기고 의욕도 크게 상승한다. 절정 경험만큼 더 열심히 훈련하고 경쟁하게 만드는 것은 없다. 극단적인 경우, 인생에서 하이라이트가 될 만한 사건이 일어나기도 한다.

　　가장 절실한 순간 몰입을 경험하지 못한다면 어떻게 해야 할까? 이어지는 8장에서 몰입이 왜 그토록 경험하기 어려운지 살펴보면서 이 질문의 답을 찾기로 하자. 모든 것이 무너지고 부서져도 훌훌 털고 다시 회복하는 데에 도움이 될 것이다.

팀과 몰입

　　몰입도 전염될까? 이 책의 공저자인 필립 래터는 2015년 노스 캐롤라이나 2A 크로스컨트리 주 챔피언십 대회에서 그가 새롭게 감독을 맡은 브리버드 블루 데빌스 팀이 최악의 성적으로 출발해 우승을 거머쥐었을 때 처음으로 이런 의문을 품었다.

　　그날 경기는 시작부터 엉망이었다. 며칠 동안 비가 쏟아진 뒤라 코스 곳곳에 구멍이 파이고 길은 진창이 되었다. 형편없는 기록으로 출발한 블루 데빌스 여자팀은 아예 앞으로 나가지도 못하는 것 같았다(유망주로 꼽히던 엘라이자 위더스푼이 0.8킬로미터 지점을 70위로 통과했지만, 팀 내에 그보다 성적이 나은 선수가 단 한 명도 없었다). 5,000미터 코스의 절반을 달릴 때까지 상위 20위권에 진입한 팀원은 아무도 없었다. 코치들이 줄지어 서 있는 구간을 지날 때, 엘라이자의 얼굴에는 눈물이 흘러내렸다. 경기가 마음대로 풀리지 않는다는 좌절감과 고통이 뚜렷했다. 긴 하루가 훨씬 더 길어질 것 같았다.

　　그러다 필립과 그의 조수 잭키 위더스푼(엘라이자의 엄마)은 어떤 징조를 포착했다. 팀에서 4, 5위로 달리던 두 선수가 속도를 올리고 있었다. 점점 앞으로 나아가기 시작한 것이다. 이대로 속도를 높여 다른 선수들의 분위기도 좋은 방향으로 바뀌면, 아직 팀 우승을 노려볼 수 있었다. 다음 접점에서 코치들은 선수들에게 이 사실을 알렸다. 엘라이자에게는 힘을 좀 아껴두고 개인 기록보다는 팀을 먼저 생각해야 한다고 애원했다. 경기 판도를 충분히 바꿀 수 있고, 마법 같은 일이 일어날 수도 있다는 믿음도 함께 전했다.

다음 1.6킬로미터 구간에서 영화 같은 일이 벌어졌다. 엘라이자가 앞서 달리던 15명의 선수를 제치고 주 대표로 선발된 것이다. 같은 팀 선수인 아바 역시 엘라이자보다 단 몇 걸음 늦게 결승선을 통과했고, 평생 경기에 처음 출전한 신입생 두 명도 상위 35위 안으로 들어왔다. 경기 도중에 팀 성적을 올릴 기회가 아직 남아 있다는 소식을 듣자 모두가 힘을 내어 속도를 높인 것이다. 내딛는 걸음마다 더 몰입했고, 결국 블루 데빌스 팀은 2위팀과 단 2점차로 우승을 차지했다.

팀원들이 모두 한꺼번에 몰입을 경험하기 위해서는 바로 이 같은 현상이 일어나야 한다. 즉 팀원 전체가 한 몸처럼 움직이고 같은 목표를 향해 같은 방식으로 모든 집중력을 쏟아야 한다. 그 과정에서 팀원들은 서로의 변화를 본능적으로 인지하고 반응한다.

팀 단위의 집단 몰입은 두 가지에서 비롯하는 것으로 보인다. 하나는 진행 상황에 관한 피드백, 다른 하나는 환경 정보이다. 특히 코치나 신뢰할 수 있는 자문가가 제공하는 정보가 큰 도움이 된다 Bakker et al., 2011. 블루 데빌스 팀의 경우 주자로 가득한 들판을 달리는 동안 코치들이 아직 우승할 기회가 있다고 외치는 소리가 들리자 팀원 모두가 더 집중했고 보다 좋은 성과를 올릴 수 있는 상태가 되었다. 명확하고 분명한 피드백이 얼마나 중요한지 보여주는 대목이기도 하다. 코치들은 경기 초반에 나온 성적을 걱정하거나 실망하는 내색을 전혀 내보이지 않았다. 대신 상황을 수습할 수 있는 명확한 전략을 제시하고 개개인의 성적이 팀 성적에 어떤 영향을 줄 것인지 전달했다. 선수들은 이 피드백을 수용하고 자신의 것으로 만들어서 한 치의 흔들림 없이 실행에 옮겼다. 그 결과 상위 5위로 들어온 선수들의 기록 차이는 단 1분 2초에 그쳤다. 심지어 그날 경기에 참가한 선수들 가운데 5위권 진입 가능성이 가장 낮았던 선수들이 그 자리를 차지했다. 몰입의 전염성이 큰 영향을 준 것이 분명하다.

필립 래더Philip Latter

'퍼플과 떨어지지 말자!'

2003년 겨울, 노스캐롤라이나 채플 힐의 200미터 실내 트랙에서 나는 이 말만 주문처럼 되뇌고 또 되뇌었다. 노스캐롤라이나 대학교, 노스캐롤라이나 주립대학교 등으로 구성된 대서양연안경기연맹Atlantic Coast Conference, 줄여서 ACC의 재능 있는 대학 선수들로 꽉 찬 경기장에서 3,000미터 경기를 치르는 중이었다. 나는 경쟁자들이 내이름을 들어본 적이나 있을까 싶었다. 게다가 내 이름은 경기가 열리기 얼마 전에 출전 제외 선수가 생긴 바람에 속도가 빠른 선수들끼리 모아둔 조에 겨우 포함된 터라 그런 의구심은 더욱 짙어졌다. 하지만 최고의 선수들과 경쟁하게 된 만큼 가치 있는 경험으로 만들 작정이었다. 그리고 퍼플과 절대 떨어지지 않으리라 다짐했다.

"퍼플"은 파이포인트 대학교 소속 제프 페어맨의 별명이었다. 캐나다 출신인 페어맨은 몇 개월 전에 열린 ACC 크로스컨트리 대회에서도 3위를 차지했다. 당시 나도 그 경기에 출전해서 페어맨과 같은 그룹에서 잘 달리고 있었는데, 경기 초반에 몇 가지를 잘못 선택한 데다 옆구리 통증까지 더해져 결국 몇 분이나 더 늦게 들어왔고 순위는 30위가 뒤쳐졌다. 내 생애 최악의 경기였다.

이제 그날의 실수를 만회할 기회가 찾아왔다. 겨울 동안 꽤 많은 거리를 달리고 오랜 시간 훈련을 이어온 덕분에, 컨디션은 태어나 가장 완벽한 수준이었다. 실내 트랙 경기는 한 바퀴를 돌 때마다 여러 가지 피드백을 얻을 수 있어 내 기질과도 잘 맞았다. 힘든 경기가 될 것이라 생각했지만, 전혀 가능성이 없다고도 볼 수 없었다. 나는 8분 40초에서 45초 사이로 결승선을 들어와서 우리 학교의 성적도 올리고 싶었다. 이런 목표를 세웠으나 경쟁자 중에 퍼플이 있었기 때문에, 그와 함께 달리면서 나의 능력을 증명해 보여야 하는 상황이었다.

출발을 알리는 총소리가 울릴 때부터 예감이 좋았다. 경기는 빠르게 진행됐다. 이전에 출전한 3,000미터 경기들보다 훨씬 더 빠른 속도로 흘러갔다. 다섯 바퀴까지는 그렇게 빠른 속도로 버텼다. 선두로 나가려면 얼마든시 가능한 순위에 이르기도 했다. 그러나 여섯 바퀴째 접어들면서 내 다리가 얼마나 빨리 달리고 있는지 깨달았다. 주변을 둘러보니 평소 알고 지내던 다른 선수들도 속도를 늦추고 있었다. 나도 그렇게 해야 하나 생각할 때쯤 같은 팀 동료 선수인 카민이 6번 레인에서 달리다가 내 쪽으로 붙어 꼭 필요한 피드백을 주었다. "그냥 그대로 가, 친구."

다른 이유를 다 떠나서 그것이 가장 현명한 방법 같았다. 나는 카민의 말을 따랐다. 퍼플과 선두 그룹 뒤에 딱 붙어서 달리다 보니 1.36킬로미터 기록이 4분 28초로 나왔다. 고등학교 때 얻은 나의 최고기록이었다. 아직 가야 할 길이 1.6킬로미터나 더 남았지만 힘들다는 느낌이 들지 않아서 괜찮을 것 같았다. 오히려 지치지 않고 이토록 빠르게 달릴 수 있다는 사실에 너무 신이 났다. 눈앞에서 달리는 퍼플의 등만 쳐다보고 한 바퀴를 돌 때마다 시계에 뜨는 기록을 확인하며 기분 좋은 충격 속에 계속 달렸다. 남은 바퀴가 매일 훈련할 때처럼 꼬박꼬박 지나갔다.

세 바퀴를 남겨두고 한 가지 사실이 떠올라 마음이 설레기 시작했다. 이대로 넘어지지만 않으면 곧 놀라운 일이 벌어질 것임을 직감한 것이다. 전전두피질에 혈액 공급이 원활하지 않아서 그런 기분이 된 것이 분명하지만 상관없었다. 상위 1, 2위 선수 두 명이 앞으로 치고나갔다. 퍼플, 그리고 노스캐롤라이나 주립대학교의 데빈 스완은 아직 나와 한 덩어리로 달리고 있었다. 울려퍼지는 종소리와 함께 온몸에 마지막 아드레날린이 솟구쳤다. 나는 바깥으로 크게 돌아 3위 자리로 좀 더 가까이 다가갔다. 그 즉시 두 선수도 나와 멀어졌다.

결승선을 넘자마자 나는 코치부터 찾았다. "기록은요?" 코치는 시계를 번쩍 들어보였다. 8분 32.62초. 그다음 내가 쏟아낸 말은 글로 옮기기에 적절치 않으니, 갖가지 감정이 한꺼번에 폭발했다는 것만 언급해둔다. 그날 경기장을 채운 수많은 팬들이 5위를 하고도 나만큼 행복해하는 선수를 그 이전에나 이후에 본 적이 있을지 모르겠지만, 나로썬 말로 다할 수 없는 일이었다. 개인 최고기록을 24초나 앞당기고 학교 신기록을 세웠을 뿐만 아니라 내 예상과 달리 퍼플과 나란히 달렸다. 그제야 나는 처음으로 대학 선수라 불릴 만한 자격을 갖춘 기분이 들었다. 스타가 됐다는 말이 아니라, 믿음직한 선수가 된 것 같았다는 의미다. 가능성에 관한 생각도 바뀌었다. 나중에 나는 카민에게 이 이야기를 전부 들려주었다. 카민은 날 쳐다보더니

싱긋 웃으며 말했다. "그게 몰입이야."

처음 듣는 표현이었다. 어떻게 몸의 생리적 기능과 심리적 기능이 그토록 완벽한 조화를 이루며 발휘될 수 있는지 깊은 관심이 생겼다. 지금은 인기 강사가 되어 매년 여러 달리기 캠프에서 내가 겪은 몰입 경험을 공유하면서 살아가는 행운을 누리고 있다. 벌써 10년도 더 전에 경험한 몰입이지만, 그날의 일이 결혼식, 그리고 두 아이가 태어난 날과 함께 내 생애 가장 행복했던 순간이었다고 한 치의 망설임 없이 이야기할 수 있다. 몰입 경험은 나의 달리기 수준을 끌어올렸다. 이후 나는 학교 신기록을 네 번 갈아치웠고, 같은 해에 수많은 선수들이 탐내는 ACC 챔피언십을 따냈다(그 과정에서 처음으로 퍼플을 이겼다). 또한 내가 열정적으로 관심을 쏟아 온 두 분야, 달리기와 글쓰기를 하나로 결합하는 방법도 찾았다. 채플 힐에서 처음 몰입을 경험하고 호기심을 갖게 된 일이 이 책의 씨앗이 된 셈이다.

딕 비어즐리Dick Beardsley

2시간 8분 기록을 보유한 미국의 마라톤 선수이자
1982년 보스턴 마라톤에서 펼쳐진 유명한 "백주의 결투" 주인공
몰입의 순간: 1981년 그랜드마스 마라톤 대회와 이 대회를 준비하며 훈련한 11일

뉴발란스의 후원을 받는 야심찬 프로 선수 딕 비어즐리는 1981년 봄날의 늦은 저녁, 열일을 제쳐두고 코치에게 황급히 전화를 걸었다. 미네소타의 어느 시골에서 보스턴에 있는 조크 셈플 코치에게 다급히 연락한 이유는 꼭 전해야 하는 소식이 있었기 때문이다. 바로 그날 평생 최고의 훈련을 마쳤다는 소식이었다. 오르막과 내리막이 계속되는 37킬로미터의 길을 완주한 데다 마지막 1.6킬로미터는 4분 45초라는 빠른 기록으로 달린 것보다 더 놀라운 일도 벌어졌다. 그토록 오르락내리락 반복되는 언덕길 코스를 내내 달리면서도 전혀 힘들다는 느낌이 없었다. 그날 달린 거리에서 약 5킬로미터만 보태면 2시간 12분, 즉 세계 수준의 기록으로 마라톤을 완주했을 만한 성과였다. 하지만 소식을 전해들은 셈플 코치는 한 가지 문제를 떠올렸다. 다소 심각한 문제였다. 비어즐리가 이렇게 훈련을 하는 이유는 그랜드마스 마라톤 대회Grandma's Marathon에 대비하기 위해서인데, 그 대회는 불과 11일 뒤 애틀란타 둘루스에서 열린다는 사실이었다.

비어즐리가 킬킬 웃으며 그날의 상황을 회상했다. "확신하는데,

1981년 런던 마라톤 대회에서의 딕 비어즐리(왼쪽).

만약에 코치님 손이 수화기를 뚫고 나올 수 있었다면 아마 제 먹살을 잡았을 겁니다. 제게 막 소리를 지르기 시작했어요. 체력을 낭비했다고 생각했나 봐요."

비어즐리의 생각은 달랐다. 전혀 힘들다는 느낌 없이 달린 경험은 오히려 힘을 북돋아주었다. 일주일 반 정도 시간이 남았으니 그동안 쉬면 회복할 수 있을 것 같았다. 그리고 미국 중서부 출신답게 겸손함을 잃지 않으려고 노력했다. "노력하면 잘될 거라는 자신이 있었습니다. 그런 내적 자신감이 있었어요. 사람들은 저를 엄청난 사람처럼 떠받들고 싶어 했지만, 저는 그렇게 생각하지 않았어요. 절대 제가 그럴 만한 사람이라고 여기지 않았죠. 마라톤이니까요. 스스로 아주 대단하다는 생각이 들다가도 한순간 저만치 밀릴 수 있다는 뜻입니다."

그랜드마스 마라톤 대회 당일, 게리 뵈르클룬트와의 대결로 이같은 훈련과 자신감은 시험대에 올랐다. 미네소타 토박이인 뵈르클룬트는 고등학교 시절에 1킬로미터를 2분 35초로 달릴 정도로 엄청난 재능을 가진 선수로, 1976년 몬트리올 올림픽에 10,000미터 부문의 미국 대표로 출전한 경력도 있었다. 전년도 그랜드마스 대회 우승자이기도 한 만큼 그를 상대로 하면 지는 게임이 될 거라고 포기하는 사람들이 많았다.

비어즐리는 개의치 않았다. 경쟁을 즐기는 편이기도 했거니와 상대의 기록이 좋은 건 크게 상관이 없다고 생각했다. 34킬로미터 지점까지 뵈르클룬트와 앞서거니 뒤서거니 달릴 것이고, 비어즐리는 그동안 움직임이나 호흡 등 상대방의 달리는 자세에서 얻을 내적 피드백을 잘 분석해볼 계획이었다.

비어즐리는 이렇게 설명했다. "대놓고 뚫어져라 쳐다보지는 않겠지만 보폭이 어떤지, 팔이 어떻게 움직이는지 볼 수 있으니까요. 귀도 열어둘 생각이었습니다. 발이 바닥에 닿는 소리에 귀 기울이면 피곤한 정도를 알 수 있죠. 그리고 언제 제가 앞으로 치고 나가야 하는지도 판단할 수 있습니다."

그랜드마스 마라톤 대회에서 비어즐리가 앞으로 돌진한 건 34킬로미터 지점이었다. 그런데 35킬로미터째에 접어들어 속도를 확인하려고 손목을 쳐다본 후에야 시계가 멈췄다는 사실을 깨달았다. 남은 거리와 속도를 알 수 있는 방법이 전혀 없는 채로 비어즐리는 그저 우승할 수 있다는 희망과 자신감을 안고 열심히 달렸다. 결승선을 통과해서 2시간 9분 36초라는 기록을 확인한 비어즐리는 경악했다. 자신이 그토록 빨리 달리고 있었다는 사실을 전혀 몰랐기 때문이다. 처음부터 끝까지 힘들다는 느낌 없이 흘러갔지만 자신이 미국 신기록을 세웠을 줄은 생각지도 못했다.

"(마지막 몇 킬로미터는) 옆구리가 조금 결렸는데, 예전에는 어땠는지 상기해보니 옆구리가 결릴수록 좋은 결과를 얻는다는 사실을 깨달았어요. 하지만 그날은 더 심해지지 않아서 다행이었습니다. 1982년 보스턴에서 그랬듯이 컨디션이 안 좋은 날도 그 정도 속도로 달릴 수 있었다는 사실이 함께 떠올랐거든요(보스턴 마라톤 대회 기록은 2시간 8분이었다). 그렇게 달린 날은 경기가 정말 물 흐르듯 흘러갔어요……. 어떻게 그런 달리기가 가능했는지 설명할 수는 없지만, 놀라운 경험이었습니다."

비어즐리는 이듬해인 1982년 보스턴 마라톤 대회에서 알베르토 살라자르와 '백주의 결투'라는, 아주 꼭 맞는 이름이 붙여진 경쟁을 벌이며 유명 인사가 되었다. 모두의 관심을 끌어모은 사건이라 당시 상황을 담은 책과 다큐멘터리까지 제작될 정도였다. 그러나 비어즐리에게는 그랜드마스 마라톤이 몰입해서 달린 가장 기분 좋은 대회로 기억에 남았다. 훈련 중에는 자주 느끼면서도 경기에 나가면 거의 느끼지 못했던 요소들이 모두 발현된 대회였기 때문이리라.

"평소 장거리 훈련을 할 때도 몰입할 때가 많았어요. 그런 날은 40킬로미터를 빠른 속도로 달리고도 다시 그만큼 더 달릴 수 있을 것 같은 기분이 듭니다. 제가 그런 상태로 얼마나 멀리까지 달릴 수 있는지 알고 싶어서, 시도해볼 필요가 있다고 늘 생각했어요."

경기 당일 몰입 가능성을 키우는 법

• **최종 목표를 세우기에 앞서, 지금까지의 훈련 기록을 분석하거나 컴퓨터 소프트웨어를 활용하여 자신의 체력을 평가하자**

경기 중에 몰입하기 위해서는 목표 설정이 가장 중요하다. 비현실적인 목표는 경기 초반에 부정적인 피드백이 산더미처럼 쌓이는 원인이 되고, 그로 인해 좌절하고 주의가 산만해진다. 이런 상황을 피하기 위해서는 자신의 훈련 기록을 정직하게 평가해야 한다. 예를 들어 10킬로미터 기록을 고려한 훈련에서 2킬로미터를 5회 연속 6분대로 달렸다면 경기에서 2킬로미터 목표기록을 5분 40초 이하로 잡으면 안 된다. 너무 과하게 노력해야 하는 수준으로 목표를 잡으면 속도가 금방 떨어지고 어떻게든 달성하려고 고투를 벌이는 동안 의욕을 잃게 된다. 15킬로미터 등 그보다 먼 거리를 달리거나 새로운 경기에 참가할 때는 온라인 속도 계산 어플리케이션(McMillanRacing.com 등에서 구입 가능하다)을 활용하면 다양한 거리별로 자신의 체력을 확인할 수 있다.

• **훈련 기간에 마음챙김 명상을 실시하자**

힘든 훈련만큼 실제 경기 상황을 가상으로 경험해볼 수 있는 좋은 기회도 없다. 템포 런, 짧은 간격으로 실시하는 반복 훈련, 장거리 달리기 등의 훈련은 몸이 새로운 단계로 발전하게끔 밀어붙이고 생각의 흐름을 실험해볼 수 있는 기회다. 트랙이나 길에서 강도 높은 훈련을 실시할 때는 마음챙김 명상의 핵심 원칙을 적용해보자. 2킬로미터를 반복해서 달리는 연습에서는 걸음마다 달리는 속도와 힘이 드는 정도에 집중하고 눈앞에 펼쳐진 풍경과 주변의 모든 것들을 비판 없이 바라본다. 얼마나 더 달려야 하는지에 너무 집중하지 않아야 한다. 지치는 기분이 스멀스멀 올라오면 그 순간에 잠시 집중해서 더 많이 노력해야 한다는 사실을 인지하고, 다시 달리기로 초점을 돌린다. 이를 통해 도저히 감당할 수 없을 것 같던 피로감도 견딜 만한 수준으로 바꿀 수 있다.

• 스스로에게 좋은 말을 건네자

밤이고 낮이고 항상, 그리고 반드시 여러분 곁에 있는 유일한 존재는 바로 여러분 자신이다. 그러다 보니 가끔 스스로에게 모진 말을 퍼붓거나 자신이 형편없다고 느낄 때도 있다. 마음속에 부정적인 생각이 들면 메모를 해두고 입 밖으로 크게 이야기하지 말자. 그리고 그런 생각이 긍정적인 생각으로 바뀌도록 노력하자. 하루 종일 생각을 들여다보는 것이 피곤하다고 느껴지면 달리기를 할 때, 직장에서 회의를 할 때처럼 중요한 순간에만 그렇게 해도 좋다. 부정적인 사고 패턴을 긍정적인 방향으로 돌리는 능력이 향상될수록 보다 더 행복하고 만족스럽게 살아갈 수 있다.

• 경기에 대비할 수 있는 고정된 절차를 만들자

지역 대회에 출전하는 선수부터 올림픽에 출전하는 선수에 이르기까지, 엘리트 선수들은 거의 모두가 경기나 힘든 훈련을 앞두고 엄격히 따르는 고정된 절차가 있다. 아침식사로 팬케이크를 먹거나 행운을 가져다준다고 믿는 양말을 신는 것처럼 일종의 의식적인 절차를 지키는 선수들도 있고, 경기 직전에 실시하는 특별 절차가 있는 선수들도 있다. 어느 쪽이든 근육을 활성화시키고 마음을 편안하게 만드는 방법이면 된다. 달리기의 경우, 대부분 가벼운 조깅과 동적 스트레칭, 폼 스트레칭, 걷기를 적당히 조합해서 실시한다. 잠깐 휴식을 취하거나 특별한 음악을 듣고 출발선에 서기 전 유니폼이나 신발을 갈아입는 방법을 그와 같은 절차처럼 활용하는 선수들도 있다. 자신만의 준비 절차가 생겼다면, 그 방법이 긴장을 가라앉히고 출발 총성이 울리기 직전, 가장 긴장하는 순간에도 집중력을 유지하는 데 얼마나 도움이 되는지 평가해보자.

• 문제 해결도 연습이 필요하다

미처 알아채지 못한 사이에 다른 선수에게 따라잡히는 상황을 좋아할 사람은 아무도 없다. 그러나 속도 변화나 갑자기 불어온 돌풍으로 인해, 혹은 경쟁자인줄도 몰랐던 선수의 놀라운 기량이 발휘되면 그와 같은 일이 벌어질 수 있다. 대비하지 못한 문제가 생기면 악영향만 발생한다. 그러므로 경기를 준비하는 단계에서 예상 시나리오를 다양하게 떠올리고 그런 일이 실제로 생긴다면 어떻게 반응할지 생각해보자. 자신이 너무 과하게 속도를 높여서 달리고 있다는 사실을 뒤늦게 인지했다면? 반대로 너무 느리게 달렸다면? 온라인에서 미리 찾아본 정보보다 언덕이 더 많다면? 경기의 4분의 1이 흘러갈 때까지 라이벌 선수가 바로 뒤에 붙어 따라온다면? 또는 출발을 알리는 총소리가 울리자마자 경쟁자가 내 앞을 치고나간다면? 이와 같은 문제 해결은 달리기를 시작한 속도보다 더 빠른 속도로 경기를 마치는 네거티브 스플릿 훈련이나 돌진했다가 다시 속도를 줄이는 변화가 무작위로 이어지는 파틀렉 훈련 등 여러 가지 방법으로 동시에 연습할 수도 있다. 우리는 누구나 훌륭한 상상력을 보유하고 있다. 여러분의 상상력을 경기 전날 적극 발휘해보기 바란다.

핵심 요약

■ 의욕은 몰입에 도움을 주는 강력한 내적 요소다.

■ 달리기를 하는 사람들은 주로 시간 기록과 경쟁자, 스스로를 증명하려는 욕구,
   팀, 외적 보상 등 다섯 가지 요소에서 의욕을 얻는다.

■ 통제 가능한 요소는 통제해야 한다. 준비 상태, 자신의 역량에 관한
   현실적인 평가, 피드백에 능숙하게 대응할 줄 아는 능력은 통제 가능한 요소에
   해당하며 모두 몰입 가능성을 높일 수 있다.

■ 명상, 긍정적인 혼잣말과 같이 긴장을 약화시킬 수 있는 방법을 활용하면
   최적 각성 지점을 찾는 데 도움이 된다.

■ 긍정적인 마음가짐은 몰입을 경험할 가능성을 높인다.

■ 성공할 수 있는 계획을 세우자.
   정해진 절차를 마련해서 따르고, 스스로에게 좋은 말을 건네고, 현 순간에
   집중하고 해결책을 찾는 데 주력하는 한편 필요하면 귀인 재훈련을 실시한다.

■ 갑작스러운 방해 요소가 나타나 몰입이 깨지더라도 다시 회복할 수 있다.
   긍정적으로 생각하고 해결해야 하는 과제에 초점을 맞추면 다시 몰입하게 될
   가능성이 크다.

8장
몰입의 한계

토드 윌리엄스는 1996년 애틀랜타 올림픽에서 생애 최고의 결과를 얻게 될 것을 예감했다. 스물여섯 살이던 그가 지난 1년 간 숨쉬고, 먹고, 자는 것 외에 한 일이라곤 10,000미터 경기를 준비한 것이 전부였다. 경기는 윌리엄스가 제2의 고향으로 여기던 테네시주 녹스빌과 가까운 곳에서 열렸다. 당시 장거리달리기 종목에서 미국이 메달 획득에 가장 큰 희망을 걸었던 선수는 바로 윌리엄스였다. 만약의 경우를 대비하여 목표를 낮게 잡아 성공 확률을 높일 수도 있었지만, 윌리엄스는 그런 가능성을 아예 떠올리지도 않았다.

목표를 이루기 위해 윌리엄스는 모든 생활을 잘게 쪼개고 매주 13회씩 훈련을 실시했다. 웨이트 트레이닝은 별도였다. 그리고 일주일 내내 매일 윗몸일으키기 500회, 팔굽혀펴기 500회를 실시했다. 식단도 달리는 거리를 측정할 때만큼이나 정확하게 열량을 따져가면서 먹었다. 그야말로 사활을 건 것처럼 달리기는 그의 삶이자 열정이고, 악착같이 덤비는 대상이었다.

윌리엄스는 그보다 4년 앞서 바르셀로나 올림픽 대표선수로 출전할 자격을 얻었다. 누구도 예측하지 못했던 테네시 대학교 출신 선수가 대표로 뽑힌 것이다. 당시 바르셀로나 올림픽은 마이클 조던과 래리 버드, 매직 존슨 같은 미국 프로농구NBA 스타들로 구성된 농구팀이 '드림팀'이라 불리며 세간의 관심을 독차지했다. 이들의 엄청난 재능과 자질은 전 세계인의 마음을 사로잡았다. 윌리엄스도 금메달을 놓고 벌어진 올림픽 농구 결승전을 직접 관람했다. 어떤 경기에서든 탁월한 기량을 선보였던 피트 샘프라스가 출전한 테니스 결승전도 지켜보았다. 위대한 선수들의 활약을 온몸으로 체감하고 큰 영감을 받은 윌리엄스는 올림픽 10,000미터 결승에서 10위로 들어와 전문가들을 놀라게 했다. "금메달에 성큼 다가간 기분이었어요." 윌리엄스는 이렇게 회상했다.

1995년이 되자 그 기분은 최고조에 달했다. 그해 윌리엄스는 잭슨빌 게이트 리버 런 대회에 출전하여 15,000미터를 42분 22초에 달리고 북미 최고기록을 갱신하는 최고의 성적을 거두었다. 1993년 하프 마라톤 대회에서 1시간 11초라는 놀라운 성적을 거둔 것이 그 예고편이었다. 이 성적은 당시 미국에서 두 번째로 빠른 기록이었다. 트랙에서도 개인 최고기록이 10,000미터는 27분 31초, 3.2킬로미터는 8분 14초로 엄청난 수준이었다. 이 같은 성적은 윌리엄스를 향한 기대를 한층 더 높였다.

윌리엄스는 이렇게 설명했다. "인터넷이나 소셜 미디어가 없던 시절의 육상경기는 지금과 많이 달랐습니다. 그래도 〈트랙 앤 필드 뉴스Track and Field News〉 같은 언론에서 오로지 메달 이야기만 하는 건 똑같았어요. 모든 사람이 이렇게 말하는 것 같았죠. '토드가 금메달을 딸 거야. 금메달을 못 따면 토드는 실패한 거지, 뭐.'"

이런 외적 압박에 윌리엄스는 큰 부담을 느꼈다. 결국 양적으로나 강도 면에서 과도한 훈련이 이어졌고, 천골이 골절되는 사고가 발생했다. 그동안 윌리엄스가 달린 총 거리는 112,654킬로미터로 추정되는데, 그중 80,467킬로미터는 1킬로미터당 속도가 4분을 넘지 않았다. 1995년 가을에는 골절로 인해 더 이상 달리기를 할 수가 없었다. 그럼에도 윌리엄스는 물러서지 않고 광적인 강도로 교차 훈련을 이어갔다. 팔 운동 기구인 암 바이크로 2시간을 운동하고, 수영장에서 수중 달리기 훈련을 실시했다. 그렇게 체력을 유지한 끝에 펄펄 끓는 애틀랜타의 폭염 속에서 치러진 10,000미터 미국 대표선수 신발전에서 올림픽 줄전 자격을 따냈다. 그러나 온 나라가 거는 기대는 엄청난 스트레스가 되어 다시 그를 쓰러뜨렸다.

"그래도 운동이 좋았습니다. 그렇지 않다면 매일 달릴 수가 없었겠지요. 하지만 고등학교나 대학 시절과 비교하면 분명 달랐어요. 엘리트 선수를 향한 기대는 우승을 못하면 실패했다고 여기는 수준이에요. 그런 기대를 안고 올림픽 대표가 되면……." 윌리엄스는 말을 잠깐 멈추더니, 당시 일들이 떠오르는 듯 갑자기 웃음을 터뜨리며 말을 이었다. "이런 심정이 되더군요. '이제 그만 좀 해요, 이건 올림픽이잖아요!'"

하지만 이런 기분은 너무 빨리 소진되어버렸다. 올림픽 10,000미터 준결승전 경기장에 들어와 출발선에 섰을 때부터 이미 그는 육체적으로나 정신적으로 녹초가 된 상태였다. 출발 직후부터 온 힘을 다해 달려야만 했다. 할 수 있는 모든 노력을 다해서 애를 썼지만 14바퀴를 돌고 난 후 선두 그룹과 멀어진 윌리엄스는 결국 결승 자격이 주어지는 8위권 내에 진입하지 못했다. 크게 낙심한 나머지 트랙을 벗어난 그는 그동안 출전한 가장 큰 대회에서 'DNF완주하지 않음'라는 기록을 얻었다.

"경기장을 나오면서 주먹으로 벽을 마구 때리며 울었던 기억이 나요. 정말 힘들었습니다. 당시 함께 훈련했던 브라운 코치는 올림픽 선수촌으로 돌아오는 차 안에서 앞으로 힘든 시간이 될 거라고 했죠. 그리고 늘 그랬듯 다시 돌아오게 될 거라고도 했어요."

윌리엄스는 일생일대의 대회를 위해 모든 것을 다 바쳐서 준비했다고 생각했다. '빠져드는 순간', 즉 몰입에 대해서도 잘 알고 있었다. 15,000미터 미국 최고기록을 세우고도 마치 공원에 산책이라도 다녀온 기분이었던, 바로 그런 상태를 가리킨다는 것을 말이다. 명확한 목표도 있었고, 그가 가진 재능은 그 목표를 충분히 현실적이라 여길 수 있을 만한 수준이었다. 훈련도 순탄하게 진행됐고 준비차원에서 출전했던 다른 경기들도 마찬가지로 별 탈 없이 지나갔다. 천골 부상이 있었지만 올림픽 대표 선발전에 나갈 만큼 거뜬히 이겨냈으니 문제가 될 것도 없었다. 게다가 열정도 있었다. 이렇게 따져보면 윌리엄스가 제대로 준비를 안 했다고 여길 만한 구석은 하나도 찾을 수가 없는데 대체 무엇이 잘못되었던 걸까?

하지만 그는 애틀랜타 올림픽에서 몰입하지 못했다. 사실 그 경기는 사상 최악의 경기였다. 달리기 선수라면 누구나 가장 절실한 순간 몰입하기를 소망하지만, 몰입의 본질을 고려하면 그것은 위험한 생각이다. 이 책을 쭉 읽어온 독자들은 이미 간파했겠지만, 몰입은 원한다고 나타나는 현상이 아니다. 통제가 불가능한 이 특성은 큰 놀라움과 좌절감을 동시에 안겨준다.

하지만 몰입하지 않아도 기회는 있다. 힘든 경험에서 교훈을 얻고 성장하는 것은 달리기나 일반적인 개인의 삶에서 중요한 일이다. 힘든 일이 생기면 열정과 성격이 비로소 본모습을 드러내고, 목표와 기량, 의욕을 새로운 관점에서 다시 평가할 수 있는 기회가 생긴다. 이번 장에서는 몰입하지 못하게 되는 상황을 여러 가지 시나리오를 통해 살펴볼 예정이다. 또한 몰입의 한계와 몰입이 신체적, 정신적 훈련에 어떤 영향을 줄 수 있는지도 함께 알아본다. 그리고 마지막으로 실망스러운 결과를 어떻게 성장의 기회로 탈바꿈할 수 있는지 설명한다. 달리기나 경기를 위해 아무리 많은 것을 투자해도 새로운 해결 과제와 목표는 항상 나타나게 마련이다.

몰입이 안 되는 상황

화창한 봄날 아침에 큰 경기를 앞둔 선수나 좋은 친구와 세 시간 동안 산길을 달리는 사람이나 모두 마찬가지다. 모든 조건이 완벽하게 갖추어졌다고 가정해보자. 다리는 가볍고 활력이 넘쳐서 오늘 달리기는 마법처럼 흘러갈 것 같은 예감이 든다. 마치 자신이 연기처럼 사라져서 달리기가 인도하는 대로, 정신이 신성한 어떤 장소에 이를 것만 같다.

그런데 영 이상하다. 다리가 모래주머니라도 찬 것처럼 무겁고 회사에 두고 온 각종 일감이 자꾸 머릿속을 맴돈다. GPS 정보가 알려주는 거리가 조금이라도 더 늘어나 있길 바라는 심정으로 1킬로미터를 지날 때마다 시계를 흘깃댄다. 분명 눈부시게 멋진 순간이 기다릴 줄 알았다. 내딛는 발걸음 하나하나가 만족스러운 그런 순간. 하지만 그런 일은 일어나지 않았다. 절망적이다. 몰입과 정반대 상황이 아닌가.

가장 뛰어난 선수일지라도 원한다고 해서 마음대로 몰입할 수는 없다. 유능한 스포츠심리학자도 그런 일은 해낼 수 없다. 아무 이유 없이 몰입을 못하는 경우도 있고 개개인의 행동과 생각이 몰입을 방해하는 경우도 있다. 아래에 스스로가 몰입과 멀어지게 만드는 네 가지 사례를 소개한다.

시나리오 1 달리기는 내 인생이다. 내 모든 것을 걸고 달리기를 하고 있다. 훈련이 잘될 때, 또는 크게 힘들지 않은 경기에서 가끔 몰입을 경험한다. 하지만 정작 몰입이 가장 간절한 경기에서는 태어나 가장 힘들었다는 기분으로 경기를 마치곤 한다. 그럴 때는 제대로 달리지 못했다는 생각이 들어서 나 자신이 쓸모없는 존재처럼 느껴진다. 달리기에 모든 것을 걸었는데 이 정도밖에 못했다는 마음이 솟구친다. 하지만 나는 실패했다고 생각하지 않는다.

몰입 경험은 여러 가지 변수가 종합적으로 작용할 때 찾아온다. 그 변수들 가운데 가장 중요한 것은 열정이다. 토드 윌리엄스가 달리기를 무척 좋아한다는 사실이나 매주 193킬로미터씩 달렸다는 점, 습도 높은 테네시주에서 장시간 훈련을 이어왔다는 점은 분명하다. 장거리달리기나 큰 경기에서 성공적인 결과를 거두면 엔도르핀이 샘솟는다는 것도 느꼈다. 이 모든 것이 윌리엄스에게는 몰입으로 향하는 자원이 되었다.

훌륭한 고등학생 선수에서 엘리트 프로 선수로 성장하면서 이 열정은 그가 감당해야 하는 대가가 되었다. 압박이 심해지고, 윌리엄스 자신의 가능성에서 비롯된 것이 아니라 다른 사람들의 기대에 맞춰야 한다는 부담으로 인해 목표가 바뀌었다. 더욱 세심하고 꼼꼼해졌고, 스포츠가 삶을 장악하는 수준에 이르렀다.

"집착한 것 같아요. 1분, 1초도 놓치지 않고 어떻게 하면 가장 빨리 달릴 수 있을까만 생각했어요. (훈련 강도가 한창 높았던 시절에는) 사람들에게 어느 정도는 집착할 필요가 있고 좀 미쳐 있어야 가장 좋은 성과를 올릴 수 있다고 조언하곤 했습니다. 동의하지 않는 사람도 있었겠지만, 저는 그런 생각으로 매일 계획을 세웠어요. 아침에 일어나 바로 팔굽혀펴기와 윗몸일으키기를 하고, 그게 끝나면 아침 달리기를 하고, 1년 내내 매주 몇 칼로리를 먹었는지 계산했죠. 그리고 매주 달리기 훈련을 13회씩 이어갔어요. 역기도 들었죠. 네, 그건 집착이었어요."

1년, 또 1년, 그렇게 이를 악물고 훈련에 매진할 수 있었던 것은 내면 깊은 곳에서 타오른 열정 때문이었다. 그 불길이 달리기라는 행위 자체를 사랑하고, 주어진 과제에 몰두하고, 다양한 피드백을 확인하는 한편 자신의 잠재력을 최대한 발휘할 수 있도록 도전하는 불씨가 된다면 도움이 될 것이다. 그러나 외적인 보상이나 다른 사람들의 기대를 충족시켜야 한다는 생각처럼 다른 동기에서 그 불길이 시작됐다면 자신을 강하게 밀어붙이는 압박이 될 수 있다. 태어나 가장 큰 경기에 출전했지만 몰입을 한 순간도 경험하지 못했다면, 그 경기를 무엇보다 고대하면서 준비하고도 출발할 때부터 정신이 다 소진된 기분이 들고 결승선에 들어서기도 전에 육체적으로도 녹초가 되었다면, 조화로운 열정이 아닌 집착에서 비롯된 열정 때문에 벌어진 결과라고도 해석할 수 있다.

이 두 가지 열정은 표면상 비슷한 부분이 많다. 포괄적으로 정의하면, 열정이란 좋아하거나 사랑하는 일 중 가치 있다고 생각하는 활동에 참여해 상당한 시간과 에너지를 쏟는 것을 의미한다Mageau et al., 2009. 우리는 재미있게 할 수 있는 가벼운 일들이 아니라 정서적인 에너지를 쏟아야 하는 일에 열정을 기울인다. 주어진 과제에 가진 에너지를 전부 다 쏟을 수 있는지 여부는 장기적인 관점에서 몰입 가능성을 좌우한다.

조화로운 열정harmonious passion은 어떤 행위에 자율적으로 참여할 때, 즉 원해서 할 때 생겨난다. 이 책 앞부분에서 언급한 자기 목적성의 개념과도 매우 비슷하며, 특정 활동을 본질적으로 좋아할 때 이 같은 열정이 생긴다. 달리기의 경우에도 달리기를 좋아하기 때문에 훈련 방식을 관리하고 훈련을 실시한다. 코치를 따로 두거나 자신이 정한 훈련 계획을 소화하는 것은 그와 같은 훈련이 개인적인 달리기 목표를 달성하는 데 도움이 된다고 믿기 때문이다.

최근에 실시한 연구에서도 특정 활동을 자발적으로 시작하고 자유롭게 참여할 때 조화로운 열정이 나타나는 것으로 확인됐다. 그 결과 해당 활동은 참여자의 정체성을 이루는 중요한 부분이 되고, 더 넓게는 인생에 완전히 스며든다Mageau, Vallerand & Charest et al, 2009. 최선을 다하고 자신의 잠재력을 최대치로 끌어올리고 싶다는 의욕은 집착에서 나온 열정을 가진 사람들 못지않게 뜨겁지만 개방적이고 독자적인 성격상 어떤 결과가 나오든 덜 비판적으로 받아들인다.

집착에서 비롯된 열정obsessive passion은 이와 반대로 스스로 정한 방향과는 다른 길로 가야 하는 통제된 환경에서 생겨난다. 달리기 선수가 이 같은 열정을 보일 경우, 부모나 코치, 팬, 후원자의 요구로 (윌리엄스의 경우가 그랬다) 운동을 시작했을 가능성이 있다. 이런 경우 팀 동료나 친구들 때문에 운동을 해야 한다는 사회적 압박을 느낄 수도 있다. 따라서 특정 훈련이나 경기의 결과가 선수의 자존감과 완전히 하나로 묶여 있다. 미국의 경우 소위 헬리콥터 부모라 불리는 사람들이 장학금을 받고 대학에 다닐 수 있다는 이유로 자녀에게 억지로 운동을 시키는 경우가 많다. 그런 경우 이 시나리오대로 흘러가는 경우가 빈번하다. 애초에 미식축구나 축구, 야구, 달리기를 즐기지 않는 아이에게 운동을 시킨 다음 잠재력을 최대한 끌어내려고 엄청난 시간과 노력을 들이는 것이다.

윌리엄스도 스포츠 선수로서 가장 높은 수준에 이르렀을 때 그와 같은 압박을 느꼈다. 그동안 후원해준 업체가 자신의 명성을 높이는 데 큰 역할을 했으니 등골이 부러지더라도 업체가 제대로 투자했다고 생각하게끔 실력을 입증해 보여야 한다고 생각했다. 그러다 정말로 등골이 부러지고 말았다. 천골이 골절되고 회복된 후 애틀랜타 올림픽에 출전할 때 윌리엄스의 머릿속에는 금메달을 못 따면 끝이라는 생각밖에 없었다. 그 목표는 윌리엄스가 스스로 세운 것이 아니라 외부에서 유입되어 그의 마음속 기준으로 자리를 잡았다.

　달리기와 같은 활동을 집착에서 나온 열정으로 매진하면 결과를 흑백으로만 판단하게 된다. 외적인 목표 달성에 모든 에너지를 쏟느라 개인 생활이나 성적, 직업 활동은 추락하기 시작한다. 삶에 균형이 사라지고, 달리기 같은 특정 활동이 유일하게 중요한 일이 된다. 경기가 잘 풀리면 기뻐서 어쩔 줄 모르지만 반대의 경우엔 실의에 빠진다. 활동 자체보다 결과를 더 중요하게 여길 때 몰입을 경험할 가능성은 거의 없다. 훨씬 더 심각한 문제는, 이와 같은 사고방식이 활동을 끝낸 후에도 따라다닌다는 사실이다. 달려야 할 거리를 줄이고 경기력 향상을 핑계로 약을 먹고 섭식 장애를 겪으면서도 목표를 위해 필요한 일이라고 정당화한다. 그러나 결국 대부분 기대했던 결과를 얻지 못한다.

　중대한 경기를 앞두고 의욕이 활활 타오른다면 자신의 열정이 어디에서 시작되었는지 짚어볼 필요가 있다. 무엇이 동력으로 작용하는가? 달리기 자체를 좋아하고 자신의 한계를 넘어서는 일이 정말 좋아서 훈련을 하는가? 아니면 달리기를 해야 한다는 의무감과 완벽한 결과를 내지 못하면 사람들이 실망할 것 같아서 운동을 하는가? 열정의 방향이 지난 몇 년 사이에 바뀌진 않았는가? 이와 같은 질문을 스스로에게 던지고 진지하게 생각해보는 것만이 자신이 달리기를 통제하고 있는지, 달리기가 자신을 통제하고 있는지 확인할 수 있는 유일한 방법이다. 이와 같은 질문에 답하다 보면 무엇이 몰입 가능성을 높이는지 명확히 이해할 수 있으며, 건강하고 균형 잡힌 삶을 살 수 있게 된다.

시나리오 2 목표로 삼았던 경기가 얼마 전에 끝났다. 한마디로 재앙이었다. 내 실력에 자신이 있었고, 경기도 잘 풀릴 거라 확신했다. 그리고 몰입해서 달릴 수 있을 줄 알았다. 그런데 경쟁자들이 시작부터 나보다 한참 앞서서 달렸다. 나만 엄청 느리고 발이 푹푹 빠지는 늪 속에서 달리는 기분이었다. 말할 것도 없이 몰입은 경험하지 못했다. 가장 중요한 경쟁자들과 멀어진 뒤부터 집중을 할 수가 없었다. 뭔가 단단히 잘못된 것이 분명하다.

금세 달아나버리는 몰입의 특성상 필요할 때 억지로 몰입을 하는 건 매우 힘든 일이다. 몰입하고 싶다고 적극적으로 바랄수록 몰입을 경험할 가능성은 점점 더 낮아진다. 어떻게 하면 몰입을 할 수 있는지 고민하느라 에너지를 전부 소비하면 경기에 집중할 수 없다. 몰입은 역방향으로 흘러가지 않는다는 뜻이다.

지금 하는 일에 완전히 몰두하고 건전한 마음으로 임할 수 있게 되었다면, 그다음에 해야 할 일은 몰입의 시작점인 선행 단계를 살펴보는 것이다. 목표를 세우고, 기술을 키우고, 해결 과제를 찾고, 피드백을 해석하는 등 익숙하게 다가올 다음 절차를 차근차근 밟아나가야 한다. 선행 단계를 구성하는 각 변수를 잘못 해석하는 사람들도 있고, 외적인 요소가 끼어들어서 잘 세운 계획이 순식간에 엉망진창 틀어지기도 한다. 목표 지향적인 사람은 경기가 예상대로 풀리지 않아 계속 밀어붙여 봐야 헛된 노력이 될 가능성이 큰 상황에서도 계획을 쉽게 바꾸지 못한다.

스스로를 정직한 눈으로 바라보는 것은 좋은 출발점이 될 수 있다. 토드 윌리엄스는 훈련을 완벽하게 실시했고 정신 상태도 몰입을 경험하기 좋은 상황이었지만, 올림픽 금메달이라는 목표는 그가 가진 기량에 비해 조금 과한 목표였던 것 같다. 달리기 선수로 활동하면서 가장 뛰어난 기량을 선보였던 1995년에도 윌리엄스의 기록은 세계에서 17번째 수준에 그쳤다(그쳤다는 표현을 사용했지만, 결코 그를 무시하는 건 아니다). 올림픽 경기에 충분히 출전할 수 있는 선수라는 사실은 1993년과 1995년 세계육상선수권대회에서 각각 7위와 9위를 차지한 것으로 입증되었지만, 7위를 차지한 경기에서 금메달을 딴 선수와의 기록 격차는 45초 이상이었다. 세계 최고 기량을 가진 선수들 사이에서 이는 엄청난 차이이다.

자신의 기량을 정직하게 평가하려면 지난 몇 달 동안 어떻게 훈련했는지 돌아봐야 한다. 뒤를 돌아보면 현실을 더 또렷하게 볼 수 있다. 윌리엄스의 설명을 들어보자. "고등학교 시절 코치 선생님은 (경기에 나가기 전에) 훈련 기록에 담긴 그동안의 노력을 들여다봐야 한다고 늘 말씀하셨어요. 실패할까봐 겁내면, 그간의 힘든 노력이 기록에 다 나와 있으니 걱정할 필요가 없다고 하셨죠."

누적된 노력이 기대했던 결과로 이어진다면 윌리엄스가 전한 코치의 말이 와닿을 것이다. 하지만 기록을 보면서 자신의 체력을 과잉 해석하는 경우도 있다. 1킬로미터를 세 차례 달린 훈련에서 모두 4분대 기록을 유지했다고, 5킬로미터 경기에서도 그와 같은 속도가 나온다고 확신할 수는 없다. 경기 전에 휴식을 얼마나 취했는지, 또는 날씨와 그동안 실시한 운동량 등 다른 요소들도 모두 경기 당일의 결과에 영향을 준다. 훈련할 때 1킬로미터를 4분대 기록으로 달린 것을 토대로 경기 당일에 몰입해서 3분 40초대 기록을 세울 수 있으리라 예상한다면 몰입의 힘을 잘못 해석해 스스로 재앙을 초래하는 것이나 다름없다. 그래도 자신의 실력에 대한 판단이 틀리지 않다고 생각된다면 주변의 경쟁자들을 분석해보기 바란다. 경쟁자들이 저만큼 앞서서 달린다면 과연 훈련이나 재능 면에서 큰 차이가 있어서인지, 자신이 유독 컨디션이 안 좋아서 그런 것인지 잘 따져봐야 한다.

초보부터 프로 선수까지, 달리기를 하다 보면 누구나 컨디션이 안 좋을 때가 있다. 인생은 그렇게 가장 고심해서 세운 계획에 불쑥 훼방을 놓곤 한다. 잠자는 것만 해도 그렇다. 가족 문제나 처리해야 하는 업무, 사회생활 같은 요소들은 모두 숙면을 취하고 싶은 욕구를 억누르기 때문에, 달리기를 할 때 자신의 능력을 최대치로 발휘하지 못할 수 있다. 수면의 회복 기능에 관한 이론에 따르면 수면이 부족한 사람은 훈련 후 인체의 회복 능력과 인지 기능이 떨어져 효율적으로 달리기 어려운 상태가 된다. 또한 신경독소를 체외로 배출하는 기능도 약해진다. 그 결과 달린 시간이나 강도와 상관없이 달리기에 필요한 생리적, 심리적 기능이 저하된다Gallagher, 2013.

신경학자나 수면을 연구해온 학자 들은 잠이 면역 기능을 건강하게 유지하는 필수 요소라고 밝혔다. 수면은 집중력을 유지하고 기억을 명확하게 하나로 통합할 수 있도록 도와주며, 신체 기관에 활기를 불어넣고 뼈와 근육조직에 발생한 손상을 회복시킨다. 또한 뇌와 시냅스 간의 소통이 보다 원활히 이루어지도록 돕는다^{Frank, 2009}. 그러므로 잠이 부족하면 자신이 가진 기량을 온전히 발휘하지 못할 가능성이 크고, 몰입할 확률도 크게 떨어진다. 그런 날은 어깨를 축 늘어뜨린 채 울상으로 귀가하지 않기 위해 기대치를 조정해야 한다.

일정이 너무 빠듯하면 식단에도 영향을 줘서 필요한 영양을 제대로 섭취하지 못한다. 보통 일정이 바쁘면 식사는 간단히 해결한다. 자연 식품으로 구성된 식사 대신 패스트푸드나 고도로 가공된 식품을 먹게 되는 것이다. 이는 반드시 그에 상응하는 결과로 이어진다. 영양학적 차원에서 딱 하루를 엉망으로 보내면(즉 고도로 가공된 식품을 과식하거나 건강에 해로운 지방과 당류가 다량 함유된 식사를 하면) 생체 조직의 염증이 증가하고, 인지 기능이 저하하며, 혈당이 과도하게 증가한다는 연구 결과가 있다^{Gheewala & O'Keefe, 2008}. 모두 달리기에 악영향을 주는 요소다. 수분을 충분히 섭취하지 않거나 가당 음료를 많이 마시는 것 역시 비슷한 결과가 나온다.

위에서 제시한 문제가 자신과 무관하다면, 다른 선행 단계를 짚어보자. 출전하려는 경기가 지금까지 훈련해온 곳보다 지형적으로 더 힘든 곳일 수도 있다. 막상 경기가 시작되니 비슷한 속도로 달리는 사람이 없어서 소외된 기분을 느낄 수도 있다. 거리 표식이 잘못됐거나 무례한 관중을 만나 피드백이 제대로 수집되지 않을 수도 있고, 경기 환경을 고려하지 않아 처음부터 목표를 비현실적으로 잡았을 가능성도 있다. 시간을 충분히 들여서 선행 단계와 생활방식을 차근차근 평가해야 비로소 자신이 몰입하지 못하는 원인이 스스로 제어할 수 있는 문제에서 비롯한 것인지 그렇지 않은지 판단할 수 있다.

실패는 웃어넘겨라

당연한 일이지만, 1996년 올림픽 경기장을 빠져나올 때 토드 윌리엄스는 엄청난 실의에 빠져 있었다. 화도 나고 너무 부끄러워서 경기장을 쏜살같이 뛰쳐나갔다. 선수 생명도 끝난 것 같았다. 하지만 윌리엄스는 이듬해 여러 경기에 다시 출전해 미국 대표 자격을 얻었고, 처음으로 도전한 마라톤 경기를 2시간 11분이란 성공적인 기록으로 마쳤다.

몇 개월을 공들여 준비했던 경기를 불행히도 한순간에 날려버렸다면 어이가 없어서 웃음이 터질지도 모른다. 의사인 요아힘 스토버와 더크 잰선이 영국에서 실시한 연구 결과 실제로 그럴 수 있다는 사실이 확인됐다Stoeber & Janssen, 2011. 두 사람은 149명의 선수를 대상으로 연구를 진행하고, 유머와 **긍정적 재구성**positive reframing, 수용성을 발휘할 줄 아는 사람은 실망스러운 일을 잘 견딘다고 밝혔다. 반면 친구나 가족에게 울분을 터뜨리고 하던 일을 그만두거나 비난하는 사람은 결과에 자신의 책임도 있다는 사실을 부인하며 그로 인해 더 나쁜 결과를 얻는 것으로 나타났다.

유머가 실패에 대처하는 방법이 된다는 것은 흥미로운 일이다. 그러나 유머가 스트레스를 가라앉힌다는 것은 수십 년 전부터 학계에서 입증된 사실이다. 최근 한 연구에서는 말기 환자들을 자주 접하는 의사나 노인 등 모든 사람이 유머를 통해 자신이 처한 현실에 효과적으로 대처하는 법을 배울 수 있는 것으로 나타났다^{Williams,}²⁰¹¹. 자기 비하가 담긴 유머도 포함되기 때문에 자신을 과하게 깎아내리는 농담이 너무 빈번하지만 않다면, 치유 속도를 높일 수 있다.

엉망으로 끝난 경기 때문에 밀려든 실망감이 웃는다고 다 사라지지는 않겠지만, 웃음과 미소가 도움이 되는 건 분명하다.

시나리오 3 저는 정해진 절차를 따르는 것이 좋아요. 그래서 매달 장거리달리기부터 템포 런, 파틀렉 같은 조건화 운동이 포함된 훈련 일정을 세밀하게 수립합니다. 그렇게 하면 제 목표를 향해 꾸준히 다가갈 수 있죠. 기록이 점점 줄어드는 것을 보면 정말 뿌듯해요. 그걸 확인하면 또 의욕이 생기니까요. 하지만 몰입은 거의, 아니 한 번도 경험하지 못했습니다. 계획을 수립하고 훈련도 철저히 관리하는데, 왜 몰입하지 못할까요?

굉장히 체계적이고 정해진 절차를 좋아하는 사람들은 **A형 성격** type A personality에 해당된다. A형으로 분류되는 사람들은 시간을 엄수하고 경쟁심이 강하며 기술을 숙달하는 것보다 성과에 더 큰 가치를 두는 경우가 많다. 다시 말해 기술을 완전히 익혀 자기 것으로 만드는 것보다 그 활동을 잘 해내는 것을 중시한다. A형 성격인 사람이 몰입에 관해 알게 되면 그 현상을 경험하는 것 자체를 달리기의 목표로 삼을 가능성이 크다.

문제는 그러한 접근 방식이 오히려 악영향을 끼칠 수도 있다는 것이다. 늘 꼼꼼한 계획과 체계대로 살아온 사람에게 몰입은 반직관적인 일처럼 느껴진다. 세심하고 철저한 태도가 삶에 유리하게 작용하는 경우도 많지만, 몰입은 그렇지 않다. 오히려 정반대의 결과를 가져올 수 있다. 몰입은 어떤 활동에 열정적으로 임할 때 일어나는 결과이기 때문에, 몰입 자체가 열정적으로 추구할 대상이 되어서는 안 된다.

그래도 다행히 그런 세심한 태도가 도움이 되는 부분도 있다. 가장 중요한 장점은 A형 성격인 사람은 체력을 더 높은 수준으로 끌어올리기 위해 시간과 노력을 투자하는 경우가 많다는 사실이다. 이는 몰입 가능성을 키우는 요소로 작용한다. 신체적인 조건을 향상시키려면 여러 가지 훈련 이론을 참고하고 그와 같은 훈련법을 효과적으로 활용할 수 있도록 계획을 수립해줄 코치나 책을 찾아야 하는데, 이런 점은 이성적이고 빈틈없는 A형 성격에 유리한 부분이다.

그러나 꼼꼼한 성격과 신경증적인 태도는 구분해야 한다. 신경증적 경향을 보이는 사람은 비판이나 부정적인 피드백에 과잉 반응을 보인다. 불안에 떨고 우유부단하며 때때로 사회적인 관계를 잘 이어나가지 못하는 경우도 있다. 이와 같은 특징은 몰입에 방해가 된다. 꼼꼼하고 세심한 성격은 사소한 것도 놓치지 않고 만사가 질서정연하길 바라는데, 그러한 경향이 생활 전체를 지배하면 몰입을 방해하기 때문이다.

그러나 개인적인 성향도 약간은 바꿀 수 있다. A형 성격이 몰입을 경험하고 싶은 경우에는 자신의 강점을 활용하는 것이 좋다. 월별 훈련 계획을 세울 때 성과 목표에 초점을 맞추고, 그에 맞게 실력을 향상시킬 정해진 절차를 마련하자. 구체적인 목표를 세우고 달릴 때마다 세밀하게 계획해서 노력하면 목표와 달리기 모두에 집중할 수 있다. 이와 같은 목표 설정은 몰입 가능성을 키운다.

몰입을 자주 경험하지 못하더라도 진전 상황을 확인하는 과정에서 큰 만족감을 얻기도 한다. 전보다 나아졌다는 사실을 확인하면 만족감을 느끼게 마련이다. 달리기를 할 때마다 얼마나 발전했는지 확인하면, 달리기 자체에 그리 큰 즐거움을 느끼지 못하더라도 계속 달리고 싶은 의욕을 불어넣을 수 있다. 또한 달리는 시간이 늘어나거나 기록이 단축되는 등 자신이 이룬 성취에 집중하면 마음의 평화와 만족감이 찾아올 가능성도 커진다. 몰입을 향한 기대가 희미해졌음에도 충분히 즐거움을 느끼는 바로 그 순간, 마침내 몰입을 경험하고 깜짝 놀라게 될지도 모른다.

시나리오 4 몰입에 관한 글을 읽은 후 몰입하려고 계속 노력 중이다. 운동화 끈을 동여맬 때마다 기대감에 마음이 부풀어 오른다. 하지만 매번 아무 성과 없이 돌아온다. 달릴 때마다 몰입하려고 온 에너지를 집중하지만 아무 소용이 없다.

몰입의 가장 큰 장벽 중 하나가 순식간에 사라지는 특성이다. 간절히 바랄수록 손에 더 잡히지 않는다는 의미이다. 역설적이게도 몰입에 관해 생각하지 않을수록 의식 속에 몰입이 벌컥 들어설 가능성이 크다. 끈질긴 욕구는 기량을 향상시키려고 열심히 노력할 때도 내려놓기가 쉽지 않다. 하지만 연습하면 필요한 곳에 더 집중하는 법을 배울 수 있다. 일반 명상이나 마음챙김 명상과 같은 연습을 통해 현재 가장 중요한 일에 정신을 집중시킬 수 있다. 그러므로 몰입을 경험하고 싶다면 달리기를 할 때에는 달리기에만 집중하는 것이 좋다.

그러나 모든 일이 그렇듯 말보다 행동이 훨씬 더 어렵다. 몰입은 평화로우면서도 아주 신나는 경험이다. 사람들이 몰입을 경험하려고 하는 이유도, 몰입하면 기분이 너무 좋기 때문이다. 이것 역시 몰입의 역설적인 특징일 것이다. 다시 말해 몰입을 즐기게 해주는 요소는 대부분 이미 보유하고 있지만 이러한 요소들은 외부 환경에 큰 영향을 받는다. 자신의 생각과 주변 환경을 마음대로 통제할 수 있다는 기분이 들 때도 있지만, 반대로 머릿속 생각과 주변 환경 때문에 엉망진창이 된 것처럼 느껴질 때도 있다. 몰입하려면 통제 가능한 요소를 통제할 수 있어야 한다. 이는 곧 몰입의 선행 단계와 더불어 불안과 걱정, 그리고 몰입에 관한 생각을 모두 마음속에서 몰아내야 한다는 의미다.

특정 순간에 한정된 뇌 기능으로 정보를 처리해야 할 때, 특히 달리기처럼 운동피질이 크게 활성화된 상태에서 정보를 처리할 때에는 다음과 같은 선택이 필요하다. 지금 이 순간 외적 자극에 주목할 것인가, 아니면 초점의 방향을 내부로 돌릴 것인가? 결정은 보통 순식간에 무의식적으로 일어나, 그 순간에 개개인이 느끼는 경험을 좌우한다. 달리기를 하거나 대회에 출전할 때는 긍정적이고 수용적인 태도로 임하고 몰입해야 한다는 생각에서 벗어나야 달리기를 더욱 즐기게 되고 몰입을 경험할 확률도 커진다.

몰입의 실상

토드 윌리엄스가 10,000미터 예선전에서 얼마나 흡족한 기분을 느꼈을지 상상해보자. 윌리엄스는 그 경기에서 8위를 차지해 결승에 한걸음 가까이 다가갔다. 예선전은 환한 불빛 아래, 황금 시간대를 맞아 10억여 명이 텔레비전으로 지켜보는 가운데 진행됐다. 경기 중에 윌리엄스가 몰입을 경험했다면 어떤 기분이었을까? 다리가 가볍고 집중력은 한 치도 흐트러지지 않아 매 바퀴마다 더욱 빨라진 기분으로 나는 듯이 달렸으리라. 하일레 게브르셀라시에와 폴 터갓 등 전설이라 불리는 위대한 선수들과 함께 달리고 있지만 전혀 위협을 느끼지 못한다. 경기에만 집중해서 두려움이 파고들 공간이 없기 때문이다(물론 열심히 움직이는 근육에 더 많은 혈액을 공급하기 위해 전전두피질의 활성이 약화되어 그런 생각을 할 여유조차 없다). 설령 피로감이 느껴질지라도 머릿속에서 그만큼 애쓰고 빨리 달렸다는 신호로만 해석할 뿐, 근육이 지쳤다는 의미로는 받아들이지 않는다.

실제로 윌리엄스가 이와 같은 몰입을 경험했다면 무조건 금메달을 따지 않았을까?

결론부터 말하면, 그렇지 않을 수도 있다.

몰입의 기능은 여러 가지다. 달리기를 하면서 더 큰 즐거움을 느끼게 할 수도 있고, 정신을 흐트러뜨리는 요소를 걸러내 집중력을 높이는 동시에 행동과 인식을 하나로 통합해 기량을 향상시킬 수도 있다. 산길이나 트랙, 러닝머신으로 돌아오게 만드는 것도 몰입이다. 몰입은 3시간을 달리고도 30분 달린 것 같은 기분을 선사하기도 한다. 그리고 피와 땀, 눈물로 일군 생애 최고의 순간을 다시금 상기시킨다. 몰입을 경험하면, 다시 몰입하고 싶은 마음에 해가 뜨기도 전에 자리를 박차고 나서게 된다. 이 모든 것은 몰입 때문에 가능하며, 더 많은 일이 가능해질 수도 있다. 그러나 마찬가지로 몰입이 '할 수 없는' 일들도 많다.

몰입한다고 해서 그동안 달리기를 하면서 얻은 속도와 체력, 기술이 마법처럼 확 좋아지지 않는다. 그와 같은 부분은 모두 열심히 훈련하면 향상시킬 수 있다. 몰입한다고 해서 반드시 선두 그룹에 들 수 있는 것도 아니다. 선두로 달리는 것 역시 노력과 인내를 통해야지만 얻을 수 있는 결과다. 몰입은 속도 조절 전략이나 달리는 자세를 바꿔주지도 않는다. 이는 달리기라는 스포츠와 자기 자신을 연구해야 가능한 일이다. 또한 몰입은 지름길이 될 수 없다. 몰입은 올바른 방식대로 장기간 헌신적으로 노력할 때 그 결과이자 보상으로 얻는 것이기 때문이다.

때로는 정말 기적 같은 일이 일어나, 사람들은 몰입 때문에 그런 일이 가능하다고 생각한다. 1997년 마이클 조던이 이른바 '독감 경기'를 펼쳤던 일을 아직도 이야기하는 사람들이 있다. 마이클 조던은 당시 열이 39.4도까지 올라 어지럼증에 오한, 구토 증상까지 보였지만, 이를 견뎌내고 활약해 NBA 결승전에서 시카고 불스에 막판 승리를 안겨주었다. 경기 전까지 이틀을 내리 호텔 방에 쓰러져 있다가 경기 시작 1시간을 앞두고 겨우 도착한 조던은 경기장에 들어와서도 라커룸 구석의 불빛이 들지 않는 컴컴한 공간에 숨어 있었다. 기력이 바닥까지 떨어졌고, 세계에서 가장 큰 경기에서 질 수도 있다는 두려움에 사로잡혔다. 그럼에도 그는 생애 최고의 경기를 펼친 것이다.

조던은 엄청난 경쟁심에서 나온 의욕으로 경기 매 순간 완전히 몰두한 덕분에 몸에 발생한 심각한 문제를 이겨낼 수 있었다. 당시 경기에서 호루라기 소리가 울려퍼지고 경기가 잠시 중단될 때마다 조던은 자리에 털썩 주저앉았다. 땀이 온몸에서 비 오듯 쏟아지고 눈은 시뻘겋게 번들거렸다. 똑바로 서는 것조차 힘들어 보이는 순간도 있었다. 그래도 경기가 재개되면, 다시 모든 정신은 경기로 집중됐다. 의구심이나 자기혐오가 들어설 여유가 없었다. 48분간의 경기 외에 다른 건 중요치 않았다. 그날, 조던은 37점을 득점했다.

조던의 성과는 분명 영웅적이고 예상을 뛰어넘은 일이지만, 절대 불가능한 일이 아니다. 그 경기에서 조던은 최고의 선수였고, 그는 항상 그런 활약을 펼쳤다. 대부분의 선수가 조던과 같은 상태로 경기를 뛸 수 없다는 것도 사실이다. 하지만 마찬가지로 대부분의 선수는 애당초 조던과 같은 기술(신체적, 정신적 기술 모두)을 갖추지 않았다. 조던은 몰입을 통해 가장 필요할 때 자신이 할 수 있는 가장 큰 노력을 쏟아낼 수 있었다. 동시에 가장 뛰어난 재능을 발휘했지만, 누구보다 많이 노력했을 것이다.

윌리엄스의 훈련 원칙도 그에 못지않게 인상적이다. 세심하고 꼼꼼하게, 같은 종목 선수들 중 누구도 상상하지 못한 수준에 오르기 위해 스스로 박차를 가했다. 그러나 세계 최고의 선수들에 비하면 유전적 한계가 약간 많은 편이었고, 따라서 올림픽 금메달은 그에게 있어 처음부터 비현실적인 꿈이었다.

윌리엄스는 이렇게 설명한다. "마음속에 실패할 수밖에 없는 계획이 자리잡으면 엄청난 힘을 발휘합니다. 엘리트 선수들의 심리를 들여다보면, 지난 시간을 돌아보고 '아아, 더 잘할 수 있었는데 그러지 못했어'라고 착각하는 사람들이 많아요. 저도 거짓말을 했습니다. 지난 일들을 돌아보면서 '그래, 나는 10만 킬로미터나 뛰었고, 대부분 기록도 좋았어'라고 말이죠. 제 능력이 닿는 한 가장 빠른 속도로 달리려면 정말 많은 노력이 필요했어요. 그래도 전 뭐든지 다 해낼 수 있을 줄 알았습니다."

몰입은 독특한 방식으로 멋진 경험을 선사하기도 하지만, 몰입하지 않았다고 해서 잠재력을 발휘하지 못하는 것은 아니다. 몰입은 용기를 북돋아주고 노력과 피로감을 다르게 인식하도록 함으로써 성과를 향상시킨다. 훌륭한 경기의 상당수는 고통 속에서 그와 같은 결과를 얻는다. 수년간의 고된 노력과 열정, 성공하고 말겠다는 굳건한 의욕이 합쳐질 때 비로소 최고의 성과를 거둘 수 있다.

"경기 중에 몰입한 횟수는 손에 꼽을 수 있어요. 나머지는 정말 말도 못하게 힘들었습니다." 윌리엄스의 고백이다.

있는 그대로 받아들일 것

수수께끼처럼 알 수가 없고 역설적인데, 우리는 왜 자꾸 몰입할 방법을 찾게 될까? 공자와 소크라테스가 살던 시대부터 철학자들은 즐거움과 참여, 경험의 가치를 숙고해왔다. '나무를 하고 물을 길어오라'는 철학자들의 권고도 여기에서 나왔다. 심리학자들은 인생에서 가장 위대한 순간은 예기치 못할 때, 되돌려받기를 기대하지 않고 해야 할 일을 할 때 찾아온다고 주장해왔다.

몰입은 형체 없는 유령과도 같지만 경험하고 나면 삶이 더욱 완전해지는 기분이 든다. 그래서 사람들은 이 알쏭달쏭한 경험을 적극적으로 찾아다닌다. 현재를 살아갈 수 있게 되면 과거나 미래가 아닌 바로 지금 일어나는 일에 신경을 쓰게 된다. (적어도 얼마간은) 후회와 걱정이 사라지고 몸과 마음이 완벽히 조화를 이룬다. 그렇게 책이나 대화, 등산, 달리기에 푹 빠져드는 것이다. 그 순간이 지나간 뒤 돌아보면 "그래, 이게 사는 거구나"라는 감탄이 절로 나온다.

특별한 약을 먹거나 12단계쯤으로 구성된 프로그램을 따른다고 해서 절대 몰입을 경험할 거라 보장할 수는 없다. 아무것도 보장할 수 없다는 점이 몰입의 매력인지도 모른다. 자진해서 기꺼이 열심히 노력하고, 목표를 세우고, 집중력을 유지하고, 까다로운 일에 도전하면 긍정적인 변화가 일어나 더 나은 존재가 되도록 자신을 이끌어줄 것이다.

몰입은 결코 목표가 될 수 없다. 몰입은 오로지 결과여야 한다. 달리기를 하는 사람은 달리기가 삶의 중요한 부분을 차지하고 존중과 위엄이 있는 태도로 달리기를 대할 때 몰입할 수 있다. 최고로 훌륭한 달리기를 해내기 위해 목표를 정하면 그 과정에서 몰입을 경험할 확률도 높아진다. 몰입 경험은 아름다울 뿐 아니라 큰 의욕을 불어넣는다. 충분한 시간을 들여 몰입이 어떻게 이루어지는지 제대로 이해해보려 노력한다면, 달리기 같은 스포츠를 넘어 인생을 더 충만하게, 온전히 경험할 수 있게 된다.

몰입이 안 될 때 도움이 되는 법

• '달리기 일기'를 쓰자

훈련 기록보다 더 상세하게 달리기 일기를 쓰면 특정 경기를 훨씬 자세히 점검할 수 있다. 훈련 기록에는 보통 달린 거리와 시간, 속도와 함께 달린 코스나 운동 파트너에 관한 정보를 기입한다. 그러나 달리기 일기에서는 핵심을 좀 더 파고들 수 있다. 달리기 전에 어떤 기분이었는지, 달리기가 어떻게 진행됐는지, 1부터 10까지 범위에서 점수를 매긴다면 몇 점인지 등을 기록한다. 그런 다음 세로로 선을 그어 자신이 통제할 수 있다고 느낀 것과 그럴 수 없다고 판단한 것들을 목록으로 정리해보자. 단, 솔직해야 한다. 이 일기는 오직 자신만을 위해 쓰는 것임을 잊지 말자. 어떤 요소가 영향을 주는지 시간을 두고 고민하다 보면 실수를 바로잡을 수 있는 가장 효과적인 방안을 찾을 뿐더러 몰입 기회도 커진다.

• 맨몸으로 달려라

달리기를 하는 사람은 누구나 가끔 맨몸으로 달릴 필요가 있다. 여기서 '맨몸'이란 옷을 벗으라는 말이 아니라, 시계 없이 달리라는 뜻이다. 이렇게 달리면 훈련 기록을 정확하게 작성할 수 없을 뿐더러 너무 빨리 달리거나 너무 느리게 뛸 수도 있다. 그럼에도 가끔은 시계를 놓고 달려봐야 한다. 시계 없이 달리면(혹은 자동으로 울리는 경고음만이라도 꺼두면) 아무것도 판단하지 않고 달릴 수 있다. 속도를 모르는 채로 달리면 아주 잘 달렸다거나 엉망으로 달렸다고 평가를 내릴 수가 없다. 그저 달릴 뿐이다. '전지전능한' 시계가 알려주는 평가 결과가 사라지면, 자유롭게 달리고 내적 신호에 귀를 기울여 얼마나 더 노력해야 하는지 조절할 수 있고 외적 정보를 받아들여 즐거움을 만끽할 수 있다. 자연이 건네는 흥미로운 신호를 해석하려 들지 말고, 그저 기분 좋은 느낌만 받아들이면 된다. 물론 최고 기록 갱신에는 도움이 되지 않겠지만, 자신이 어떻게 달리는지 어느 정도 분별력을 얻을 수 있다.

• 웃어라

이 책을 집필하면서 접한 수많은 연구 결과 가운데 필자들을 행복하게 만든 내용이 바로 이것이다. 웃으면 스트레스가 줄고 엔도르핀과 세로토닌이 분비되며 혈압이 낮아지고 불안감도 줄어든다. 미소는 성별이 다른 상대에게 매력적으로 어필하는 요소이기도 하다. 미소와 관련된 연구 결과 중 가장 인상적인 내용은, 마음이 정말로 행복하건 슬프건 웃음의 영향은 똑같았다는 점이다Kraft & Pressman, 2012. 볼과 눈, 입을 모두 동원하는 진짜 미소이기만 하면 된다. 달리기가 잘 끝나면 얼굴에 미소가 저절로 떠오를 것이다. 지금부터는 달리기가 잘 풀리지 않더라도 웃어보자. 몰입을 경험할 수는 없어도 속상한 마음을 훨씬 더 빨리 극복할 수 있을 것이다.

핵심 요약

■ 가장 위대한 달리기 선수일지라도 자신이 원할 때 몰입할 수는 없다.

■ 조화로운 열정으로 달릴 때는 집착에서 나온 열정으로 달릴 때보다
  몰입을 경험할 가능성이 더 크다.

■ 몰입을 경험하고 싶다면 자신의 기량을 정직하게 평가해야 한다.
  그렇지 않으면 해결 과제와 기술의 적절한 균형을 찾을 수 없다.

■ 피드백에 문제가 생기면 성과에 영향이 발생하고, 이는 몰입을 방해할 수 있다.

■ 웃음과 긍정적 재구성은 장기적으로 힘든 도전과 실망감을 이겨내는 데
  도움이 된다.

■ 성과 지향적인 태도 대신 기술을 마스터한다는 목표를 향해 연습하면,
  몰입을 경험할 가능성도 커지고 달리기와 함께하는 삶 전체를 더 즐길 수 있다.

■ 몰입은 최고의 성과를 거두는 데 도움이 되지만, 신체적으로 가능한 수준을
  넘어서는 성과를 억지로 만들어낼 수는 없다. 몰입은 마법이 아니다.

■ 몰입은 쉽게 경험할 수 없다. 몰입에 몰두할수록 경험 가능성은 작아진다.
  몰입은 놀랍고 멋진 결과일 뿐, 몰입 자체는 목표가 될 수 없다.

9장
몰입과 함께하는 삶

    콜로라도주 체리 크릭에서 고등학교 심리학 교사로 일하던 시절, 팀 카탈라노는 세상이 바뀌는 경험을 했다. 카탈라노는 자신의 수업에서 기억과 인지 기능에 관한 신경과학적인 내용을 주로 다뤘다. 카탈라노에게 이와 같은 주제는 존재론적 질문을 풀기 위한 과정처럼 다가왔다. '인간은 자신이 소유한 뇌일 뿐인가? 아니면 두개골 안에서 일어나는 일련의 전기화학적 반응을 넘어선 거대한 존재인가?' 그는 나름의 답을 찾았다. "저는 결론에 다다랐습니다. 확신할 수는 없었지만 말이죠. 자기 자신을 깊이 들여다보면, 유전적인 요소와 경험이 한데 뭉쳐 일체화되어 있음을 알 수 있습니다."

    이 결론을 토대로 카탈라노는 간단한 실험을 실시했다. 자신이 맡은 학급의 학생들에게 작년 한 해 가운데 기억할 수 있는 날이 며칠이나 되는지 질문한 것이다. 특정한 자극이 주어지지 않았을 때 대부분의 학생들이 상세히 기억하는 날은 20~25일에 그쳤다(자극이 주어지면 이 숫자는 100~120일로 껑충 뛰었다). 기억을 되살리게 하는 일들은 생일, 죽음, 관계를 새로 맺거나 끝냈던 날, 친구들과 함께 보낸 잊지 못할 밤 등 극단적이고 무작위적인 경향을 나타냈다.

카탈라노는 이렇게 분석했다. "이게 사실이라면, 우리가 태양 주변을 여행할 때 특별한 자극 없이는 1년에 겨우 20일 정도만 기억한다는 것을 알 수 있습니다. 나머지 날들은 살지도 않은 것이 됩니다. 그래서 저는 사람들에게 최대한 많은 기억을 만드는 것을 인생의 목표로 삼으라고 늘 이야기합니다. '우아' 하고 놀랄 만한 일, 그래서 오래 기억에 남을 일들을 많이 만들라고 말이죠. 그것이 삶입니다. 그저 편안하게 지내고 같은 일상이 매일 반복되면 하루가 가고 또 다음 날이 와도 바뀌는 건 거의 없어요. 그렇게 살면 기억할 만한 일이 어쩌다 우연히 생깁니다. 그렇다면 이런 질문을 던질 수 있어요. '기억으로 남을 만한 일을 직접 만들려면 어떻게 해야 할까?'"

학생들 앞에 서 있던 그때, 카탈라노는 지금의 자신 역시 원하는 대로 살고 있지 않다는 사실을 깨달았다. 콜로라도 대학교의 엘리트 달리기 선수 출신인 카탈라노는 크로스컨트리에 깊이 발을 담갔었다. 이후 심리학 석사 학위를 취득하고 학생들에게 심리학을 가르치며 안정감을 느꼈지만, 자신의 커리어가 충분히 예측 가능한 길을 따라가고 있음을 인지한 것이다. 그의 인생은 학생들을 가르치거나 코치로 활동하며 흘러간 지난 20년의 세월처럼 그대로 흘러서 은퇴하고 천천히 석양을 향해 나아가리라고 말이다.

"그래서 저는 온두라스로 떠났습니다. 그때만 해도 중앙아메리카의 가난한 나라로 가서 작고 허름한 집, 지저분한 환경 속에 살게 되리라 생각했어요. 하지만 실제로 가보니 예상보다 훨씬 더 좋더군

팀 카탈라노의 인생 목표는 최대한 많은 기억을 만드는 것이다. 사진은 베트남 시절의 모습이다.

요. 설사 제 예상과 같은 환경이었다고 해도 전 감내할 준비가 되어 있었어요. 2년 정도는 견딜 수 있을 거라 생각했거든요."

체류 기간도 예정보다 길어졌다. 낯선 나라에서 살아보는 짜릿한 기분, 새로운 언어를 배우고 평생 한 번도 시도해보지 않은 방식으로 스스로의 한계를 넘어보는 일이 카탈라노에게는 계속 빠져들 만큼 즐거운 경험이었다. 처음에는 두바이에서 교사로 일했고, 상류층 고객을 대상으로 다양한 체험 활동을 제공했다. 그 과정에서 아틀란티스 호텔에 머물던 여러 왕족들과도 친분을 쌓았다. 미국으로 돌아온 후에는 1년간 휴직하고 대학 시절 같은 팀에서 운동했던 동료이자 올림픽 대표 선수였던 애덤 가우처와 함께 자비 출판으로 책을 내는 또 다른 모험을 시도했다. 2011년에 두 사람이 함께 쓴 《날카롭게 달리기Running the Edge》에는 독자들에게 자신의 인생과 달리기를 점검해보고 어떠한 장애물이 나타나도 이겨낼 것을 독려하는 내용이 담겨 있다. 현재 15만 명 이상이 팀 카탈라노의 페이스북을 팔로우하고 있으며, 카탈라노는 플랫폼을 통해 전 세계 달리기 애호가들이 참여할 수 있는 가상 이벤트를 실시하고 있다.

마흔을 넘기고 제대로 훈련에 매진한 지 몇 년이나 지났지만, 그의 달리기는 아직 끝나지 않았다. 달리기에 관한 책을 쓰고 강연이나 컨퍼런스에서 달리기를 하는 수천 명의 사람을 만나 이야기를 나누면서, 그는 달리기에 아직도 탐구할 부분이 많다는 사실과 오래전 처음으로 몰입을 경험하도록 해준 것도 바로 달리기라는 사실을 깨달았다. 그리하여 카탈라노는 오하이오주에서 개최된 160킬로미터 경기에 출전 신청서를 내고 다시 본격적인 훈련에 돌입했다. 그 전까지 가장 멀리 달려본 거리는 48킬로미터였다.

특유의 절제된 말투로 그가 이야기를 꺼냈다. "어떻게 될지 알수 없지만 재미있겠다는 생각이 들었습니다. 사람들이 평균적으로 1년에 20일 정도만 기억한다면 저는 그 경기에 나가는 것으로 단 24시간 동안 20가지 기억을 만들 수 있었으니까요. 24시간 동안 최대한 많은 기억을 만들고 인생을 제대로 살아보고 싶다면 장거리달리기에 도전해보세요."

달리는 내내 바지 주머니에 반지 하나를 넣고 달린 것도 기억 만들기 프로젝트의 한 부분이었다. 결승선을 통과한 직후, 탈수와

팀 카탈라노는 트랜스로키 런TransRockies Run 대회에서 192km를 완주했다.

피로감으로 머리가 어질어질할 그때 그는 무릎을 꿇고 여자친구를 올려다보며 프러포즈를 했다. 두 사람은 불교 승려들이 가득한 태국으로 여행을 떠났다가 미국으로 돌아와 가족, 친구들과 함께 행복한 시간을 보냈다.

"많은 사람이 제게 평범한 사람들보다 더 많은 스토리가 있다고 이야기하지만, 모두 저의 노력 덕분이라고 생각해요." 카탈라노는 이렇게 설명했다.

겨울이면 로키산맥에서 스키를 타고 여름에는 고지대에서 등산을 즐기지만, 무조건 아드레날린이 폭발하는 운동에만 빠져 사는 것은 아니다. 콜로라도주의 최고봉을 연이어 통과하는 192킬로미터 구간 경기를 완주한 데 이어 올림픽 꿈나무 두 명과 나란히 훈련을 받은 적도 있지만, 그는 운동에 크게 집착하지 않는다. 글을 쓰고, 강연을 하고, 여행을 하고, 소셜 미디어 팔로워가 엄청나게 늘었지만 그런 변화로 자아가 충족됐다고 느끼지도 않는다.

　적극적인 참여로 인생을 만들어가는 전형적인 인물, 카탈라노는 그런 사람이다. 까다로운 도전 과제를 찾고, 기술을 발전시켜서 극복해내는 것을 즐긴다. 그의 삶이 충만하게 보이는 이유는 늘 새롭고 신나는 도전을 찾아 자신을 더 나은 사람으로 만들기 위해 노력하기 때문이다. 목표한 일을 완벽히 해내더라도 영광에 젖어 만족하지 않는다. 다시 지평선 너머 어른거리는 다음 도전을 찾아나선다. 모든 것이 끝나고 나면 실컷 웃고, 자신이 만들어낸 기막힌 기억을 음미한다.

　이 책은 어떻게 해야 달리기를 하면서 몰입을 경험할 수 있는지, 몰입이 어떻게 달리기 실력을 발전시키고 더 큰 행복감을 안겨주는지를 주된 내용으로 다루었다. 빠르게 잘 달리는 유능한 선수가 되는 것과 삶의 여러 부분에 깊이 참여하고 더 행복하게 사는 사람이 되는 것은 별개의 문제다. 마지막 장인 이번 9장에서는 스포츠를 통해 경험하는 몰입이 어떻게 몰입해서 사는 인생으로 바뀔 수 있는지 살펴본다. 일, 대인관계, 집 주변을 짧게 산책하는 시간까지, 몰입을 경험할 수 있는 다양한 사례를 살펴보고 자기 목적적 성격과 몰입의 관계도 짚어본다. 그러려면 먼저 무엇이 행복하고 충만한 삶을 만드는지부터 살펴봐야 할 것이다.

충만한 삶

과연 어떤 인생이 충만하고 만족스러운 삶일까? 긍정심리학 분야의 학자들은 20년 가까이 이 주제를 연구해왔다. 이런 연구가 시작되기 전까지만 해도 심리학은 주로 정신질환을 이해하고 치료 방법을 찾는 것에 초점을 두었다. 인간의 마음 가장 깊은 곳에서 발생한 문제(그리고 그러한 마음이 애초에 어떻게 시작되는지)를 이해하는 것으로 큰 발전을 이룬 것도 사실이지만, 행복하고 만족스러운 삶을 만드는 요소에 관한 논의는 거의 이루어지지 않았다. 마이크 박사는 2000년에 마틴 셀리그먼 박사와 손을 잡고 건강한 사람들의 성향을 조사하는 새로운 탐구에 돌입했다 Seligman & Csikszentmihalyi, 2000. 그때부터 심리학자들은 삶을 행복하게 만드는 요소가 무엇인지 많은 것을 알게 되었다. 그중에서도 가장 핵심이 되는 요소는 목적과 참여, 그리고 즐거움이다.

목적 누구나 인생의 목적을 찾기 위해 노력한다. 이는 이성을 가진 인간이 오랜 세월 진화하면서 늘 고심해온 주제이기도 하다. 수천 년 전부터 철학자와 신학자 들은 삶의 의미를 찾기 위해 평생을 바쳤다. 오늘날에도 이 주제가 자기계발서나 각종 테라피, 인생 멘토들이 다루는 주된 내용인 것을 보면 누구나 자신의 존재를 증명해보일 방법을 찾고 있다는 생각이 든다.

그러나 간단히 해결되지는 않는다. 인생의 목표를 찾고 나면 삶에 의미가 생기고 나아가야 할 목표가 있다고 느낀다. 희망도 부풀어오르고, 미래를 더 낙관적으로 보게 된다. 따라서 전반적으로 인생에 더 큰 행복과 만족을 느낀다^{Feldman & Snyder, 2005; Lavasani & Mohammadi, 2013; Snyder et al., 1991}. 문제는 상황이 바뀌면 목표가 함께 바뀔 수 있다는 점이다. 그러므로 행복하다고 느끼기 위해서는 목적 의식을 갖되 유연성을 잃지 않는 것이 중요하다^{Hanssen et al. 2014}.

성인기에는 이와 같은 변화가 수시로 일어날 가능성이 있다. 나이가 들면서 육체의 노화로 신체적, 인지적 기능에 한계가 생기거나 부모가 된 후 끊임없이 바뀌는 역할에 따라 목표가 변화할 수도 있다. 아이가 어릴 때는 좋은 부모가 되는 것이 인생의 목표가 될 것이고, 이를 유치원 파티에 가장 맛있는 간식을 만들어주겠다는 목표나 아이를 향한 애정과 격려가 넘치는 가정 환경을 만들기 위해 노력하겠다는 목표로 대체할 수 있다. 아이가 자라면 필요로 하는 것이 바뀌고 그에 따라 부모로서 충족시켜줘야 하는 것도 바뀐다. 그리고 자녀가 대학에 입학하거나 취직을 해서 집을 떠나면 삶의 의미는 또 다시 바뀌고 인생에서 초점을 둘 전체적인 목적도 바뀐다. 자녀의 삶에서 부모 역할을 놓지 못한다면 정서적인 문제와 함께 관계의 측면에서도 문제가 발생한다. 가족의 동적인 변화를 받아들이고 중점을 두어야 할 일을 새로운 목표와 열망, 취미로 알맞게 조정하는 한편 자신의 정체성과 삶의 의미를 확인할 수 있는 새로운 방향을 찾는 것이 최선이다.

목적의식은 가족의 동적 변화로 인해서만 바뀌는 것이 아니기 때문에, 다른 원인도 영향을 줄 수 있다. 경제 상황이 바뀌거나 실직 또는 커리어가 정점에 다다른 경우 등도 미래의 목표 달성에 장벽이 될 수 있다. 또는 카탈라노의 경우처럼 일정 기간 자기 성찰과 자기 평가를 실시한 결과 개인적인 사명이 바뀔 가능성도 있다. 현재가 썩 만족스럽지 않다면, 지금 자신이 어떤 길에 서 있는지 살펴볼 필요가 있다. 관점과 가치, 직업, 삶의 목적을 바꿔야 한다는 의미이기도 하고, 이전까지 정확하게 알지 못했거나 충분히 헌신하지 못했던 부분에 새롭게 초점을 맞춰야 한다는 의미이기도 하다.

참여　　　　　　인생의 목적이 명확하고 그 목표를 위해 헌신할 때 우리는 삶에 더 깊이 참여한다고 느낀다. 여러 연구를 통해 참여는 인생을 잘 살기 위해 중요한 요소로 밝혀졌다. 참여란 현 순간에 존재하는 것이다. 자신의 인생을 능동적으로 이끌고, 자신이 하는 일에 몰두하는 것이다. 드러내고, 밀접하게 연계되는 것이기도 하다. 위험을 감수하는 것도 참여이다. 즉 잘못될 가능성이 있다고 해서 지금 이 순간을 피하지 않는 것이다.

　　이와 같은 특성은 몰입을 경험하기 위한 요건과 꽤나 비슷하다. 그러므로 몰입이 삶을 충만하게 만드는 가장 큰 이유가 참여를 강화하기 때문이라는 것도 그리 놀라운 일은 아니다. 피터슨과 파크, 셀리그먼은 현재를 만족스럽게 즐기기 위한 필수 요건이 몰입을 경험하는 것, 현재에 머무는 것, 그리고 사람들과의 관계나 일, 취미에 참여하는 것이라고 밝혔다Peterson, Park & Seligman, 2005. 이들의 연구에 따르면 충만한 삶이란 목적의식과 능동적인 참여, 기분 좋은 경험을 추구하는 태도가 균형을 이루는 삶이다.

몰입하려면 꾸준한 집중력과 참여가 반드시 필요하다. 참여가 몰입으로 이어질 수 있다는 의미다. 참여란, 일을 하는 데 있어서 직무상 꼭 해야 하는 최소한의 업무만 처리하는 것을 넘어 자신의 기술을 발전시킬 기회를 찾고 안전지대에서 벗어나는 것을 의미한다. 몰입해서 일하는 사람들은 모든 관심을 일에 집중해서 지금 하고 있는 일의 의미를 찾는다. 업무 시간이 끝나면 무엇을 할지부터 고민하지 않는다. 예를 들어, 제빵사는 케이크를 만들어 얼마나 팔 수 있을까 걱정하는 대신 미세한 맛과 프로스팅의 모양에 집중할 때 몰입을 경험할 가능성이 더 높다. 공장에서 하는 단순 업무처럼 창의력이 거의 필요치 않은 일을 할 때도 리듬을 느끼고 그 순간에 몰두하면 몰입할 수 있다Csikszentmihalyi, 1990.

일할 때와 마찬가지로 가족과의 시간에 참여하려면 그저 얼굴을 내미는 것 이상의 노력이 필요하다. 즉 에너지를 투자해야 한다. 저녁에 가만히 텔레비전만 보는 대신 하루를 어떻게 보냈는지 가족과 함께 이야기하고, 다 같이 할 수 있는 활동을 하거나 모여서 밥을 먹자. 주말에 집에서 스마트폰만 만지작거리지 말고 함께 등산을 하면 어떨까. 자신이 열의를 갖고 하는 일을 가족들과 공유하자. 가족과 시간을 함께 보내는 것은 충만한 삶에 관한 셀리그먼의 연구를 통해 밝혀진 세 번째 요소, 즐거움에도 영향을 준다Peterson, Park & Seligman, 2005.

즐거움

즐거움은 목적이나 참여만큼 삶의 만족도와 강력히 연관되어 있지는 않지만, 인생을 잘 살아가는 데 분명 큰 부분을 차지한다Peterson, Park & Seligman, 2005. 즐거움은 쾌락적 즐거움과 에우다이모니아로 나뉜다. **쾌락적 즐거움**hedonic pleasure에는 짧게 지나가고 곧바로 느낄 수 있는 광범위한 기쁨의 순간들이 포함된다. 음식, 음료, 섹스 등 기본적인 욕구가 채워지는 일은 모두 순간적인 즐거움을 준다. 돈을 쓰고 물건을 소비하는 행위에서 얻는 즐거움은 그보다 조금 더 길게, 며칠 정도 지속되지만 결국에는 그 빛을 잃고 행복감은 다시 기본선으로 되돌아온다. 쾌락적 즐거움의 본질은 고통을 최소화하면서 즐거움을 최대화하는 것이다Boniwell & Jane, 2013.

빈둥대는 것도 즐거움을 준다. 사실 게으름은 인간이 유전적으로 가진 특징으로 여겨진다. 한 연구에서는 사람들이 에너지를 소비하거나 가만히 앉아 있는 것 중 한 가지를 선택해야 할 때 빈둥대는 쪽을 택하는 경향이 높은 것으로 나타났다Hsee, Yang & Wang, 2010. 참가자 스스로가 활동적으로 움직일 때 더 큰 행복감을 느낀다고 밝혔음에도 불구하고 선택은 마찬가지였다. 시간이 날 때 텔레비전을 보면 좋을 것 같지만 막상 다 보고 나면 마음이 어수선하고 불안한 경우가 많은 이유를 설명해주는 결과다Argyle, 2001; Csikszentmihalyi & Hunter, 2003; Dempsey et al., 2014.

가족들과 함께하는 달리기, 체스 게임, 또는 혼자 책을 읽거나 음악을 연주하는 등 즐거움을 얻을 수 있는 시간을 만드는 것도 중요하다. 물건을 소비하는 대신 그 돈을 기억에 남을 만한 경험에 쓰면 **에우다이모니아**eudaimonia라고 불리는 더 깊은 행복감을 얻게 된다. 에우다이모니아라는 표현은 만족감과 비슷한 의미이며, '행복을 느끼기 좋은'이라는 뜻이 담겨 있다. 이러한 유형의 기쁨은 삶에서 느끼는 만족감에 오랫동안 영향을 준다. 따라서 삶을 행복하게 해줄 즐거움을 찾고자 한다면 에우다이모니아를 느낄 수 있는 경험을 찾아야 한다. 에우다이모니아는 하고 싶은 것을 마음대로 다 하거나 큰 노력 없이 얻을 수 있는 스릴과는 다른 개념이며, 자아실현과 자기 결정력에서 비롯된다. 자기희생이 필요할 수도 있고 쾌락적 즐거움만큼 생생하게 와닿지 않을 수도 있지만 더 많은 의미를 찾을 수 있다.

로키산맥으로 가 높은 산을 혼자 오르거나 집과 멀지 않은 장소에서 가족들과 캠핑을 하는 것 중에 하나를 선택할 수 있다고 가정해보자. 로키산맥의 풍경, 아이젠과 밧줄을 단단히 매고 꽁꽁 언 땅의 가장자리를 따라 산을 타는 스릴을 뒷마당에서 느낄 수 없다는 건 분명한 사실이다. 그러나 아이들과 모닥불 앞에 옹기종기 둘러앉아 함께 시간을 보내는 즐거움, 근처 물가에서 신나게 놀다가 곯아떨어지는 경험은 또 다른 기쁨을 선사한다. 이러한 경험에서 우리는 종류가 다른 충족감을 얻는다. 엄청나게 강력하고 인상적인 기분이어야 할 필요도 없다. 친구와 산책하고, 진심으로 마음이 가는 사람과 함께 자전거를 타고, 고요한 정원에서 명상을 하는 것도 모두 에우다이모니아를 느끼는 기회가 될 수 있다.

친사회적 행동도 에우다이모니아와 가까워지는 중요한 요소이다. 친사회적 행동이란 실질적인 이득을 바라지 않고 다른 사람을 위하는 이타적인 행동을 의미한다. 현대 사회에서는 자기 자신을 돌봐야 한다거나 스트레스가 많은 날에는 '쇼핑으로 기분 전환'을 하면 좋다는 문화적 메시지를 수시로 접하게 되지만, 그와는 상반되는 개념이다. 자신을 치장하고 쇼핑을 하면 기분이 풀릴 거라는 예상과 달리, 그러한 행위는 대부분 일시적인 행복에 그친다. 결국 원래 마음 상태로 금세 돌아가는 것이 쾌락적 즐거움의 특징이다. 실제로 많은 사람들이 하고 싶은 것을 마음대로 다 해버리고 나면 기분이 나아지기보다 죄책감이 든다고 이야기한다[Nelson, Layous, Cole & Lyubomirsky 2016].

실제로 기분 전환 효과는 다른 사람을 돕는 행위에서 더 크게 얻는 것으로 밝혀졌다. 최근 실시된 한 연구에서는 참가자가 ①일상적으로 하던 일을 할 때, ②자기중심적으로 친절함을 베풀 때, ③특정한 대상에게 친사회적 행동을 할 때, ④인류 전체, 세상을 대상으로 친사회적 행동을 할 때 각각의 마음 상태가 놀랄 정도로 크게 다르다는 사실을 확인했다[Nelson, Layous, Cole & Lyubomirsky, 2016]. ③과 ④를 실시한 참가자들은 긍정적인 기분과 함께 전반적인 행복감이 크게 향상되었고 그러한 상태가 오래 지속됐다.

행복은 일시적으로 잠시 추구해서 얻을 수 있는 것이 아니다. 개개인에게 주어지는 책임은 쾌락적 즐거움과 에우다이모니아를 느낄 수 있는 기회를 앗아가고, 두 가지 즐거움을 모두 엉망으로 만들어버린다. 하지만 그와 같은 상태가 아예 새로운 일상으로 고착되지 않는 한 전반적인 행복감을 해치지는 않는다. 여가 활동은 스트레스 해소 측면에서도, 전체적인 행복감의 측면에서도 매우 중요하므로 절대 간과해서는 안 된다. 알렉산더 연구진의 조사에서도 명상을 하는 사람들은 업무에서 느끼는 긴장과 전체적인 삶의 불안감이 낮은 것으로 나타났다[Alexander, 1993]. 여가 시간에 어떤 활동으로 즐거움을 얻든, 정신없이 바쁜 기간에도 그러한 활동을 일정에 포함시키면 출퇴근이나 가정에서 도맡아 처리해야 하는 의무 등 일상적인 스트레스는 물론 이혼, 실직, 경제적인 문제 등 비극적인 사건으로 인한 스트레스 관리에 도움이 된다[Caltabiano, 1994; Iwasaki, Coyle & Shank, 2010].

행복한 삶에 관한 연구를 통해서도 밝혀진 것처럼 중요한 것은 목적의식을 갖고 삶에 참여할 수 있는 방법을 찾는 것, 그리고 건전한 활동으로 즐거움을 얻는 것이다. 균형을 잃지 않는 것은 여가 활동에 필요한 시간을 내는 것 못지않게 힘든 일이 될 수 있다. 모두가 정해진 대로 인생을 살아가고, 깨어 있는 시간의 대부분을 그에 따른 일을 하는 데 소비한다. 학업을 마치는 일, 커리어를 쌓는 일, 가족을 꾸리는 일처럼 목표에 따라 이루어지는 활동에는 많은 시간이 필요하고, 불가피하게 여가 활동에 들일 시간까지 사용하게 된다. 취미나 열정에 이끌려 하는 일을 우선시하면 삶의 목표는 뒤로 밀려난다.

스스로 느끼는 균형과 상관없이 이와 같은 중심점의 변화는 성인의 삶에서 큰 부분을 차지한다. 단기간 여가 활동보다 커리어를 전면에 내세우면 자신의 직업에서 더 중요한 기회에 한층 더 가까이 다가갈 수도 있다. 그러나 삶에 참여하고 즐거움을 찾는 대신 삶의 목적을 당연한 듯이 우선시하면 극도의 피로감과 함께 불만족을 느끼고 제 기능을 다하지 못하게 되며 외로움을 느낀다. 마찬가지로 인생의 목적이나 책임을 희생시켜서까지 즐거운 일에만 몰두하면 불만족과 외로움이 찾아오고 나아갈 방향을 잃게 된다. 균형을 찾으려는 시도가 때로는 마음대로 되지 않겠지만, 스트레스 상황에서도 균형을 잃지 않으려고 꾸준히 노력할 필요가 있다. 인생 전체에서 목적과 참여, 즐거움이 얼마나 중요한지 스스로 인지하고 균형을 찾고자 노력한다면 삶을 충만하게 만들 가능성도 커진다. 그리고 달리기를 하고 몰입을 경험했다면, 이미 그와 같은 기회에 한 발 더 다가선 셈이다.

몰입 경험을 삶으로 끌어오기

미국에서 달리기의 메카로 여겨지는 여러 장소들 가운데 최고는 콜로라도주 볼더일 것이다. 보기만 해도 경탄을 자아내는 플랫아이언 산악 지대를 따라 로키산맥의 토대를 형성하는 볼더 지역에는 50여 년 전부터 달리기, 사이클, 트라이애슬론 등 다양한 종목의 엘리트 선수들이 모여든다. 험한 산과 저수지로 완만하게 이어지는 흙길은 장거리 훈련에 매진하는 사람들에게 무한한 기회를 제공한다. 수많은 선수가 그곳에서 자신의 한계를 뛰어넘고자 피땀을 흘리고, 그 과정에서 형성된 동지애와 단결심을 체감하면서 왜 볼더가 세계에서 달리기하기에 가장 좋은 장소로 꼽히는지 깨닫는다.

카탈라노는 1990년대 말에 볼더의 산과 길을 속속들이 알게 되었다. 당시 그의 마음속에는 3,000미터 장거리 장애물 경주에 올림픽 대표 선수로 출전하고 싶다는 꿈이 가득했다. 장애물 35개 중 7개는 약 4미터 길이의 웅덩이 바로 앞에 설치되어 있어, 이 종목에서 올림픽 대표로 선발되려면 그에 맞는 속도와 힘, 경기력이 필요하다. 대학을 갓 졸업한 카탈라노는 현재 전설적인 코치로 불리는 마크 웨트모어의 지도 아래 볼더 주변의 나지막한 산을 오르내리며 훈련을 이어갔다. 웨트모어는 이후 콜로라도 대학팀을 지휘하며 전국 우승도 몇 번 따냈지만, 그 당시는 탁월한 실력이 막 드러나기 시작한 때였다.

반면 카탈라노의 뛰어난 역량은 제동이 걸린 상황이었다. 정강이뼈에 피로골절이 발생한 데다 그로 인해 족저근막염까지 생겨 훈련을 제대로 할 수가 없었다. 그래도 카탈라노는 대표 선발전에 반드시 행운이 따를 것이라 확신하며 포기하지 않았다. '죽기 일보직전'이라는 별명이 붙은 22.5킬로미터 구간에서 훈련을 이어가다 실망스러운 결과만 재확인하던 어느 날, 카탈라노는 멀리서 자신을 기다리는 웨트모어 코치와 만났다. 부상 상태와 달리기에 관해 잠시 이야기를 나눈 후, 웨트모어 코치는 짧게 명령했다. 그만두라는 지시였다. "지금까지 최선을 다해왔어. 이제 다른 곳에서 더 큰 일을 해내면 돼."

그때만 해도 코치의 말은 카탈라노의 가슴을 아프게 했다. 10년이라는 세월을 달리기 선수로 성공하려고 매달려 왔는데, 인생에서 가장 중요한 운동을 그만둬야 한다는 선고를 들은 것이다.

시간이 지나고, 카탈라노는 웨트모어의 의중을 깨달았다. 그는 훈련을 게을리하지 않는 좋은 선수였지만, 재능이 부족하고 발전 가능성이 크지 않아 운동으로 생계를 유지하기에는 역부족이었다. 그러니 집중력과 헌신, 목표의식, 열정을 다른 곳에 쏟아야 할 때가 왔다는 의미였다. 그동안 달리기를 한 덕분에 카탈라노는 인생의 방향을 바꾸는 데 꼭 필요한 자질을 이미 갖추고 있었다.

몰입의 선행 단계에 담긴 가치

쳇바퀴 돌듯 반복되는 삶에 갇혀 사는 사람들도 있고, 아무 목표 없이 방황하는 사람들도 있다. 이들은 무슨 일을 해도 행복을 느끼지 못하고 대체 뭘 해야 할지 길을 잃은 것처럼 보인다. 시시한 일을 하면서 살거나 텔레비전 화면을 응시하고 그다지 중요하지 않은 신문 기사를 읽고 인터넷 서핑을 하는 등 수동적이고 썩 내키지도 않는 일에 대부분의 시간을 소비하고 진통제를 과용하기도 한다. 컴퓨터 앞에서 살다시피 하는 사람들은 자신이 토끼 굴에 빠진 것 같다고 이야기하는 경우가 많다. 어떤 웹사이트를 클릭했다가 다시 다른 사이트로, 또다시 다른 사이트로 연이어 빨려 들어가는 느낌이라는 것이다. 기억에 남을 만한 일, 또는 깨우침을 얻는 일 하나 없이 그렇게 하루가 통째로 사라진다.

단숨에 만족감과 즐거움을 느낄 만한 일들이 넘쳐나는 문화에서는 관심사가 이리저리 바뀌기 쉽지만, 그중에 기억에 남을 만한 일은 없다. 달리기를 하는 사람이라면, 인생을 충만하게 살아갈 비장의 무기를 지닌 것이나 마찬가지다. 목표를 세우고, 장기적으로 기술을 발전시키는 몰입의 선행 단계를 밟아나가게 될 것이기 때문이다.

학습 전이 이론에 따르면 우리가 한 분야에서 습득한 기술과 지식을 다른 분야에도 적용할 수 있다. **무의식적인 전이**는 간단히 이루어지는 경우로, 집에서 쓰던 키보드가 아닌 도서관 컴퓨터 키보드로도 타자를 칠 수 있는 경우를 예로 들 수 있다. 키보드의 구성이 몇 군데 다르고 손가락이 닿는 버튼의 크기나 간격도 다를 수 있지만, 큰 문제없이 타이핑을 할 수 있다. 반면 **의식적인 전이**는 기술과 지식을 활용하기 위해 고도의 사고가 필요한 경우를 가리킨다.^{Perkins & Salomon, 1988} 이 경우 어느 정도 시간을 들여서 공통분모라 할 만한 유사성이 어디에 있는지 찾아야 한다. 가령 군사 전략에 정통한 참전 용사가 미식축구팀 코치를 맡게 된다면 자신이 보유한 지식을 다른 방식으로 활용해야 할 것이다. 핵심 자산을 보호해야 하고 상대방의 약점을 노리는 방어법이 있다는 공통점을 인지하면, 상대와의 싸움을 보다 넓은 시야로 볼 수 있다.

달리기 외에 다른 분야에서도 몰입을 경험하려면 무의식적인 전이와 의식적인 전이가 복합적으로 이루어져야 한다. 수영, 산악자전거, 등산, 스키와 같은 유산소 운동은 주어진 환경을 자력으로 헤쳐나가야 한다는 점이나 심장이 빠르게 뛰고 호흡도 빨라진다는 점이 달리기와 비슷하다. 달리기를 하면서 체력을 크게 키운 것이 이러한 운동을 간접적으로 준비한 것이나 다름없기 때문에 무의식적인 전이가 일어나 달리기와 마찬가지로 몰입을 경험할 가능성도 크다. 즉 달리기를 통해 몰입을 경험하면서 얻은 정신력과 접근 방식이 그대로 발휘될 수 있다.

그러나 유산소 운동이 전체 인생에서 차지하는 부분은 극히 일부에 불과하다. 운동을 넘어 삶의 다른 영역에도 몰입하고 적극적으로 참여하기 위해서는 의식적인 전이가 이루어져야 한다. 카탈라노의 경우를 생각해보자. 그는 고등학교에서 학생들에게 심리학 수업을 하다가 문득 깨달음을 얻은 순간, 앞으로 어떻게 해야 새로운 꿈을 이룰 수 있을지 방법을 찾아내야 했다. 해외로 나가 새로운 언어와 문화를 익히는 것, 미국을 떠나면서 처리해야 하는 잡다한 일들을 다 해결하는 것은 결코 쉬운 일이 아니다. 시간과 인내, 간혹 발을 헛디뎌도 견뎌내고 말겠다는 의지가 있어야 가능한 일이며, 힘든 일이 생겨도 끝까지 추진하는 열정과 헌신도 필요하다. 그토록 무수히 쏟아지는 역경에 크게 당황할 사람도 많을 테지만, 카탈라노는 과거 10여 년간 달리기에 매진했던 경력 덕분에 탄탄한 인내심을 갖춘 사람이었다. 훈련은 고된 노력의 가치와 일시적인 유혹을 물리칠 수 있어야 한다는 사실을 가르쳐주었다. 더불어 1킬로미터를 반복해서 달리거나 30킬로미터씩 달리는 훈련을 거치면서 자신이 어떤 일이든 견딜 수 있다는 것도 깨달았다. 이 깨달음은 다른 나라에서 학생들을 가르치고 싶다는 열망으로 이어졌고, 덕분에 카탈라노 자신의 삶은 물론 그가 가르친 학생들의 삶도 더욱 풍성해졌다.

어떤 활동을 할 것인지 선택하는 기준은 대체로 개인적이며 시간이 흐르면 바뀔 수 있다. 청소년 시절을 비디오게임에 푹 빠져서 보낸 사람이 20대가 되면 암벽 등반에 심취했다가 30대에는 일에 매진할 수도 있다. 극복해야 하는 어려움과 진전 상황을 평가할 수 있는 척도가 있다면, 거의 어떤 활동이든 적극적으로 참여하고 열정을 다함으로써 몰입에 이를 수 있다. 이와 같은 방식으로 삶의 여러 분야에 최대한 전이가 이루어지도록 준비한 사람일수록 인생에 큰 성취감을 느끼는 것으로 밝혀졌다^{Seligman, 2002}. 어렵다고 느끼는 기준도 시간이 가면 바뀔 수 있다. 젊은 시절 급류타기에서 극도의 스릴을 느끼던 사람이라도 가족이 생기면 아이들을 물가에 데려가 배를 젓고 원하는 방향으로 나아가게 가르치는 일을 어렵다고 느낄 수 있다. 그때쯤이면 6미터 높이에서 곤두박질치는 폭포에 몸을 맡길 때보다 예전에 자신이 좋아하던 일을 아이가 즐기는 모습을 보는 것으로 더 큰 즐거움과 만족감을 느낄 수 있다.

이것이 행복을 찾는 열쇠라면, 마이크 박사가 무수한 토론과 저서, 강의를 통해 전해온 메시지에도 그 핵심이 담겨 있다. 바로 '몰입의 순간을 가능한 한 늘리라'는 것이다. 땅이 흔들리고 할렐루야를 절로 외칠 만큼 엄청난 순간이 아닐지라도 집중해서 무언가에 몰두하는 순간은 우리를 지금, 이곳에 머물게 한다. 그리고 기술을 발전시키고, 목표를 세우고, 성취감을 느낄 수 있는 기회를 제공한다. 그런 순간은 쌓이고 또 쌓인다. 그것이 인생의 본질이다.

자기 목적적 성격과 행복

한 걸음 물러나 인생을 가치 있다고 느끼게 하는 요소가 무엇인지 조금 넓은 시선으로 살펴보면, 자기 목적적 성격의 중요성을 다시 한 번 확인할 수 있다. '자기 목적적'이라는 표현 자체는 다소 학구적으로 들리지만, 그 속에는 인생을 잘 살기 위한 현실적인 틀이 담겨 있다. 자기 목적적인 삶을 충만한 인생으로 이끌어주는 지도라고 생각하자. 카탈라노의 경우처럼 인생에 큰 변화가 일어나든 아니면 좀 더 큰 의미를 찾을 수 있도록 인생 경로를 조금 변경하든 자기 목적적으로 살아가는 법을 알면 가장 만족스러운 삶에 성 큼 다가설 수 있다.

자기 목적적 성격은 목적의식을 갖고 적극적으로 참여하며 즐 거움을 느끼고 행복한 삶을 만들어가는 성격이다. 자연스럽게 생겨 난 동기에 따라 자신이 참여할 수 있는 경험과 관계를 선택하고, 의 미 있는 기회와 목표를 찾는다. 즐거움을 얻는 활동도 이 두 가지 기 준에 부합하는 것으로 택한다. 자기 목적적 성격을 지닌 사람의 인 생은 흥미진진하면서도 까다로운 목표와 사랑하는 사람, 몰입을 이 끄는 활동으로 채워진다. 대체로 긍정적이며 호기심이 많다는 특징 도 있다. 안 된다는 대답보다는 카탈라노처럼 일단 해보자고 말하는 편이다. 또한 새로운 경험을 받아들이고, 그로 인해 후회되는 일이 생기더라도 그 가치를 인정할 줄 안다.

지도를 맹목적으로 따르거나 내키는 대로, 또는 누가 부탁한다 고 해서 무조건 좋다고 응하는 것은 자기 목적적인 삶과 거리가 멀 다. 자기 목적적인 사람은 때때로 속도를 늦추고 물러나는 것이 중 요하다는 사실을 잘 안다. 삶은 자칫 번잡해질 수 있으므로 때로는 거절하고 물러나 휴식하고, 명상하고, 산책하고, 자연을 즐기며 만 끽하는 법도 배울 필요가 있다.

모든 감각을 활용하여 차분하게 과거와 현재, 미래를 만끽할 줄 아는 능력은 행복과 매우 밀접하게 연관되어 있다Bryant & Veroff, 2007. 또한 자기 목적적인 사람은 마땅히 필요한 고독을 즐길 줄 안다.

인상적인 기억을 다시 떠올려본 적이 있는가? 휴가나 아이가 태어난 날, 또는 처음으로 달리기 대회에 나간 날을 모든 감각을 동원해서 떠올리면, 그때 경험한 즐거움과 행복이 그대로 다시 느껴진다. 과거의 경험만 상기할 수 있는 것도 아니다. 지금 현재 하고 있는 경험에서 얻은 좋은 느낌을 붙들고 있으면 현재도 만끽할 수 있다. 마찬가지로 미래 계획 역시 어떤 일이 벌어질까 고대하면 즐길수 있다. 장차 어떤 일이 벌어질 것인지, 모든 감각을 발휘해서 예상해보면 정말로 그 순간이 되었을 때 느끼게 될 좋은 기분을 미리 엿볼 수 있다. 이러한 참여는 초조하게 조바심내거나 곱씹는 것과 달리 건강한 영향력을 발생시킨다. 어떤 형태로든 순간을 만끽할 줄알면 충만한 삶을 만드는 데 도움이 된다.

독일의 심리학자이자 철학자 에리히 프롬의 연구에 이와 같은 접근 방식이 가장 잘 압축되어 있다. 프롬은 최상의 성격과 함께 '방향이 되는 것'과 '방향성을 얻는 것'의 가치를 글로 남겼다 Fromm, 1976. 그는 방향성을 얻으려면 물질적인 것과 권력을 획득하는 일에 주력해야 한다고 설명했다. 이 이론에 따르면, 방향성을 '얻는' 사람은 무언가를 이용하고, 끌어모으고, 자기 자신을 광고해서 원하는 것을 얻거나 상황이 변하기를 인내하며 기다린다. 이런 사람은 필요한 것을 얻으려면 이와 같은 성향이 반드시 필요하다고 여기며, 자기 자신과는 무관한 특징으로 분리하는 경우가 많다.

그러나 프롬은 인생을 가치 있는 것으로 만들기 위해서는 스스로가 '방향이 되어야 한다'고 밝혔다. 자신을 둘러싼 세상 속에서 살고, 사랑하고, 참여하라는 것이다. 사랑할 때 무엇을 얻으려면 자신의 약점을 드러내는 위험도 감수해야 한다. 목표를 달성하려면 실패할 위험도 감수할 만큼의 열정이 있어야 한다. 프롬은 무언가를 삶에 기꺼이 들이는 것, 열정을 쏟을 대상을 찾고 그것을 열의 있게, 꾸준히 추구해나갈 때 스스로가 방향이 될 수 있다고 설명했다. 그러려면 온전히 깨어 있어야 하며 현재에 머물고, 참여하고, 주변을 인지할 수 있어야 한다. 이와 같은 방향을 찾은 사람은 현재에 집중하고, 현재에 더 머물기 위해 명상을 한다^{Fromm, 1976}. 프롬이 제시한 존재의 개념은 몰입과 자기 목적적 성격, 행복한 삶을 보완한다. 스스로 방향이 되는 것은 곧 삶을 자기 목적적으로 사는 것이다. 또한 몰입을 경험하는 것이며, 살고, 행복한 것이다.

이제 마지막이다. 이 책의 목표는 여러분이 행복한 삶을 살 수 있도록 돕는 것이다. 달리기와 몰입을 향한 열정에서 시작한 책이지만, 그것은 빙산의 일각에 불과하다. 일상생활에 더 많이 몰입할수록 일과 대인관계, 취미에 깊이 참여하고픈 의욕이 생길 것이다. 열정을 쏟을 만한 일을 찾아라. 진심을 다해 살아라. 달리고, 몰입하고, 행복하라!

히에이 산의 마라톤 스님

체력을 키우려고 달리기를 하는 사람도 있고 스포츠 활동으로, 혹은 즐거워서 달리는 사람도 있다. 일본 교토에 자리한 불교의 성지, 히에이 산에는 깨달음을 얻기 위해 달리는 승려들이 있다.

히에이 산의 '마라톤 스님'으로 알려진 이 승려들은 천태종에 소속되어 있다. 일본의 천태종은 수많은 의식과 의례, 전통을 통해 수행자가 깨달음에 조금 더 가까이 다가갈 수 있도록 돕는다. 특히 명상은 깨달음을 얻기 위해 꼭 필요한 과정으로 여겨지는데, 천태종에서는 한 사람의 생에 있어 모든 움직임을 종교적인 은혜로 보고, 명상을 정적인 방식으로 행하기보다는 몸을 완전히 움직이거나 반쯤 움직이면서, 또는 자유롭게 움직이면서 한다Stevens, 2013.

그와 같은 의례 중에서도 가장 중요한 것이 '카이호교'라 불리는 고행으로, 대략 30킬로미터를 걷거나 달리는 의식이다. 천태종 승려라면 모두 최소 한 번은 이 의식을 치러야 한다. 그리고 주지스님이 되려면 100일간 연이어서 이 수행을 해야 한다. 100일간의 수행은 평범한 등산과는 차원이 다르다. 종이 등불과 짚을 엮어 만든 우비만 챙겨 매일 새벽 1시 30분에 엔랴쿠지 절을 떠나 히에이 산의 구불구불하고 험한 산길을 따라 바위며 나무뿌리, 수천 개의 계단을 지나야 한다. 간간히 독을 품은 동물들과도 마주하면서 계속 이동해야 하는데, 이토록 장애물이 많은 길을 오로지 짚신만 신고 가야 한다. 온대우림 지역에서는 수시로 호우가 쏟아지게 마련이고, 그럴 때마다 짚신은 너덜너덜해진다. 그러나 100일 고행을 단 80켤레의 짚신으로 완료해야 하므로, 현명하게 여분을 잘 나눠서 사용해야 한다Stevens, 2013.

카이호교가 치러지는 산길에는 기도처가 255군데 마련되어 있다. 스님들은 만트라를 외우며 이곳을 하나하나 찾아간다. 사람이 만든 사찰과 다양한 성지, 무덤, 묘소와 더불어 특정한 산봉우리나 돌, 나무, 폭포와 같은 신성한 자연물도 그러한 장소에 포함되어 있다. 기도처에 도착하면 스님들은 특별한 기도문을 외운다. 몇 초 만에 끝나기도 하지만 1분 이상 이어질 때도 있다. 고행을 마치고 돌아오면 채소로만 구성된 소박한 식사를 마치고 예불을 드린 후 최대한 일찍 잠자리에 든다. 카이호교를 갓 시작한 승려들 다수가 아킬레스건에 염증이 생기거나 설사, 치질, 발열, 감염, 동상과 같은 건강 문제에 시달리는 것도 무리는 아니다. 그러나 30일 정도가 지나면 대부분 몸도 잘 적응한다Stevens, 2013.

선별된 소수의 승려들은 천태종 원로 스님들의 허가를 받아 1,000일 동안 카이호교를 수행한다. 마칠 때까지 무려 7년이 소요되는데, 4년, 5년, 7년째 되는 해에는 100일 카이호교를 한 해에 두 번 실시한다. 그리고 6년째 되는 해에는 이동 거리가 60킬로미터로 늘어나고, 마지막 7년째 수행 첫 100일간 이동하는 거리는 84킬로미터에 이른다.

5년차 수행을 마친 스님은 '도이리'라는 극한의 고행을 시작한다. 182시간 동안 먹지도, 마시지도 않고 잠도 자지 않는 도이리 기간 동안에는 새벽 2시에 부처님께 바칠 물을 뜨러 우물에 다녀오는 것 외에는 결가부좌 자세로 가만히 앉아 8개 단어로 된 만트라를 10만 번 반복해서 읊는다. 그렇게 5일이 지나고 입안에 침이 다 말라버리면 피맛을 느끼는 경우도 빈번하다(입안에 영구적인 손상이 생기지 않도록 물로 씻어내는 것만 허용된다). 도이리를 수행 중인 스님 곁에는 항상 두 명의 보조가 함께 앉아 머리를 똑바로 들게 하고 잠들지 않도록 돕는다. 이토록 절제하는 고행은 의식 전체를 통틀어 가장 힘든 과정으로 여겨진다Stevens, 2013.

너무 혹독하다는 생각이 들겠지만 도이리를 경험한 사람들은 그만한 가치가 있다고 생각한다. 수많은 생리학자들이 이런 상황에서는 죽을 수밖에 없다고 강조한 것처럼, 실제로 이 고행을 시작한 스님들은 죽음과 직면하지만 그 단계를 지나면 청각과 후각이 극도로 민감해지는 경우가 많다.《마라톤 승려들The Marathon Monks》을 쓴 존 스티븐스에 따르면 재가 떨어지는 소리를 듣거나 수 킬로미터 밖에서 밥 짓는 소리까지 듣는 경우도 있다고 한다. 스티븐스는 세상과 다시 만날 때 이들이 '투명해진 기분'을 느낀다고 설명했다. "무엇도 남아 있지 않다. 모든 것, 즉 좋은 것과 나쁜 것, 그 둘 중 어느 쪽도 아닌 것이 모두 밖으로 꺼내지며 존재가 수정처럼 투명하고 명확하게 드러난다Stevens, 2013."

1,000일 카이호교의 마지막 해에 견뎌야 하는 혹독한 수행으로 인한 존재론적 변화는 지극히 중요한 의미를 지닌다. 쌀밥 조금과 두부, 매일 밤 겨우 몇 시간 눈을 붙이는 정도로 84킬로미터의 거리

극한의 고행이라 알려진 '도이리' 수행 중인 승려의 모습.

를 채울 때까지 쉬지 않고 이동하는 승려들은 가히 세계 최고 수준
의 운동선수라 불릴 만하다Hayden, 2002.

　　마지막 100일 동안은 이동 경로도 대폭 바뀐다. 히에이 산의 초
목이 무성한 길을 따라 가는 대신 고대 일본의 수도였던 교토를 가
로질러 이동한다. 교토를 지날 때는 일반인들이 깨달음의 경지에 거
의 다다른 승려에게 행운이 따르길 기원하고 조금이나마 도움이 되
기를 바라는 마음으로 뒤를 쫓기도 한다. 그럴 때 고행 중인 스님은
마주치는 사람마다 복을 빌어준다Stevens, 2013.

　　1885년부터 현재까지 1,000일 카이호교를 끝까지 마친 승려는
채 50명도 되지 않는다. 고행을 마치지 못해 스스로 목숨을 끊은 승

려들의 이름 없는 무덤이 30킬로미터 구간에 걸쳐 가득할 정도다. 극도로 어렵고 이해하기 힘든 심오한 도전이지만, 우리는 이와 같이 엄청난 지구력을 요하는 고행에 참여하는 사람들로부터 많은 것을 배울 수 있다. 그중 몇 가지를 정리하면 아래와 같다.

• 달리기를 하는 가장 중요한 목적을 찾을 수 있다

달리기가 반드시 종교적인 목적으로 행해지거나 공들여 따라야 하는 의식의 일부일 필요는 없다. 천태종 승려들이 달리기를 통해 깨달음에 더 가까이 다가갈 수 있다고 믿는 것처럼, 달리기는 더 높은 목표로 나아가는 수단이 될 수 있다. 체력이 더 튼튼해지는 것, 스트레스를 가라앉히는 것, 건강 목표를 달성하는 것, 신념을 따르는 것, 아니면 그저 1시간 정도 혼자 시간을 보내는 것까지, 달리기가 자기 자신보다 더 큰 무언가를 얻기 위한 일부라고 믿는다면 꾸준히 달리고픈 의욕을 얻을 수 있다.

• 현재에 머무를 수 있다

스님들은 신성한 장소를 들러 잠시 멈추었다가 다시 이동하는 내내 현재에 깊이 머물러 있다. 현재에 머무는 것은 천태종의 핵심 교리에 속한다. 따라서 255곳의 기도처에 도착할 때마다 승려들은 모든 관심을 그곳에 기울이고, 달리거나 산길을 걸을 때는 만트라를 외면서 지금 하고 있는 일에 집중한다. 현재에 머무르면, 무엇이든 그 순간에 얻을 수 있는 것을 경험할 가능성도 높아진다.

• 자신의 능력을 과소평가하지 않게 된다

천태종 승려들은 처음 100일간의 고행에 나서기 전에 땔감을 만들거나 물을 길어오는 등 생활에 필요한 일들을 처리하는 데 집중한다. 호흡 훈련도 실시한다. 이처럼 기본적인 힘을 기르고 폐 기능을 향상시키는 시간 외에는 다른 승려들이 100일간 수행을 이어갈 수 있도록 도우면서 지구력을 최대한 끌어올리는 데 주력한다 Stevens, 2013. 고행을 시작하는 승려들 중에 프로 선수는 아무도 없고, 운동 자체를 해본 경험이 없는 경우가 대부분이다. 부족한 잠과 근육의 피로, 섭취할 수 있는 열량이 극히 한정된 상황에서 의지력과 이겨낼 수 있다는 믿음만으로 꿈을 이루기 위해 나아가는 것이다. 스티븐스는 이렇게 설명한다. "몸과 마음이 하나가 되면 이루지 못할 일은 아무것도 없다. 궁극적인 목표에 다다를 수 있도록 노력하라. 그러면 언젠가 세상은 여러분의 것이 될 것이다Stevens, 2013." 이는 누구나 실천할 수 있는 일이다.

• 달리기는 생활의 일부가 될 수 있다

100일간의 고행을 중간까지 해낸 승려는 아침에 일어나서 무엇을 할지 고민할 필요가 없다. 그만큼 매일 꾸준히 무언가를 해내는 과정을 통해 운동선수나 한 사람으로서 성장한다. 달리기가 다른 누구의 일이 아닌 여러분 자신의 일부가 되면, 매일 달려야 할 이유를 스스로 찾아내지 않아도 된다. 달리는 자신이 곧 자기 자신이므로, 그냥 달리게 되는 것이다.

미하이 칙센트미하이 Mihaly Csikszentmihalyi

운 좋게도 나는 지금까지 해온 수많은 일에서 몰입을 경험했다. 적당한 사례를 추리는 것이 힘들 정도다. 그래서 태어나 처음으로 어떤 활동에 정말 깊이 몰두했던 때를 중심으로 이야기를 풀어가려고 한다. 바로 체스를 배울 때였다. 제2차 세계대전이 돌연 험악한 국면으로 접어들 즈음에 나는 아홉 번째 생일을 맞이했다. 우리 가족이 가는 곳마다 어김없이 공중에서 폭탄이 떨어지거나 석군 혹은 유격대가 쏜 포탄이 멀리서부터 날아오던 시절이었다. 나는 대부분의 시간을 가구 밑에 숨어 지냈고, 지하실에 마련된 방공호로 다급히 달려 내려가는 일도 비일비재했다. 우리 집 쪽으로 폭탄이 떨어졌을 때 과연 어디가 정말 안전한 곳인지 아는 사람은 아무도 없었다.

혼돈 속에서 몇 주가 흐르고 다시 몇 개월이 흐르는 동안 세상은 무너지고, 점점 더 혼란스러워졌다. 삶은 아무 의미 없고 무엇 하나 예측할 수 없다는 생각이 내게 스며들기 시작했다. 1944년 여름, 그해 말 소비에트 군에 목숨을 잃은 카르크시 형이 아직 내 곁에 살아 있던 그때, 체스를 배운 건 내게 정말 다행스러운 일이었다.

그때 나는 게임이 한창 순조롭게 이어지면(상대방의 실력이 나보다 크게 출중하지도 않지만 크게 뒤떨어지지도 않을 때), 밖에서 꽝꽝 터지

마이크 박사는 암벽 등반뿐만 아니라 다양한 일에서 몰입을 경험했다.

는 대포 소리가 더 이상 들리지 않고 시뻘겋게 타오르는 화염도 보이지 않는다는 사실을 깨달았다. 내 모든 정신은 체스판에 쏠려 있었다. 그러다 전쟁 생각에 주의가 흐트러지면 살릴 수 있었던 비숍이나 폰을 잃는 경우가 많았다. 그럴 때면 창밖에서 벌어진 어리석고 예측 불가능한 현실, 일그러진 세상이 와락 두려워지기 시작했다.

그 시절이 지난 후에 몰입을 경험했던 순간으로는 암벽 등반이나 그림 그리기, 이탈리아 등산객들과 합창을 했던 순간, 가족과 산에 올랐을 때, 연구 결과를 해석하려고 애쓰던 때가 떠오른다. 사실 삶의 거의 모든 순간에서 몰입을 경험했다. 그러나 체스 게임을 하면서 처음 느낀 몰입은 내게 더없이 귀중한 교훈을 남겼다. 세상에 증오가 가득하고 무지막지한 통치가 이어지는 상황에서도 우리에게는 안전하고 질서 있는 장소를 만들어낼 힘이 내재되어 있다는 사실 말이다.

핵심 요약

■ 마이크 박사와 마틴 셀리그먼 박사는 가치가 있는 삶(행복한 삶)이란
  무엇인지 연구하는 긍정심리학의 문을 열었다.

■ 살아갈 만한 가치가 있는 삶은 충만한 삶을 의미한다.
  즉 목적의식을 갖고 참여하며 의미 있는 여가 활동을 즐기는 삶이다.

■ 목적의식을 찾는 것은 삶을 행복하게 살기 위해 꼭 필요한 요소다.
  목적은 시간이 흐르면 바뀔 수 있다.

■ 참여는 현재에 머물고 스스로의 삶에서 능동적으로 기능하고
  자신의 활동에 몰두하는 것을 의미한다.

■ 몰입은 참여를 강화한다는 측면에서 행복한 삶에 가장 크게 기여한다.

■ 달리기뿐만 아니라 다른 취미나 대인관계, 일에서도 몰입을 경험할 수 있다.

■ 가끔 쾌락적인 경험을 하는 것은 평범한 삶의 한 부분이 될 수 있지만,
  에우다이모니아를 느낄 수 있는 경험으로 가득할 때 비로소 삶이 충만해진다.
  쾌락적 즐거움은 보통 물질적인 것을 얻을 때, 또는 하고 싶은 대로 할 때 경험할
  수 있다. 에우다이모니아는 의미 있고 목적이 있는 일을 통해 경험할 수 있으며,
  자신에게 중요한 사람과 관련된 일, 나보다 남을 돕는 일에서 비롯된다.

■ 기분이 축 처질 때는 되는 대로 마음껏 하는 행동보다 친사회적인 행동이
  기분 개선에 더 큰 도움이 된다. 대부분의 사람들은 하고 싶은 대로 하면
  즐거움을 느끼는 동시에 죄책감도 느낀다고 이야기한다.

- 몰입은 달리기에만 국한되지 않는다. 달리기를 하면서 알게 된 몰입은 삶의 다른 분야에 전이될 수 있다. 삶의 모든 부분에서 몰입하고 그 순간에 집중하는 것이 충만한 삶이다.

- 자기 목적적인 사람은 몰입을 수시로 경험하고 목적을 찾으려 하며 도전을 즐기고 다른 사람들과 함께하는 경험의 가치를 안다. 또한 인생의 여러 분야에 참여할 수 있는 방법을 찾고, 인생이 아주 충만하다고 느낀다.

- 순간을 만끽하는 능력은 행복한 삶에 기여한다. 과거의 일은 마음속으로 되새겨보면서 만끽할 수 있고, 현재는 지금 이 순간에 완전히 참여함으로써 만끽할 수 있다. 미래에 일어날 일도 고대하면 만끽할 수 있다.

- 에리히 프롬은 좋은 삶이란 방향성을 '갖는 것'이 아니라 방향이 '되는 것'이라고 요약했다. 방향성을 '갖는 것'은 힘과 부, 지위를 획득하는 것이고, 방향이 '되는 것'은 사랑하는 것, 자신을 둘러싼 세상에 참여하는 것, 인생을 열정적으로 사는 것을 의미한다.

용어 풀이

|ㄱ

과도한 자부심 스스로 가치 있는 존재이며 잘할 수 있다고 여기는 태도와 믿음으로, 자신의 기술에 관한 오판에서 비롯된다. 보통 그러한 태도와 믿음을 뒷받침할 만한 성공 경험이 없는 것이 원인으로 작용한다.

과제 지향성 현재 수행 중인 과제에 집중하는 능력. 주의집중과 같은 의미이다.

귀인 재훈련 결과와 사건의 원인을 보다 정확하게 파악할 수 있도록 스스로를 재훈련 하는 것. 성공하고도 자신이 들인 노력을 인정하지 않는 것은 귀인 오류에 해당한다.

극단적 생각 완벽하지 않다면 실패라 여기는 것처럼 양극단으로만 생각하는 것.

긍정적 재구성 사건, 생각, 개념, 감정을 더 긍정적인 방향으로 다시 생각하거나 고쳐 쓰는 것.

긍정적인 노력형 완벽주의 스스로에게 높은 기준을 적용하고 그 기준까지 얼마나 나아갔는지, 또는 어느 정도 성취했는지 평가할 수 있는 구체적인 지점을 마련하며 꾸준히 노력할 수 있는 의욕을 발휘하는 행동적, 정신적 경향.

|ㄴ

낮은 자긍심 자신의 역량을 입증해 보인 성공 경험이 있음에도 불구하고 스스로를 가치 없고 능력 없다고 여기는 태도와 믿음. 자신이 보유한 기술 수준이 실제 잠재력보다 낮다는 잘못된 판단과 수치심이 원인으로 작용한다.

내적 통제 소재 삶에서 벌어지는 일 대부분을 스스로 통제할 수 있다고 믿는 것.

내적 피드백 몸에서 나오는 정보. 심박 수, 호흡, 통증이나 피로감, 균형감, 자기 수용 감각, 근육의 긴장 또는 수축 등이 포함된다. 생각, 태도, 믿음, 전략 등 정신 작용에서 나온 내적 정보도 내적 피드백을 구성한다.

높은 자부심 자신의 역량에 관해 스스로 가치 있는 존재이고 잘할 수 있다고 여기는 태도와 믿음. 실제로 성공을 경험하면 이와 같은 태도와 믿음이 입증된 것으로 여겨진다.

|ㄹ|

러너스 하이 달리기 후에 경험하는 "고조된(high)" 기분. 긍정적인 생각이 마구 샘솟는 것, 희열감, 통증을 잘 견디는 것, 생각이 한껏 또렷해지는 것 등이 포함된다. 이와 같은 현상은 달리기가 끝나고 수시간 지속된다.

|ㅁ|

마음챙김 명상 자신의 생각 또는 감정을 평가하거나 판단하지 않고 현재에 능동적으로 집중한 상태.

명시적 기억 장기 기억의 하나로, 능동적이고 의식적인 회상이나 집중을 통해 떠올릴 수 있다. 명시적 기억을 떠올리기 위해서는 반드시 집중력이 필요하므로 다른 정보를 처리할 수 있는 정신 에너지가 줄어든다. 명시적 기억으로 시작한 과제도 시간이 흘러 계속 연습하면 암묵적 기억으로 옮겨가는 경우가 있다.

몰입 특정 과제에 몰두하는 동안 몸과 마음이 조화롭게 기능하면서 일어나는 최상의 경험. 몰입은 명확한 목표, 해결 과제와 기술의 균형, 정확한 피드백, 주의집중, 행동과 인식의 융합, 통제력, 자의식의 상실, 시간 개념의 왜곡, 내적 동기부여 등 선행 단계와 처리 결과로 구분할 수 있는 아홉 가지 요소로 구성된다.

몰입하기 쉬운 성격 몰입 경험의 빈도가 높은 성격 성향. 목표 지향성, 내적 동기부여, 기술의 완전한 습득을 지향하는 성격, 자신의 능력에 관한 현실적인 인지, 높은 자부심, 내적 통제 소재, 성실함, 목표 지향적으로 의미 있는 활동에 참여하는 것 등이 포함된다.

무아지경 운동선수들이 몰입 경험을 이야기할 때 자주 쓰는 표현. 흐트러짐 없이 특정 경험에 모든 정신이 완전하게 집중된 정신 상태를 의미한다.

무의식적인 전이 비슷한 분야의 지식이 전이되거나 그러한 지식을 전이받는 것. 쿼티 키보드를 쓰던 사람이 다른 형식으로 만들어진 키보드를 다룰 수 있는 경우가 이에 해당한다.

|ㅂ

부드러운 매혹 인지적인 노력을 통해 즐기지 않아도 사람의 주의를 잡아끄는 자연환경의 요소들.

부정적 필터 긍정적인 생각이나 칭찬은 걸러내고 비판이나 실수에 주목하는 것.

|ㅅ

사건 특이적인 즐거움 특정 활동에 참여할 때 경험하는 즐거움. 포괄적 즐거움과 다른 개념이다.

사회적 촉진 관중 효과로도 알려진 이론으로, 사람들은 다른 사람이 있을 때 평소와 다르게 행동하는 경향이 있다는 내용이다. 달리기에서는 혼자 달릴 때보다 다른 사람들과 함께 달릴 때 더 빠르게 뛰는 경향이 나타난다는 연구 결과가 있다.

사회적 확인 자신의 감정이나 생각이 옳고 정당하다는 것을 타인에게 확인받는 것.

상태 지향성 문제 해결을 위해 어떤 행동을 취하기에 앞서 가능한 여러 방법을 고려하고 잠재적 결과를 조사하는 경향.

선행 단계 몰입 경험을 구성하는 요소들로, 몰입하기 전에 반드시 갖추어져야 한다. 명확한 목표, 해결 과제와 기술의 균형, 정확한 피드백이 몰입의 선행 단계에 해당한다.

성과 몰입 연습을 통해 향상될 수 있는 내적 가치를 얻기 위해 특정 활동을 계속하려는 의욕을 불러일으키는 것.

성과와 불안에 관한 역U가설 '여키스-도슨 법칙'으로도 알려진 이론. 인간은 대체로 성공해야 한다는 압박이 높아질수록 더 높은 성과를 내지만, 그러한 영향은 특정 지점까지만 나타난다는 내용이다. 성공해야 한다는 압박이 계속해서 높아지면 불안 또는 걱정이 많아지고 그로 인해 성과는 낮아진다.

성과 지향성 새로운 기술을 습득하는 과정보다 수행 결과에 중점을 두는 태도. 이길 수 있는 기술을 갖추는 것보다 이기는 것이 더 중요하다고 보는 태도가 이에 해당한다. 기량이나 기술을 발전시키는 것보다 다른 사람을 이기는 것(경기에서 남을 물리치는 것)에 더 큰 가치를 부여한다.

성실성 자기 수양과 신뢰성, 야망, 체계성, 추진력이 나타나는 성격 성향.

신경성 정서적으로 불안정하고 불안하며 수동적인 성격 성향.

실행 동기형 실패할 위험이 있더라도 도전을 추구하고 개인적 성장과 기술 또는 능력 향상을 바라는 욕구에서 의욕을 얻는 사람. 실행 동기형인 사람은 위험성과 실패를 발전 기회로 본다.

|ㅇ

암묵적 기억 장기 기억의 하나로, 여러 번 반복해서 반사적으로 하게 된 일이나 과제처럼 생각하지 않아도 떠올릴 수 있는 과거의 경험. 암묵적 기억이 되면 주어진 과제를 빠르고 효율적으로 수행할 수 있으므로 다른 정보에 생각을 더 집중할 수 있다.

에우다이모니아 플라톤이 자주 언급한 철학 용어. 물질적인 것이나 부, 권력을 추구하거나 획득하려 애쓰지 않고 유의미한 경험과 삶의 목적에 중점을 두는 인생을 가리킨다. 에우다이모니아에서 얻는 즐거움은 의미와 목적, 자아실현을 중시하므로 보다 포괄적이고 장기적인 관점에서 행복을 추구하는 것이라 할 수 있다.

엔도르핀 중추신경계 여러 부위에서 만들어지는 오피오이드의 일종으로 모르핀과 유사한 작용을 한다. 몇몇 연구를 통해 엔도르핀이 러너스 하이에도 영향을 주는 것으로 확인됐다.

엔도카나비노이드 마리화나에 포함된 성분으로, 황홀감을 느끼게 하는 테트라하이드로칸나비놀(THC)처럼 작용하는 천연 물질. 뇌에서 만들어지며, 러너스 하이를 일으키는 주된 물질로 여겨진다.

외적 통제 소재 자신이 처한 환경을 통제할 수 있는 힘이 거의 없다고 믿는 것. 따라서 자신에게 일어난 결과를 다른 사람이나 운명, 팔자 탓으로 돌린다.

외적 피드백 사람이 아닌 원천에서 나온 감각 정보. 소음, 코치의 지시, 날씨, 기온, 경쟁 상황에서 현재 자신의 순위, 위치, 풍경, 시간, 속도, GPS 정보, 스마트 워치나 타이머가 제공하는 정보 등이 포함된다.

의식적인 전이 전혀 다른 분야의 지식이 전이되거나 그러한 지식을 전이받는 것. 가령 미식축구에서 배운 기술을 직장에서 팀 프로젝트를 조직하고 리드하는 데 활용하는 경우가 해당된다.

인간의 의욕에 관한 자극 이론 인간에게는 자극이나 도전 과제가 꼭 필요하며, 이것이 없으면 지루함과 불안을 느끼고 심지어 방향성을 잃는다고 보는 이론.

일시적 전두엽 기능저하 이론 아르네 디트리히(레바논 아메리칸 대학교 심리학과 교수)가 개발한 이론. 이 이론에서는 달리기와 같이 신체적으로 장시간 애를 써야 할 때는 신경 에너지가 운동피질에 활용되어야 하므로 전전두피질을 비롯한 뇌의 다른 영역에서 사용할 수 있는 에너지가 줄어든다고 본다. 전전두피질의 활성 감소(불활성)는 자의식의 상실, 시간 개념의 왜곡 등 몰입 경험의 몇 가지 특징을 설명한다.

|ㅈ|

자기 목적적 경험 그리스어 'autotelēs'는 '자기 목표'를 뜻한다. 달리기가 좋아서 달리기를 하는 것처럼 그 자체를 위해 하는 경험을 가리킨다.

자기 목적적 성격 행동과 사고방식에 있어서 끊임없이 도전 과제와 몰입 경험을 찾는 성향. 자기 목적적 성격은 자기 목적적 경험을 추구하며, 그 경험에 만족한다. 새로운 경험을 개방적으로 받아들이고, 호기심이 강하며, 호기심이 생기는 일에 적극적으로 참여한다. 또한 기술을 발전시키려는 욕구가 있으며 도전할 만한 일을 찾는다.

자기 비판형 완벽주의 기준을 높게 설정하고 자신이 얻은 성과를 비판적으로 자체 판단한 후, 결과가 그 기준에 이르지 못한 경우 실수와 부족한 면에 중점을 두는 행동적, 정신적 경향.

자기 효능감 특정 상황이나 과제를 성공적으로 해낼 만한 능력이 자신에게 있다고 믿는 것.

자아실현 심리학자 에이브러햄 매슬로가 처음 도입한 표현으로, 개인적으로 성장하고 잠재력을 모두 발휘하고자 하는 욕구를 의미한다. 매슬로는 인간의 기본적인 욕구(생리학적 욕구, 안전, 사랑, 자긍심)가 충족될 때 자아실현이 가능하다고 보았다.

자연스러운 집중력 엄청난 연습과 반복을 통해 얻을 수 있는 것으로, 스포츠를 비롯해 어떤 분야든 전문가에게서 이 같은 집중력이 반사적으로 발휘되는 것을 확인할 수 있다.

전문가 지향성 결과보다 새로운 기술을 전문적인 수준까지 익히는 과정을 중시하는 태도. 달리기에서는 시간 기록을 단축하기 위해 자세와 기술에 중점을 두는 태도와 결승선을 몇 위로 통과하느냐에 중점을 두는 태도에서 그 차이가 드러난다.

전전두피질 대뇌피질 중 전두엽에 해당하는 영역으로, 이마 쪽에 자리한다. 이성적인 사고를 관장하며, 복잡한 인지적 의사결정과 시각 인지, 시간 인지를 담당한다. 달리기를 오래 할 때 엔도르핀이 분비되는 현상과 관련이 있는 영역이기도 하다.

절정 경험 정신적으로 희열을 느끼거나 감각이 한껏 고취되는 경험. 실제로 이를 경험한 사람들은 자의식을 잃고 애쓰지 않아도 일이 이루어지는 기분이 들며 현재에 완전히 몰두하고 시간 개념이 왜곡되는 등 몰입과 유사한 특징을 이야기한다. 그러나 절정 경험은 몰입과 달리 에너지가 분출되고 외부 사건에 의해 촉발된다는 특징이 있다.

조화로운 열정 특정 활동을 향한 본질적인 애정으로, 열정을 다해 그 활동을 하거나 열심히 노력하는 것. 이러한 열정은 개인의 정체성에 중요한 부분을 차지하며 한 사람의 인생, 가치 또는 우선순위를 결정한다.

주의집중 한 가지에 집중하고 다른 자극은 차단하는 것.

주의 회복 이론 자연에 노출되면 직장에서 특정 프로젝트를 수행하는 일 등 해야 할 일에 꾸준히 집중하는 능력이 회복된다고 보는 이론.

지향성 집중에 따른 피로 뇌가 오랫동안 특정한 일에 집중하면서 원치 않는 자극을 걸러내느라 애쓸 때 발생하는 신경학적 현상.

집단 몰입 릴레이 경기에 함께 출전한 팀처럼 공통 목표를 위해 함께 노력할 때 그룹 구성원 전체가 함께 경험하는 몰입.

집착에서 비롯된 열정 통제된 환경에서 열정을 다해 어떤 활동을 하거나 열심히 노력하는 것. 또는 자신의 정체성이나 인생, 가치관을 구성하는 다른 요소들을 무시하고 특정 활동이나 목표에 과도하게 집중하는 것.

|ㅊ|

처리 결과 몰입의 구성요소로, 선행 단계가 갖추어진 후 나타날 수 있는 현상. 주의집중, 행동과 인식의 융합, 통제력, 자의식의 상실, 시간 개념의 왜곡, 내적 동기부여(자기 목적성) 등이 포함된다.

최악의 상황을 상상하는 것 나쁜 일이 일어날 가능성을 크게 부풀려서 생각하거나, 일어날 수 있는 나쁜 일 또는 이미 일어난 안 좋은 일을 과장해서 생각하는 경향.

|ㅋ|

쾌락적 즐거움 '달콤한'을 뜻하는 그리스어 'hedonic'에서 비롯된 표현. 보통 즉각적으로 발생해서 금방 지나가는 즐거움을 의미한다. 즐거움을 얻고 고통이나 불편함을 피하는 것에 중점을 둔다.

|ㅍ|

포괄적인 행복 총체적으로 행복하다고 느끼는 것. 미래를 낙관적으로 바라보고 삶에 만족을 느끼는 것.

|ㅎ|

학습 전이 이론 한 분야에서 배운 기술과 지식을 다른 분야에도 적용할 수 있다고 보는 심리학 이론.

해결 과제와 기술의 균형 자신의 기량과 현재 주어진 도전 과제 사이에 균형을 맞추는 것. 몰입하기 위해서는 대체로 이 두 가지 요소가 거의 균형을 이루거나 기량보다 도전 과제가 약간 더 어려운 정도가 가장 적절하다.

행동 비활성화 체계 불쾌한 경험이나 실패할 위험, 불편한 것을 피하려는 경향을 설명하는 신경심리학적 체계. 주변 환경으로부터 불안이나 벌, 좌절로 이어질 수 있는 지루하고 부정적인 일, 또는 불편한 사건이라는 신호가 주어지면 이 체계가 활성화된다.

행동 지향성 행동을 취하기 전에 여러 가지 선택지를 두고 고민하는 대신 실행해서 문제를 해결하려는 경향.

행동 활성화 체계 욕구 행동에 관한 모형의 하나로, 목표를 추구하고 성취하려는 경향. 행동 활성화 체계는 보상 신호가 주어질 때 작동된다고 여겨진다.

활성 감소 뇌의 활성이 줄어드는 것 또는 불활성.

회피 동기형 성공적인 결과를 얻는 것보다 실패를 피해야 한다는 욕구가 행동의 동기가 되는 사람. 따라서 회피 동기형인 사람은 목표나 기준을 낮추고 힘든 경험을 피하며 위험을 줄이는 방식으로 실패라는 불편한 결과를 피하려고 한다. 도전은 불안의 원인이 된다.

|A|

A형 성격 A형 성격과 B형 성격에 관한 이론은 서로 상반된 행동 경향을 설명한다. 경쟁심이 강하고 외향적이며 체계적이고 야망이 큰 사람, 행동에 인내심이 부족한 성격이 A형에 속하며 보다 차분한 성격은 B형에 속한다.

참고 문헌

1장 달리기와 몰입 경험

Allan, P. 2014. Four "confusing" Zen quotes and what you can learn from them. *LifeHacker*. lifehacker. com/four-confusing-zen-quotes-and-what-you-can-learnfrom-1676177538

Conley, C. 2007. *Peak: How great companies get their mojo from Maslow*. San Francisco: Wiley.

Csikszentmihalyi, M. 2003. The evolving nature of work. *NAMTA Journal*, *28*(2), 87-107.

Csikszentmihalyi, M. 1990. *Flow: The psychology of optimal experience*. New York: HarperCollins.

Csikszentmihalyi, M. 1975. Play and intrinsic rewards. *Journal of Humanistic Psychology*, 15(3), 41.

Csikszentmihalyi, M. 1988. The flow experience and its significance for human psychology. In M. Csikszentmihalyi, I.S. Csikszentmihalyi (Eds.), *Optimal experience: Psychological studies of flow in consciousness* (pp. 15-35). New York: Cambridge University Press.

Dietrich, A. 2004. Neurocognitive mechanisms underlying the experience of flow. *Consciousness And Cognition: An International Journal*, 13(4), 746-761. doi:10.1016/j.concog.2004.07.002

Dietrich, A., & Audiffren, M. 2011. The reticular-activating hypofrontality (RAH) model of acute exercise. *Neuroscience and Biobehavioral Reviews, 35*(6), 1305-1325. doi:10.1016/j. neubiorev.2011.02.001

Dunn, E.W., Gilbert, D.T., & Wilson, T.D. 2011. If money doesn't make you happy, then you probably aren't spending it right. *Journal of Consumer Psychology, 21*(2), 115-125. doi:10.1016/j. jcps.2011.02.002

Fetters, K. 2014. How to achieve a runner's high. *Runner's World Online*. www.runnersworld.com/ running-tips/how-to-achieve-a-runners-high

Gleiser, M. 2016. How runners get high. 13.7 *Cosmos and Culture*. www.npr.org/sectio ns/13.7/2016/04/20/474863739/how-runners-get-high

Gunaratana, B. 2002. Buddhist concept of happiness. *Bhavana Society*. www.bhavanasociety.org/ resource/buddhist_concept_of_happiness

Jackson, S.A. & Csikszentmihalyi, M. 1999. *Flow in sports: The keys to optimal experiences and performances*. Champaign, IL: Human Kinetics.

Maslow, A.H. 1954. *Motivation and personality*. New York: Harper.

Maslow, A.H. 1962. Cognition of being in the peak-experiences. In A.H. Maslow *Toward a psychology of being* (pp. 67-96). Princeton, NJ: D. Van Nostrand.doi:10.1037/10793-006

Von Tevenar, G. 2007. *Nietzsche and ethics*. Bern: Peter Lang AG.

2장 몰입의 아홉 가지 구성요소

Baer, R. 2003. Mindfulness training as a clinical intervention: a conceptual and empirical review. *Clinical Psychology, 10*(2), 125-143.

Cooley, C. 1902. *Human nature and the social order.* New York: Scribner's Sons.

Csikszentmihalyi, M. 1997. *Finding flow: The psychology of engagement with everyday life.* New York: Basic Books.

Csikszentmihalyi, M., Rathunde, K.R., Whalen, S., & Wong, M. 1993. *Talented teenagers: The roots of success and failure.* New York: Cambridge University Press.

Dietrich, A. & Sparling, P.B. 2004. Endurance exercise selectively impairs prefrontal-dependent cognition. *Brain and Cognition, 55*(3), 516-524. doi:10.1016/j.bandc.2004.03.002

Dietrich, A. & Stoll, O. 2010. *Effortless attention, hypofrontality, and perfectionism.* In B. Bruya, (Ed.), *Effortless attention: A new perspective in the cognitive science of attention and action* (pp. 159-178). Cambridge, MA: MIT Press.

Dweck, C.S. 1986. Motivational processes affecting learning. *American Psychologist, 41*(10), 1040-1048. doi:10.1037/0003-066X.41.10.1040

Emmons, R.A. 1992. Abstract versus concrete goals: Personal striving level, physical illness, and psychological well-being. *Journal of Personality and Social Psychology, 62*(2), 292-300. doi:10.1037/0022-3514.62.2.292

Jackson, S.A. 1996. Toward a conceptual understanding of the flow experience in elite athletes. *Research Quarterly for Exercise & Sport, 67*(1), 76.

Jackson, S.A. & Csikszentmihalyi, M. 1999. *Flow in sports: The keys to optimal experiences and performances.* Champaign, IL: Human Kinetics.

National Institutes of Health. 2016. Mindfulness meditation reduces pain, bypasses opioid receptors. NCCIH Research Blog: https://nccih.nih.gov/research/blog/mindfulness-meditation-pain

Smith, E.R. & Mackie, D.M. 2007. *Social psychology.* 3rd ed. Hove: Psychology Press.

Stavrou, N.A., Jackson, S.A., Zervas, Y., & Karteroliotis, K. 2007. Flow experience and athletes' performance with reference to the orthogonal model of flow. *The Sport Psychologist, 21*(4), 438-457.

Sugiyama, T. & Inomata, K. 2005. Qualitative examination of flow experience among top Japanese athletes. *Perceptual & Motor Skills, 100*(3), 969-982.

Tang, Y., Ma, Y., Wang, J., Fan, Y., Feng, S., Lu, Q., ... & Posner, M.I. 2007. Shortterm meditation training improves attention and self-regulation. *Proceedings of the National Academy of Sciences of the United States of America, 104*(43), 17152-17156. doi:10.1073/pnas.0707678104

Ullen, F., de Manzano, O., Almeida, R., Magnusson, P.K.E., Pedersen, N.L., Nakamura, J., Csikszentmihalyi, M., & Madison, G. 2011. Proneness for psychological flow in everyday life: Associations with personality and intelligence. *Personality and Individual Differences, 52,* 167-172.

Yerkes, R.M. & Dodson, J.D. (1908). The relation of strength of stimulus to rapidity of habit-formation. *Comparative Neurology and Psychology, 18,* 459-482.

3장 몰입에 유리한 특성

Csikszentmihalyi, M., Rathunde, K.R., Whalen, S., & Wong, M. 1993. *Talented teenagers: The roots of success and failure*. New York: Cambridge University Press.

Csikszentmihalyi, M. (1997). *Finding flow: The psychology of engagement with everyday life*. New York, NY, US: Basic Books.

Dietrich, A. & Sparling, P.B. 2004. Endurance exercise selectively impairs prefrontal-dependent cognition. *Brain and Cognition, 55*(3), 516-524. doi:10.1016/j.bandc.2004.03.002

Dietrich, A. & Stoll, O. 2010. Effortless attention, hypofrontality, and perfectionism. In B. Bruya, (Ed.), *Effortless attention: A new perspective in the cognitive science of attention and action* (pp. 159-178). Cambridge, MA: MIT Press.

Dweck, C. S. (1986). Motivational processes affecting learning. *American Psychologist, 41*(10), 1040-1048. doi:10.1037/0003-066X.41.10.1040

Elliot, A.J., Gable, S.L., & Mapes, R.R. 2006. Approach and avoidance motivation in the social domain. *Personality and Social Psychology Bulletin, 32*, 378-391.

Goldberg, L.R. 1990. An "Alternative description of personality": The big-five factor structure. *Journal of Personality and Social Psychology, 59*(6), 1216-1229.

Hanson, R. 2013. *Hardwiring happiness: The new brain science of contentment, calm, and confidence*. New York, NY: Crown Publishing.

Hudson, N. W., & Fraley, R. C. (2015, March 30). Volitional Personality Trait Change: Can People Choose to Change Their Personality Traits? *Journal of Personality and Social Psychology*. Advance online publication. http://dx.doi.org/10.1037/pspp0000021

Jackson, S. A., & Roberts, G. C. (1992). Positive performance states of athletes: Toward a conceptual understanding of peak performance. *The Sport Psychologist, 6*(2), 156-171.

McCrae, R.R. & Costa, P.T.J. 1990. *Personality in adulthood*. New York: Guilford.

Smith, E.R. & Mackie, D.M. 2007. *Social psychology*. 3rd ed. Hove: Psychology Press.

Strachman, A. & Gable, S.L. 2006. What you want (and do not want) affects what you see (and do not see): Avoidance social goals and social events. *Personality and Social Psychology Bulletin, 32*, 1446-1458.

Ullen, F., de Manzano, O., Almeida, R., Magnusson, P.K.E., Pedersen, N.L., Nakamura, J., Csikszentmihalyi, M., & Madison, G. 2011. Proneness for psychological flow in everyday life: Associations with personality and intelligence. *Personality and Individual Differences, 52*, 167-172.

4장 몰입은 왜 중요할까

Baumann, N. 2012. Autotelic personality. In S. Engeser, S. Engeser eds., Advances in flow research (pp. 165-186). New York, NY, US: Springer Science + Business Media. doi:10.1007/978-1-4614-2359-1_9

Baumann, N. & Scheffer, D. 2011. Seeking flow in the achievement domain: The achievement flow motive behind flow experience. Motivation and Emotion, 35(3), 267-284. doi:10.1007/ s11031-010-9195-4

Boecker, H., Sprenger, T., Spilker, M.E.,Henriksen, G., Koppenhoefer, M., Wagner, K. J., Valet, M., Berthele, A., & Tolle, T. R. (2008). The Runner's High: Opioidergic Mechanisms in the Human Brain. Cereb. Cortex, 18(11), 2523-2531. doi: 10.1093/cercor/bhn013

Csikszentmihalyi, M. 1982. Toward a psychology of optimal experience. In L. Wheeler (Ed.), Review of personality and social psychology (Vol. 2, pp. 13?6). Beverly Hills: Sage.

Csikszentmihalyi, M. & LeFevre, J. 1989. Optimal experience in work and leisure. *Journal of Personality and Social Psychology*, 56(5), 815-822. de Manzano, O., Theorell, T., Harmat, L., & Ullen, F. (2010). The psychophysiology of flow during piano playing. Emotion, 10(3), 301-311.

Dietrich, A. 2004. Neurocognitive mechanisms underlying the experience of flow. *Consciousness and Cognition: An International Journal, 13*(4), 746-761. doi:10.1016/j.concog.2004.07.002

Dietrich, A. & Sparling, P.B. 2004. Endurance exercise selectively impairs prefrontal-dependent cognition. *Brain And Cognition*, 55(3), 516-524. doi:10.1016/j.bandc.2004.03.002

Dietrich, A. & Stoll, O. 2010. *Effortless attention, hypofrontality, and perfectionism*. In B. Bruya, B. Bruya (Eds.) , *Effortless attention: A new perspective in the cognitive science of attention and action* (pp. 159-178). Cambridge, MA: MIT Press.

Dietrich, A. & Audiffren, M. 2011. The reticular-activating hypofrontality (RAH) model of acute exercise. *Neuroscience & Biobehavioral Reviews, 35*, 1305-1325.

Engeser, S. & Schiepe-Tiska, A. 2012. Historical lines and an overview of current research on flow. In S. Engeser, S. Engeser (Eds.), *Advances in flow research* (pp. 1-22). New York: Springer Science + Business Media. doi:10.1007/978-1-4614-2359-1_1

Garfield, C.A. & Bennett, H.Z. 1984. Peak performance: Mental training techniques of the world's greatest athletes. Los Angeles: Tarcher.

Hamilton, J.P., Farmer, M., Fogelman, P., & Gotlib, I.H. 2015. Depressive rumination, the default-mode network, and the dark matter of clinical neuroscience. *Biological Psychiatry, 78*(4), 224-230.

Hoff, B. (1982). Tao of Pooh. New York: Penguin Group.

Jackson, S.A., Ford, S., Kimiecik, J.C. & Marsh, H.W. 1998. Psychological correlates of flow in sport. *Journal of Sport & Exercise Psychology, 20* (4), 358-378.

Jackson, S.A. & Csikszentmihalyi, M. 1999. *Flow in sports*. United Kingdom: Human Kinetics.

Jackson, S.A. & Roberts, G. C. 1992. Positive performance states of athletes: Toward a conceptual understanding of peak performance. *The Sport Psychologist*, 6(2), 156-171.

Jackson, S.A. & Marsh, H.W. 1996. Development and validation of a scale to measure optimal experience: The Flow State Scale. *Journal of Sport & Exercise Psychology*, 1817-1835.

Keller, J. & Bless, H. 2008. Flow and regulatory compatibility: An experimental approach to the flow model of intrinsic motivation. *Personality and Social Psychology Bulletin, 34*, 196-209. doi:10.1177/0146167207310026

Landhäußer, A. & Keller, J. 2012. Flow and its affective, cognitive, and performance-related consequences. In S. Engeser (Ed.), *Advances in flow research* (pp. 65-85). New York, NY, US: Springer Science + Business Media. doi:10.1007/978-1-4614-2359-1_4

Loehr, J.E. 1984, March. How to overcome stress and play at your peak all the time. *Tennis*, pp. 66-76.

Masters, R.S.W. 2000. Theoretical aspects of implicit learning in sport. *International Journal of Sport Psychology, 311*, 530?41.

Masters, R.S.W., Polman, R.C.J., & Hammond, N.V. 1993. "Reinvestment": A dimension of personality implicated in skill breakdown under pressure. *Personality and Individual Differences, 14*, 655-666.

Maxwell, J.P., Masters, R.S.W., & Eves, F.F. 2000. From novice to know-how: A longitudinal study of implicit motor learning. *Journal of Sports Sciences, 18*, 111-120.

Moneta, G.B. 2004. The Flow Experience Across Cultures. *Journal of Happiness Studies, 5*(2), 115-121. doi:10.1023/B:JOHS.0000035913.65762.b5

Pfitzinger, P. & Latter, P. 2015. *Faster road racing: 5K to half marathon.* Champaign, IL: Human Kinetics.

Ravizza, K. 1973. A study of the peak experience in sport. Unpublished doctoral dissertation, University of Southern California.

Ravizza, K. 1984. Qualities of the peak experience in sport. In J.M. Silva & R.S. Weinberg (Eds.), Psychological foundations of sport (pp. 452-462). Champaign, IL: Human Kinetics.

Rheinberg, F., Vollmeyer, R., & Engeser, S. 2003. Die Erfassung des Flow-Erlebens [The assessment of flow experience]. In J. Stiensmeier-Pelster & F. Rheinberg (Eds.), Diagnostik von Motivation und Selbstkonzept (pp. 261-279). Göttingen: Hogrefe.

Schuler, J. & Brunner, S. 2009. The rewarding effect of flow experience on performance in a marathon race. *Psychology of Sport and Exercise, 10*(1), 168-174. doi:10.1016/j.psychsport.2008.07.001

Takizawa, R., Nishimura, Y., Yamasue, H., & Kasai, K. 2014. Anxiety and performance: The disparate roles of prefrontal subregions under maintained psychological stress. *Cerebral Cortex, 24*(7), 1858-1866. TED. 2011. Arne Dietrich TEDx Talk in Beirut. http://tedxtalks.ted.com/video/TEDxBeirut-Arne-Dietrich-Surfin

United States Tennis Association. (2016). Sports Psychology: Mental skills for achieving optimum performance. Retrieved from: https://www.usta.com/Improve-Your-Game/Sport-Science/117746_Sports_Psychology_Mental_Skills_for_Achieving_Optimum_Performance/

Wenz, B. & Henschen, K. 2012. Sports psychology. From *IAAF Medical Manual.* Edited by C. Brown. www.iaaf.org/about-iaaf/documents/medical

5장 몰입의 선행 단계

Aherne, C., Moran, A.P., & Lonsdale, C. 2011. The effect of mindfulness training on athletes' flow: An initial investigation. *The Sport Psychologist, 25*(2), 177-189.

Brown, K.D. and Ryan, R.M. (2003). The benefits of being present: mindfulness and its role in psychological well-being. *Journal of Personality and Social Psychology, 84(4), 822-848.* Clarey, C. 2014. Their Minds Have Seen The Glory. New York Times, February 23, 2014, pp. 1-8.

Daniels, J. 2004. *Daniels' running formula, second edition.* Champaign, IL: Human Kinetics.

Davis, D.M. & Hayes, J.A. 2011. What are the benefits of mindfulness? A practice review of psychotherapy-related research. *Psychotherapy, 48*(2), 198-208. doi:10.1037/a0022062

Dietrich, A. (2016). Personal correspondence. 5 Jan 2016.

Epstein, D. (2013). The sports gene. New York: Current.

Garfield, C.A. & Bennett, H.Z. 1984. Peak performance: Mental training techniques of the world's greatest athletes. Los Angeles: Tarcher.

Johnson, S. (1840). The works of Samuel Johnson, LL.D. Volume II. New York: Alexander V. Blake Publishers.

Jung, A.P. 2003. The impact of resistance training on distance running performance. *Sports Medicine, 33*(7), 539-552.

Keller, J. & Landhäußer, A. 2012. The flow model revisited. In S. Engeser (Ed.), *Advances in flow research* (pp. 51-64). New York: Springer.

LeVan, A.J. 2009. Seeing is believing: The power of visualization. *Psychology Today Online.* https://www.psychologytoday.com/blog/flourish/200912/seeing-is-believing-the-power-visualization

Locke, E.A. & Latham, G.P. 2002. Building a practically useful theory of goal setting and task motivation: A 35-year odyssey. *American Psychologist, 57*(9), 705-717.

Locke, E.A. & Latham, G.P. 2006. New directions in goal-setting theory. *Current Directions in Psychological Science, 15*(5), 265-268.

Noakes, T. 2002. *Lore of running.* 4th ed.. Champaign, IL: Human Kinetics.

Paavolainen, L., Hakkinen, K., Hamalainen, I., Nummela, A., & Rusko, H. 1999. Explosive-strength training improves 5-km running time by improving running power. *Journal of Applied Physiology, 86*(5), 1527-1533.

Pfitzinger, P. & Latter, P. 2015. *Faster road racing: 5K to half marathon.* Champaign, IL: Human Kinetics.

Statistic Brain. (2015). New years resolution statistics. Source: http://www.statisticbrain.com/new-years-resolution-statistics/

Thompson, R.W., Kaufman, K.A., De Petrillo, L.A., Glass, C.R. and D.B. Arnkoff.

(2011). One year follow-up of mindful sport performance enhancement (MSPE) with archers, golfers, and runners. *Journal of Clinical Sport Psychology, 5*(2), 99-116.

Wiese, B.S. & Freund, A.M. 2005. Goal progress makes one happy, or does it? Longitudinal findings from the work domain. *Journal of Occupational & Organizational Psychology, 78*(2). 287-304. doi:10.1348/096317905X26714

6장 일상적인 달리기와 몰입

Bond, P. (2008, April). Running with the mind of meditation. *Trail Runner Magazine.* Retrieved from: http://trailrunnermag.com/people/1648-running-with-the-mindof-meditation

Cianciosi, J. 2007. Mindful nature walking one step at a time. *Yoga Journal Online*. http://www. yogajournal.com/article/practice-section/mindful-nature-walkingone-step-at-a-time/

Csikszentmihalyi, M. 1990. *Flow: The psychology of optimal experience*. New York: Harper Collins.

Dietrich, A. 2003. Functional neuroanatomy of altered states of consciousness: The transient hypofrontality hypothesis. *Consciousness and Cognition: An International Journal, 12*(2), 231-256. doi:10.1016/S1053-8100(02)00046-6

Fuller, R.A., et al. (2007). Psychological benefits of greenspace increase with biodiversity. *Biology Letters, 3*(4). 390-394.

Kaplan, R. 1993. The role of nature in the context of the workplace. *Landscape and Urban Planning, 26*(1), 193-201.

Karageorghis, C.I. & Priest, D. 2012. Music in the exercise domain: A review and synthesis (Part I). *International Review of Sport and Exercise Psychology, 5*(1),44-66. doi:10.1080/175098 4X.2011.631026

Koudenburg, N., Postmes, T., & Gordijn, E.H. 2013. Conversational Flow Promotes Solidarity. *Plos ONE, 8*(11), 1-6. doi:10.1371/journal.pone.0078363

Lutz, A., Slagter, H.A., Rawlings, N.B., Francis, A.D., Greischar, L.L., & Davidson, R.J. 2009. Mental training enhances attentional stability: Neural and behavioral evidence. *The Journal of Neuroscience, 29*(42), 13418-13427. doi:10.1523/JNEUROSCI.1614-09.2009

Menezes, C.B., & Bizarro, L. 2015. Effects of a brief meditation training on negative affect, trait anxiety and concentrated attention. *Paidéia, 25*(62), 393-401.doi:10.1590/1982-43272562201513

Mipham, S. 2012. *Running with the mind of meditation*. New York: Harmony Books.

Potteiger, J.A., Schroeder, J.M., & Goff, K.L. 2000. Influence of music on ratings of perceived exertion during 20 minutes of moderate intensity exercise. *Perceptual and Motor Skills, 91*(3, Pt 1), 848-854. doi:10.2466/PMS.91.7.848-854

Sio, U.N. & Ormerod, T.C. 2009. Does incubation enhance problem solving? A meta-analytic review. *Psychological Bulletin, 135*(1), 94-120. doi:10.1037/a0014212

Strube, M.J., Miles, M.E., & Finch, W.H. 1981. The social facilitation of a simple task: Field tests of alternative explanations. *Personality and Social Psychology Bulletin, 7*(4), 701-707. doi:10.1177/014616728174030

Swann, C., Keegan, R.J., Piggott, D., Crust, L. (2012). A system review of the experience, occurrence, and controllability of flow states in elite sports. *Psychology of Sports and Exercise, 13*(6). 807-819.

Swann, C., Keegan, R., Piggott, D., Crust, L., & Smith, M.F. 2012. Exploring flow occurrence in elite golf. *Athletic Insight: The Online Journal of Sport Psychology, 4*(2), 171-186.

Ulrich, R.S. 1984. View through a window may influence recovery from surgery. *Science, 224*(4647): 420-421.

Wells, N. & Evans, G. 2003. Nearby nature: a buffer of life stress among rural children. *Environment and Behavior, 35*(3), 311?30.

Wöran, B., & Arnberger, A. 2012. Exploring relationships between recreation specialization, restorative environments and mountain hikers' flow experience. *Leisure Sciences, 34*(2), 95-114. doi:10.1080/01490400.2012.6525

7장 몰입과 경쟁

Bakker, A. B., Oerlemans, W., Demerouti, E., Slot, B. B., & Ali, D. K. (2011). Flow and performance: A study among talented Dutch soccer players. *Psychology of Sport and Exercise, 12*(4), 442-450. doi:10.1016/j.psychsport.2011.02.003

Chavez, E.J. 2008. Flow in sport: A study of college athletes. *Imagination, Cognition, and Personality, 28*(1), 69-91.

Dietrich, A., & Stoll, O. (2010). Effortless attention, hypofrontality, and perfectionism. In B. Bruya, B. Bruya (Eds.) , *Effortless attention: A new perspective in the cognitive science of attention and action* (pp. 159-178). Cambridge, MA, US: MIT Press.

Engeser, S. & Rheinberg, F. 2008. Flow, performance and moderators of challenge-skill balance. *Motivation and Emotion, 32*, 158-172.

Hajoglou, A., Foster, C., de Koning, J.J., Lucia, A., Kernozek, T.W., & Porcari, J.P. 2005. Effect of warm-up on cycle time trial performance. *Medicine & Science in Sports & Exercise, 37*(9), 1608-1614. doi:10.1249/01.mss.0000177589.02381.0a

Jackson, S.A. 1992. Athletes in flow: A qualitative investigation of flow states in elite figure skaters. *Journal of Applied Sport Psychology, 4*(2), 161-180. doi:10.1080/10413209208406459

Jackson, S.A. 1995. Factors influencing the occurrence of flow state in elite athletes. *Journal of Applied Sport Psychology, 7*(2), 138-166. doi:10.1080/10413209508406962

Kallenbach, S. & Zafft, C. 2004. Attributional retraining: rethinking academic failure to promote success. *National College Transition Network: Research to Practice, 1*, 1-3.

Kamphoff, C. 2015. Personal conversation. 26 August 2015.

Mayo Clinic. 2014. Positive thinking: Stop negative self-talk to reduce stress. Healthy Lifestyle: Stress Management. www.mayoclinic.org/healthy-lifestyle/stress-management/in-depth/positive-thinking/art-20043950

Rhea M.R., Alvar, B.A., Burkett, L.N., & Ball, S.D. 2003. A meta-analysis to determine the dose response for strength development. *Med Sci Sports Exerc, 35*(3): 456-64.

Society for Endocrinology. 2015. You and your hormones: adrenaline. www.yourhormones.info/Hormones/Adrenaline.aspx

Sugiyama, T. & Inomata, K. 2006. Qualitative examination of flow experience among top Japanese athletes. *Perception and Motor Skills, 100* (3), 969-982.

Swann, C., Keegan, R., Piggott, D., Crust, L., & Smith, M.F. 2012. Exploring flow occurrence in elite golf. *Athletic Insight: The Online Journal of Sport Psychology, 4*(2), 171-186.

Triplett, N. 1898. The dynamogenic factors in pacemaking and competition. *American Journal of Psychology, 9*(4), 507-533.

Worringham, C.J. & Messick, D.M. 1983. Social facilitation of running: An unobtrusive study. *The Journal of Social Psychology, 121*(1), 23-29. doi:10.1080/00224545.1983.9924462

8장 몰입의 한계

Frank, M.G. 2009. *Current advances in sleep biology.* New York: Nova Science.

Gallagher, J. 2013. Sleep 'cleans' the brain of toxins. *BBC News.* www.bbc.com/news/health-24567412

Kraft, T.L., & Pressman, S.D. 2012. Grin and bear it: The influence of manipulated facial expression on the stress response. *Psychological Science, 23*(11), 1372-1378. doi:10.1177/0956797612445312

Mageau, G.A., Vallerand, R.J., Charest, J., Salvy, S.J., Lacaille, N., Bouffard, T., &

Koestner, R. 2009. On the development of harmonious and obsessive passion: The role of autonomy support, activity specialization, and identification with the activity. *Journal of Personality, 77*(3), 601-646.

O'Keefe, J.H., Gheewala, N.M., & O'Keefe, J.O. 2008. Dietary strategies for improving post-prandial glucose, lipids, inflammation, and cardiovascular health. *Journal of the American College of Cardiology, 51*(3), 249-255. doi:10.1016/j.jacc.2007.10.016

Stoeber, J. & Janssen, D.P. 2011. Perfectionism and coping with daily failures: Positive reframing helps achieve satisfaction at the end of the day. Anxiety, Stress & Coping: *An International Journal, 24*(5), 477-497. doi:10.1080/10615806.2011.562977

Williams, R. 2011. How to deal best with failure and stress. *Psychology Today Online: Wired for Success.* www.psychologytoday.com/blog/wired-success/201107/howdeal-best-failure-and-stress

9장 몰입과 함께하는 삶

Alexander, C.N., Swanson, G.C., Rainforth, M.V., Carlisle, T.W., Todd, C.C., & Oates,

R.M. 1993. Effects of the transcendental meditation program on stress reduction, health, and employee development: A prospective study in two occupational settings.

Anxiety, Stress & Coping, 6, 245-262.

Argyle, M. 2001. The psychology of happiness. 2nd ed. East Sussex, England: Routledge.

Boniwell, I. & Henry, J. 2013. Developing Conceptions of Well-Being: Advancing Subjective, Hedonic and Eudaimonic Theories. In C.L. Cooper, I.T. Robertson (Eds.), *Management and Happiness* (pp. 3-18). Elgar Research Collection. International Library of Critical Writings on Business and Management, vol. 21. Cheltenham, U.K. and Northampton, Mass.: Elgar.

Bryant, F.B. & Veroff, J. 2007. *Savoring: A new model of positive experience.* Mahwah, NJ: Lawrence Erlbaum Associates.

Caltabiano, M.L. 1994. Measuring the similarity among leisure activities based on a perceived stress-reduction benefit. *Leisure Studies, 13*, 17-31.

Csikszentmihalyi, M. 1990. *Flow: The psychology of optimal experience.* New York: Harper Collins.

Csikszentmihalyi, M. & Hunter, J. 2003. Happiness in everyday life: The uses of experience sampling. *Journal of Happiness Studies, 4*, 185-199.

Dempsey, P.C., Howard, B.J., Lynch, B.M., Owen, N., & Dunstan, D.W. 2014. Associations of television viewing time with adults' well-being and vitality. *Preventive Medicine: An International Journal Devoted to Practice and Theory, 69*, 69-74.

Feldman, D.B. & Snyder, C.R. 2005. Hope and the meaningful life: Theoretical and empirical associations between goal-directed thinking and life meaning. *Journal of Social and Clinical Psychology, 24*(3), 401-421.

Fromm, E. 1976. To have or to be? New York: Harper & Row. Hanssen, M.M., Vancleef, L.G., Vlaeyen, J.S., Hayes, A.F., Schouten, E.W., & Peters,

M.L. 2014. Optimism, motivational coping and well-being: Evidence supporting the importance of flexible goal adjustment. *Journal of Happiness Studies, 6*(6), 1525-1537. doi:10.1007/s10902-014-9572-x

Goucher, A. and Catalano, T. (2011). *Running the Edge*. Self-published.

Hayden, C. 2002. *Marathon Monks of Mount Hiei*. Watertown, MA: Documentary Educational Resources.

Hsee, C.K., Yang, A.X., & Wang, L. 2010. Idleness aversion and the need for justifiable busyness. *Psychological Science, 21*(7), 926-930. doi:10.1177/0956797610374738

Iwasaki, Y., Coyle, C., & Shank, J. 2010. Leisure as a context for active living, recovery, health and life quality for persons with mental illness in a global context. *Health Promotion International, 25*, 483-494.

Lavasani, M.G., Ejei, J., & Mohammadi, F. 2013. The relationship between meaning of life and optimism with subjective well-being. *Journal of Psychology, 17*(1), 3-17.

Nelson, S.K., Layous, K., Cole, S.W., & Lyubomirsky, S. 2016. Do unto others or treat yourself? The effects of prosocial and self-focused behavior on psychological flourishing. *Emotion*, April 21, 2016. [Advance online publication.] http://dx.doi.org/10.1037/emo0000178

Perkins, D. N., & Salomon, G. (1988). Teaching transfer. *Educational Leadership*, 22-32.

Peterson, C., Park, N., & Seligman, M.E.P. 2005. Orientations to happiness and life satisfaction: The full life versus the empty life. *The Journal of Happiness Studies, 6*, 25-41.

Seligman, M.P. 2002. *Authentic happiness: Using the new positive psychology to realize your potential for lasting fulfillment*. New York: Free Press.

Seligman, M.E.P. & Csikszentmihalyi, M. 2000. Positive psychology: An introduction. *American Psychologist, 55*(1), 5-14.

Snyder, C.R., Irving, L.M., & Anderson, J.R. 1991. Hope and health. In C.R. Snyder, D.R. Forsyth (Eds.), *Handbook of social and clinical psychology: The health perspective* (pp. 285-305). Elmsford, NY: Pergamon Press.

Stevens, J. 2013. *The marathon monks of Mount Hiei*. Brattelboro, VT: Echo Point Books & Media.

찾아보기

옮긴이 **제효영**

성균관대학교 유전공학과를 졸업하였으며, 성균관대학교 번역대학원을 졸업하였다. 현재 번역 에이전시 엔터스코리아에서 출판 기획 및 전문 번역가로 활동하고 있다.

옮긴 책으로는《메스를 잡다》《괴짜 과학자들의 별난 실험 100》《몸은 기억한다》《밥상의 미래》《세뇌: 무모한 신경과학의 매력적인 유혹》《브레인 바이블》《콜레스테롤 수치에 속지 마라》《약 없이 스스로 낫는 법》《독성프리》《100세 인생도 건강해야 축복이다》《신종 플루의 진실》《내 몸을 지키는 기술》《잔혹한 세계사》《아웃사이더》《잡동사니 정리의 기술》등 다수가 있다.

RUNNING FLOW

달리기, 몰입의 즐거움

초판 1쇄 발행 2019년 7월 20일
초판 8쇄 발행 2024년 10월 25일

지은이 미하이 칙센트미하이, 크리스틴 웨인코프 듀란소, 필립 래터
옮긴이 제효영
펴낸이 김성구

콘텐츠본부 고혁 양지하 김초록 이은주 류다경 이영민
디자인 이창욱
마케팅부 송영우 김지희 김나연 강소희
제작 어찬
관리 안웅기

펴낸곳 (주)샘터사
등록 2001년 10월 15일 제1−2923호
주소 서울시 종로구 창경궁로35길 26 2층 03076
전화 1877−8941 **팩스** 02−3672−1873
이메일 book@isamtoh.com **홈페이지** www.isamtoh.com

ⓒ 미하이 칙센트미하이, 크리스틴 웨인코프 듀란소, 필립 래터, 2019, Printed in Korea.

ISBN 978−89−464−2108−0   03190